SCIENCE ET SOCIÉTÉ

Paru dans Le Livre de Poche :

D'ARCHIMÈDE À EINSTEIN

PIERRE THUILLIER

Science et société

ESSAIS SUR LES DIMENSIONS CULTURELLES DE LA SCIENCE

FAYARD

La première édition de cet ouvrage est parue à la Librairie Arthème Fayard sous le titre : *Les Passions du savoir. Essais sur les dimensions culturelles de la science*. Cette nouvelle édition est augmentée de deux chapitres (XI et XII).

Introduction

> « Organiser scientifiquement l'humanité, tel est donc le dernier mot de la science moderne, telle est son audacieuse mais légitime prétention. »
>
> Ernest Renan

Quelles sont les relations entre la science et la culture, entre la science et la société ? Vieilles questions, mais qu'il faut sans cesse reprendre.

Car elles nous concernent très directement, nous et nos manières de vivre, nous et nos manières de sentir, de penser et d'agir. Partout « la science » intervient, accompagnée de « la technique ». Dans plusieurs domaines, ces interventions sont immédiatement visibles : qu'on pense aux navettes spatiales, aux centrales nucléaires, aux ordinateurs, à la télévision, aux biotechnologies de la reproduction, aux mille synthèses réalisées par les chimistes, à la pilule anticonceptionnelle, aux radars, aux scanners, au nombre toujours croissant de machines et de « robots » qui s'introduisent dans les usines, dans les entreprises, et aussi dans nos maisons, dans notre vie la plus quotidienne. Mais « la science » n'est pas seulement présente dans le *temporel* : elle est devenue une instance privilégiée dans le domaine du *spirituel*.

J'emploie cette expression, comme le faisait Auguste Comte, pour désigner un vaste ensemble de questions fondamentales que même les sociétés « laïques » doivent affronter d'une manière ou d'une autre : qu'est-ce que l'homme ? D'où vient-il et où va-t-il ? Sa vie a-t-elle un sens ? Comment doit-il agir, comment doit-il se comporter avec les autres, comment doit-il organiser la société ? Quels sont ses droits et ses devoirs ? Ou bien faut-il croire que ces interrogations elles-mêmes sont dénuées de véritable signification ? Qui peut le dire ? Et y a-t-il des *savoirs*, et lesquels, qui puissent nous éclairer, nous dire ce qu'il faut croire, ce qu'il ne faut pas croire, ce qui est important et ce qui ne l'est pas, ce qui est bon et ce qui ne l'est pas ? Sur tous ces points, la Science intervient.

Non pas en tant que pouvoir spirituel officiellement installé, bien sûr. Mais en tant qu'instance culturelle spontanément *reconnue* (au sens le plus fort de ce mot) par la plupart des hommes et des femmes appartenant aux sociétés dites avancées. L'institution scientifique, en d'autres termes, a acquis une position de force dans ce qu'on appelle la culture moderne. Pour employer un vocabulaire commode, elle est devenue le savoir dominant. D'autres « savoirs » existent, qui survivent ou se développent marginalement (« savoirs » religieux, « sagesses », traditions empiriques, « sciences » occultes, etc.). Mais, selon l'échelle des valeurs la plus communément acceptée dans les sociétés scientifico-technico-industrielles, ces savoirs sont des savoirs inférieurs ou des pseudo-savoirs. Et la valorisation de la Science, d'ailleurs tout à fait compréhensible sur le plan historique, entraîne cette conséquence parmi d'autres : c'est vers les experts scientifiques que de nombreux hommes se tournent pour obtenir des réponses aux « grandes questions ».

Autrefois, c'était l'Église qui servait de référence et qui expliquait ce qu'il fallait penser de Dieu, de la Nature et de l'Homme. Puis les philosophes ont eu leur heure de gloire ; c'était l'âge des Lumières... Maintenant, tout se passe comme si les connaissances scientifiques tendaient à occuper les espaces culturels laissés plus ou moins vides par le fameux « déclin » des religions et des idéologies. Les cosmologistes, les physiciens, les biologistes, les éthologistes, les sociologues, les anthropologues et les psychologues sont pour ainsi dire chargés d'élaborer (à plus ou moins long terme...) une nouvelle synthèse. D'une certaine manière, ce projet se situe dans le prolongement de la pensée de Galilée, Père Fondateur de la science. Il y a deux livres, disait-il. Comprenons : d'une part la Bible, qui propose une conception particulière du monde et de l'homme ; d'autre part le livre de la Nature, que les scientifiques peuvent méthodiquement explorer, décrire et expliquer. Galilée, bien qu'il ait eu de graves difficultés avec l'Église, était un bon chrétien. Toujours est-il qu'il annonçait à sa façon la passation des pouvoirs. Passation dont nous pouvons pleinement mesurer l'importance. Le récit biblique de la *Genèse*, en deux mots, est bel et bien obsolète. Et il en va de même pour les spéculations métaphysiques. Pour avoir de justes idées sur nous-mêmes et sur ce qui nous entoure, il convient de consulter les experts du « big-bang », de la théorie de l'évolution, de la génétique, de la neurologie, du behaviorisme, de la psychologie des profondeurs, et ainsi de suite.

La supériorité intrinsèque des connaissances scientifiques, auprès de « l'élite cultivée » et d'une grande partie de la population, passe pour un fait acquis. Ces connaissances ne sont-elles pas fondées sur le roc de la « méthode expérimentale », sur l'analyse minutieuse et rigoureuse des « faits » ? Et les hommes de science ne sont-ils pas « objectifs » ? Si l'on suit cette ligne d'argumentation, effectivement, il faut admettre que la Science constitue la seule voie susceptible de mener à la Vérité. Les théories dont nous disposons, certes, ne sont pas définitives ; elles peuvent et doivent être révisées, complétées, perfectionnées. Mais les progrès sont évidents. Si lent que soit le processus ainsi déclenché, il a l'avantage d'être sûr : au bout d'une longue série de tatônnements et d'approximations brille la lumière du Savoir authentique et universel... D'où il résulte que les autres types de discours doivent être reçus avec une extrême circonspection. Les prêtres, les artistes et les philosophes ont le droit de s'exprimer, assurément. Il arrive même qu'on puisse trouver chez eux des réflexions dignes d'intérêt... Mais il ne faut pas mêler les genres et confondre les « niveaux de vérité ». En général, cette hiérarchisation n'a d'ailleurs pas besoin d'être explicitée. Elle fait partie intégrante de notre culture et ne paraît même pas sectaire ; ne reflète-t-elle pas une épistémologie dont l'objectivité est évidente ?

Ainsi s'explique que des hommes de science jugent opportun de traiter avec leurs propres ressources cognitives les problèmes classiques de la philosophie et en particulier de l'éthique. Pourquoi pas ? A priori, on peut penser qu'ils sont aptes à faire des apports intéressants, à renouveler les perspectives et à apporter (qui sait ?) des solutions. Mais comment ne pas voir que d'énormes problèmes de fond sont soulevés par ces incursions de « la science » dans l'éthique ?

Tout d'abord, est-il exact que les connaissances scientifiques soient aussi « objectives » qu'on l'affirme couramment dans notre culture ? Dans un ouvrage qui est en quelque sorte le jumeau de celui-ci, j'ai essayé d'aborder concrètement ce sujet *(D'Archimède à Einstein. Les faces cachées de l'invention scientifique).* Je ne puis évidemment pas reprendre ici les arguments et les études de cas qu'il contient et me contenterai d'en résumer la conclusion principale : il y a de bonnes raisons pour penser que « la science », malgré la valeur de ses méthodes et l'intérêt de ses résultats, est encore loin de nous fournir un tableau complet et fidèle de la Réalité. Elle nous instruit beaucoup ; mais, comme en sont conscients beaucoup de scientifiques eux-mêmes, bien des énigmes demeurent. Sur diverses questions fort importantes du point de vue philosophique, les experts ne sont certainement pas en mesure de nous fournir des bilans qui soient au-dessus de tout soupçon. Et, en toute hypothèse, les utilisations philosophiques de la science se heurtent à une difficulté radicale.

Imaginons un instant que la biologie et les sciences humaines nous donnent des explications objectives et tout à fait précises à propos de tel ou tel sujet socialement « chaud » ; en résulterait-il que, *sur le plan de l'éthique et de la politique*, l'humanité devrait élaborer de nouvelles normes de conduite de façon à se mettre totalement en accord avec les « données » scientifiques ? Le problème est bien connu : les Faits peuvent-ils fonder nos choix éthiques ? Dans le chapitre VI, le lecteur verra que la question se pose parfois en termes très nets : est-ce en analysant « objectivement » le comportement des guenons que l'humanité doit définir les comportements idéaux des femmes ? Est-ce aux éthologistes de nous dire (et de dire aux femmes en particulier) si la liberté sexuelle doit être octroyée ou non à ce que Simone de Beauvoir appelait non sans ironie le deuxième sexe ?

Des interrogations analogues surgissent à propos du racisme, à propos de l'eugénisme (chapitre IX) et à propos de cent situations pratiques. Pensons par exemple aux controverses à la fois scientifiques et éthiques qui ont eu lieu naguère aux États-Unis sur ce sujet : l'homosexualité doit-elle ou non être classée parmi les authentiques « maladies » ? Les enjeux culturels sont évidents. Ce qui est en cause, c'est une certaine image de l'Homme (au sens générique de ce mot). Et on en arrive bon gré mal gré à un débat qu'il faut bien qualifier de philosophique : la possession (réelle ou supposée) de *savoirs supérieurs* donne-t-elle aux scientifiques le droit de nous imposer un code éthique et politique « objectivement » conçu ?

Si je dis que c'est une question philosophique, ce n'est pas pour qu'on confie aux seuls philosophes professionnels le soin de la résoudre ! Il m'est arrivé d'écrire un petit livre *(Socrate fonctionnaire)* pour critiquer la conception de la philosophie qui prédomine dans l'Université ; et, sur l'essentiel, je maintiens mon jugement. Ce n'est pas non plus pour qu'on confie aux seuls représentants des confessions religieuses le soin de définir et de faire respecter l'Éthique idéale. Peut-être d'ailleurs serait-il opportun que je m'explique sur ce point.

Souvent, en effet, je mets en contraste la religion et la science ; et d'aucuns pourraient s'imaginer que je vise à restaurer le pouvoir de telle ou telle Église... Mais il se trouve que je suis agnostique. Si j'évoque souvent le rôle des traditions religieuses, c'est d'abord parce que la science, en Occident, me paraît constituer une institution de type « religieux » : elle suscite une foi scientiste, une éthique scientiste, des espérances scientistes, une eschatologie scientiste, des mythes scientistes... Il me paraît donc utile de procéder à certaines comparaisons. Et ensuite parce que les représentants des religions et des diverses traditions « spirituelles » me semblent avoir une plus grande densité (si on veut bien me passer l'expression) que beaucoup de « philosophes » formés à l'Université. On pourrait d'ailleurs en dire autant de tous ceux qui, grâce à un engagement social ou proprement politique, essayent de faire valoir une certaine « image de l'homme », de réaliser un certain projet pratique. Il me semble que les hommes de religion et ces « militants », tout compte fait, ont une expérience plus vivante des « valeurs » et une conscience plus aiguë de la signification pratique des débats auxquels elles donnent lieu. Cela ne veut pas dire que leurs opinions y gagnent une plus grande « vérité », au sens absolu de ce mot. Du moins savent-ils de quoi ils parlent. Ils sont *dans le vif du sujet.*

Quand j'évoque la philosophie, donc, c'est aux problèmes fondamentaux rencontrés dans la pratique que je pense. Si ces problèmes sont « philosophiques », cela ne tient pas au fait qu'ils sont particulièrement difficiles ou spécialement abstraits, mais à ce qu'ils exigent une réflexion sur ce qu'on veut, sur le projet culturel (au sens le plus large) qu'on désire concrétiser. Bref, il faut faire des *choix* ; et ce, sans qu'un corpus de connaissances sûres soit là pour assurer la parfaite « rationalité » des décisions. En l'occurrence, les enjeux sont assez faciles à percevoir et la question peut se formuler simplement : souhaitons-nous que le pouvoir éthique et politique soit remis entre les mains des experts scientifiques ? Est-ce aux représentants de la Méthode Expérimentale de définir ce qui est bon et ce qui est mauvais ? Un peu plus haut, j'ai évoqué les problèmes posés par le sexisme, le racisme et l'eugénisme. Mais ces exemples ne sont pas isolés. Qu'on se reporte ici même aux chapitres VII et VIII ; on verra que « la science » peut se manifester sous des formes socioculturelles très diverses et donne l'occasion de réfléchir à de multiples questions situées aux limites de l'épistémologie et de l'éthique.

Que signifie par exemple l'espèce de prééminence accordée aux études scientifiques dans la formation des « élites » d'un pays comme la France ? Cette stratégie éducative est-elle dictée par de simples considérations pragmatiques (formations d'ingénieurs compétents) ? Ou bien n'incarne-t-elle pas certaines « valeurs culturelles » bien particulières (goût pour le calcul efficace – mais pas forcément très « humain » – des coûts et des bénéfices, culte de la technocratie, etc.) ? À propos des spéculations du psychologue Skinner, ne pouvons-nous pas éprouver quelque perplexité ? Tranquillement, se fondant sur son analyse théorique du « renforcement », voilà un behavioriste qui nous explique qu'il est dangereux d'assurer aux citoyens une trop grande sécurité sociale et qu'il faut restaurer les conditions d'une compétition plus dure. Ce message est-il réellement « objectif » ? Que signifient les critiques adressées au christianisme et à la démocratie au nom de la psychologie ?

Bien souvent, comme j'ai pu le constater lors de débats, des objections surgissent. J'allais presque dire : des objections rituelles, des sortes d'exorcismes. Certes, il y a des scientifiques qui vont trop loin, mais il faut les considérer comme des *exceptions*. « La science », en fait, n'existe pas. Ou, plus exactement, elle ne dispose pas d'une assise institutionnelle qui lui permettrait de diffuser des messages éthiques spécifiques. Rassurons-nous donc ! Parler de « la science », c'est parler d'une abstraction. Dans la pratique, on ne rencontre que *des* sciences. De même, les manifestations d'impérialisme scientifique ne seraient imputables qu'à *des* scientifiques. Et encore faudrait-il préciser : à des scientifiques qui ne parlent pas en tant que scientifiques, mais en tant que personnes privées, en tant que citoyens très ordinaires. Si l'on croyait ceux qui s'expriment ainsi, il serait donc vain de poser en termes généraux les problèmes du type « science et société ».

Je voudrais seulement dire que, à mon sens, les réfutations de ce genre passent à côté de la question posée. Certes, les grands discours les plus téméraires ou les plus violents émanent de personnalités particulières. Certes, il existe une multiplicité de sciences ; c'est un lieu commun épistémologique qui, lors de certaines analyses techniques, doit être pris en considération. Et il est également exact que « la science » ne peut être exactement comparée à l'Église catholique, par exemple. Car l'Église peut s'exprimer à travers les déclarations du pape, alors que nulle autorité comparable ne peut formuler une doctrine éthique qui serait celle de « la science ». Tout cela est assez clair. Mais, socialement, culturellement, on peut très bien considérer « la science » comme une sorte de corps constitué, comme une instance bien repérable qui a dans le public une certaine « image » et qui diffuse dans ce même public des messages parfaitement identifiables. Quand on demande aux gens, à l'occasion d'un sondage, s'ils ont plutôt confiance en « *la science* », en « *la philosophie* » ou en « *la religion* », ils comprennent très bien la question. Et, à en croire les statistiques publiées de temps à autre, ils répondent en majorité que « les scientifiques » leur paraissent globalement plus crédibles...

Dans la perspective « science et société », c'est ce point-là qui compte. Même si le grand public se fait une idée très approximative du travail scientifique, même s'il ne comprend pas toujours de façon exacte les théories, il a appris à respecter spécialement la Science. Lorsqu'un prix Nobel entreprend de parler du hasard et de la nécessité ou de définir « l'éthique de la connaissance », il bénéficie indéniablement d'une attention particulière ; et ce, grâce au prestige attaché à cette même Science. De même, il arrive que des idées fort triviales ou franchement discutables soient favorablement accueillies pour la seule raison qu'elles sont présentées par un biologiste éminent. Des propos identiques, s'ils venaient d'un philosophe ou d'un pasteur, seraient considérés comme purement « idéologiques » ; mais s'ils accompagnent quelque exposé savant, ils acquièrent (aux yeux de beaucoup de citoyens) une dignité spéciale !

Du strict point de vue logique, on peut voir là un malentendu. Le public a tort, dira-t-on, de ne pas toujours faire certaines distinctions élémentaires. Peut-être bien. Mais notre système d'enseignement et de vulgarisation semble favoriser ces confusions. Et l'institution scientifique, d'ailleurs, y trouve son compte. S'ils veulent de gros budgets, ne faut-il pas que les hommes de science bénéficient d'un réel prestige auprès de la population ? Les problèmes couramment regroupés sous l'étiquette « science et société », en tout cas, semblent tout à fait réels. Et le contraire serait étonnant... Les sociétés dites avancées ont besoin de la science ; elles lui donnent une grande place dans le système éducatif ; elle célèbrent avec conviction les prix Nobel. Il est donc très normal que cette situation de force aille de pair avec des problèmes de *responsabilité*. Qu'il soit clair, par ailleurs, que les scientifiques (en tant qu'individus) n'ont pas voulu cet état de fait. Il serait assurément déplacé de leur reprocher d'avoir délibérément manœuvré pour séduire le public, pour le « mettre en condition » et pour engendrer une sorte de superstition scientiste. Tout le monde, en fait, est impliqué dans l'affaire... Car c'est l'évolution même des sociétés « modernes » qui nous a menés là. Autrement dit, le public est demandeur ; si les hommes de science, en nombre de cas, jouissent d'une audience privilégiée, cela n'est pas dû à leur machiavélisme, mais à la nature de notre système socioculturel global.

Toujours est-il que les « messages » émanant de « la science » méritent une grande attention : précisément parce que les experts sont écoutés, il importe de bien saisir le sens philosophique de leurs spéculations, de leurs utopies, de leurs projets. Une longue tradition témoigne de la persistance de certaines ambitions culturelles. Ambitions dont la réalisation nous toucherait directement (nous, les non-scientifiques). Dans divers textes, j'ai essayé de mettre en évidence les enjeux (voir par exemple la postface du *Petit Savant illustré* et *Les biologistes vont-ils prendre le pouvoir ?*). Je me contenterai de rappeler à quel point la foi en la Science peut devenir virulente.

Un célèbre biologiste, il y a quelques années, n'a pas craint d'affirmer catégoriquement les droits de la science en matière d'éthique. Professeur dans une grande université américaine, Edward O. Wilson écrivait que *seules* les connaissances expérimentales pouvaient conduire à une meilleure connaissance de la nature humaine et à une éthique satisfaisante. *« La philosophie éthique,* précisait-il, *ne doit pas être laissée aux mains de ceux qui se réclament seulement de la sagesse. »* Mettant explicitement en cause les philosophes, les « gourous » et toutes les instances spirituelles traditionnelles, il réclamait la création d'une *biologie de l'éthique*. Les nouveaux « producteurs d'éthique » *(the new ethicists)* seront seuls capables de guider intelligemment les conduites humaines. Les sciences sociales seront elles aussi mises à contribution ; mais la théorie de l'évolution et la génétique sont plus importantes encore. L'une des toutes premières tâches consistera à apprécier objectivement le rôle des gènes dans le devenir des hommes. Mais, bien sûr, il faudra aussi étudier le système hormonal, le fonctionnement neurologique de l'homme et (comme l'a fait Skinner) les phénomènes de « renforcement ». Ainsi pensent certains représentants de la science, et non des moindres : morale et politique doivent devenir des affaires strictement scientifiques. En toute simplicité, ils présentent leur matérialisme mécaniste comme une doctrine « objective » et évidente qui, seule, peut épanouir l'humanité. Je n'en dirai pas plus sur le projet wilsonien, – projet qui, semble-t-il, n'a pas causé une grande émotion chez les scientifiques. Seuls ont réagi de façon vigoureuse de petits groupes « engagés ». Ce qui a permis à de nombreux observateurs de dénoncer le caractère idéologique des attaques lancées contre le grand biologiste Edward O. Wilson !

Là encore, ceux qui veulent à tout prix préserver l'image d'une « science » culturellement neutre peuvent facilement intervenir : le biologiste américain n'est pas représentatif, il faut le voir comme une exception et éviter de surestimer la signification de ses thèses. Mais, historiquement et culturellement, ces propos lénifiants sont-ils convaincants ? Il est vrai que peu d'hommes de science sont prêts à suivre l'exemple wilsonien. Faut-il pour autant croire qu'il n'est pas significatif ? On peut en douter. Ernest Renan lui-même, dans *L'Avenir de la science*, souhaitait que cette dernière serve de guide aux hommes. *« Organiser scientifiquement l'humanité, tel est donc le dernier mot de la science moderne, telle est son audacieuse mais légitime prétention. »* Tous ces mots demandent à être pesés. C'est un vieux « projet » de l'Occident qui s'y trouve résumé. Projet qui, peut-être, est en train de se réaliser progressivement et concrètement par d'autres voies que celles auxquelles Wilson donne sa préférence.

Car jetons un coup d'œil autour de nous : les experts, dans tous les domaines (sport et sexualité y compris), deviennent de plus en plus présents. Point n'est besoin de grands discours pour légitimer ces avancées ; c'est *la pratique* qui, obstinément, assure aux experts scientifiques une situation de plus en plus prospère dans nos sociétés... Sans doute cette évolution correspond-elle à une certaine « logique » de l'histoire ; et l'on peut comprendre qu'une société comme la nôtre se satisfasse d'un tel choix éthique. Mais je souhaiterais que les enjeux soient mieux perçus et que les citoyens concernés aient la possibilité de faire un *véritable* choix. Il me semble que, trop souvent, nous sommes mis devant le fait accompli. Les fameux « progrès » s'effectuent à l'aveugle, presque mécaniquement, comme s'il était admis que « la science » doit nécessairement conduire à une société meilleure ; et comme si ces mêmes « progrès » devaient être acquis à n'importe quel prix. Il me paraît urgent de réfléchir plus sérieusement à ce qui est en train de se passer, de faire un effort pour mesurer les effets et les conséquences lointaines de nos idéaux « scientifiques ». Le but du présent ouvrage, précisément, est d'aider le lecteur à voir (ou à mieux voir) vers quoi nous nous dirigeons, à « décrypter » tout ce qui se dit et se fait à travers les divers développements de « la science ».

Toutes les interactions entre science et culture, je tiens à le souligner, ne revêtent pas un caractère « dramatique »... Les enjeux sont d'inégale importance. Quand il s'agit de l'expérimentation sur l'homme (chapitre XIII), l'urgence des questions à résoudre saute aux yeux. Et nous sommes immédiatement amenés à nous interroger sur les « principes » : les exigences de la Connaissance légitiment-elles des pratiques qui transforment des êtres humains en cobayes ? De même, « l'antiscience » soulève un problème général (chapitre XIV) : devons-nous nous soumettre en toutes circonstances et en tous lieux à l'autorité des hommes de science ? Quant à la conception nazie de la « science juive » (chapitre X) et aux « recherches » menées dans les camps de concentration (chapitre XI), il n'est pas besoin d'en souligner ici le caractère aberrant et la signification historique. Nous sommes en présence d'un « cas limite » qui, espérons-le, ne se reproduira plus, mais sur lequel il peut encore être utile de méditer. D'autres thèmes, en revanche, sont moins brûlants ; du moins pour nous...

« Les mathématiques mènent-elles à Dieu ? » (chapitre I), c'est sans doute une question que les théologiens ne placent plus parmi leurs préoccupations majeures. Mais, en se penchant sur des cas de ce genre, on s'entraîne à analyser les relations qui peuvent exister entre certains énoncés scientifiques et certains intérêts culturels. Plus précisément, on se rend capable de percevoir « la science » comme un vaste *langage* riche en connotations variées et susceptible d'exprimer mille nuances de pensée. Les grandes questions de fond que j'ai évoquées précédemment sont plus spectaculaires et ont une indéniable priorité. Il me paraît toutefois utile (et même indispensable) de posséder des instruments d'analyse grâce auxquels on puisse « traduire » les nombreux discours périscientifiques et parascientifiques. Car c'est à travers eux que se propagent des thèmes ambigus et parfois assez pervers. De façon générale, les textes scientifiques se prêtent à diverses « lectures » (et aussi à des « récupérations »). On en trouvera des illustrations dans les chapitres III (Platon et la géométrie) et IV (Darwin chez les samouraï), en particulier. À mes yeux, il ne s'agit pas d'anecdotes marginales, mais de phénomènes culturels qui requièrent attention. Il faut savoir ce que disent *vraiment* les théoriciens. Des textes apparemment bénins, de ce point de vue, peuvent révéler une richesse sémantique surprenante...

Mon intention n'est nullement de faire croire que, normalement, la pensée scientifique et la culture ambiante devraient rester strictement séparées. La science, en fait, n'est pas extérieure à la société. Il serait donc irréaliste de demander aux scientifiques de demeurer « purs » et d'éviter tout échange avec les idées qui circulent autour d'eux. Pour progresser, ils sont inévitablement amenés à puiser dans la culture où ils sont plongés. Leur demander de renoncer à cette source d'inspiration reviendrait à les stériliser. Cela ne veut pas dire, il est à peine besoin de l'indiquer, que toutes les analogies et toutes les images empruntées à l'extérieur seront fécondes. Mais, sans elles, l'invention scientifique risquerait d'être souvent en panne. Il arrive d'ailleurs que divers intérêts socioculturels jouent le rôle de puissants stimulants (comme on le verra à propos de l'Islam et du problème de la « direction sacrée », au chapitre II).

Je conclurai en le soulignant une dernière fois : l'importance même de « la science » appelle un regard critique. Le dialogue et la confrontation sont nécessaires ; et c'est seulement par un exercice collectif de l'analyse que les confusions les plus graves peuvent être évitées. Les scientifiques, en prenant conscience des pièges qui leur sont tendus, se garderont de tenir des propos qui vont au-delà de leur pensée et peuvent provoquer des contresens. Ils discerneront mieux certains risques de « dérapage » que, dans le passé, plusieurs personnalités pourtant brillantes n'ont pas toujours su repérer à temps. Les profanes, de leur côté, seront en mesure de décoder les nombreux discours (scientifiques ou moins scientifiques...) qui sont tenus par les cosmologistes, les physiciens des particules, les théoriciens de l'évolution et tous les autres spécialistes.

L'un des principaux obstacles se laisse décrire assez simplement : précisément parce que les scientifiques ne peuvent parler aux citoyens ordinaires qu'en recourant largement à *la langue de tous les jours*, le risque de malentendu est quasi permanent. Tel mot qui a un sens technique bien précis va être compris par le non-expert de façon inexacte ou même erronée. De proche en proche, surtout lorsqu'il s'agit de sujets délicats et importants, de nombreux messages sont faussés. Il suffit que l'homme de science se soit laissé aller à en dire « un peu trop » et que le profane ait l'oreille un peu complaisante (et quelques préjugés trop bien enracinés...) pour que se mêlent inextricablement idées à peu près justes et interprétations complètement dévergondées... Naturellement, il serait naïf de s'imaginer que tous les problèmes ainsi posés peuvent être résolus ou supprimés par quelques mesures pédagogiques élémentaires (du style : il faut que tout le monde fasse un peu d'histoire des sciences). Mais la situation pourrait être améliorée, – du moins si les autorités, quelles qu'elles soient, consentaient à prendre au sérieux ce problème culturel. Telle est en effet la condition préliminaire requise, et tel est sans doute l'obstacle majeur : une société comme la nôtre peut-elle *vouloir vraiment* qu'une culture critique se développe à propos de la Science ? Je serais heureux, en tout cas, que cet ouvrage aide le lecteur à se former une idée plus concrète de ce que pourrait être une telle culture. Si nous voulons savoir où nous allons, à plus forte raison si nous voulons avoir une chance de faire valoir certains « projets » différents du « projet » scientifique, il est urgent que nous nous entraînions à mieux percevoir les dimensions culturelles de la science.

PREMIÈRE PARTIE

LA SCIENCE ET LE DOMAINE RELIGIEUX

CHAPITRE PREMIER

Les mathématiques mènent-elles à Dieu ?

Les mathématiques sont-elles un « flambeau intérieur et naturel que Dieu a allumé en nous » afin que nous saisissions mieux les Vérités de la religion chrétienne[1] ? Beaucoup l'ont cru. Au XVIIe siècle et au XVIIIe siècle, en particulier, plusieurs défenseurs du christianisme ont souligné que les mathématiques fournissaient une occasion privilégiée de s'approcher de Dieu. Le Révérend Père Bernard Lamy, prêtre de l'Oratoire, s'exprimait ainsi au début de ses *Éléments de géométrie* (publiés en 1685 et plusieurs fois réimprimés) : *« C'est Dieu qu'il faut regarder en toutes choses et l'étude de la Géométrie doit y porter. On y trouve de grands sujets de penser à lui. Tout ce qu'on voit de beau dans cette science touchant les figures, leurs raisons et leurs proportions se remarque ensuite dans les Ouvrages de la Nature, ce qui donne lieu d'admirer celui qui en est l'Ouvrier. (...) Outre le plaisir spirituel que donne la Géométrie pour insinuer du mépris pour les voluptés et par là nous rendre plus propres pour la morale de l'Évangile (...), elle nous fait encore connaître quelle est la vaste étendue de la Science que possèdent ceux qui voient Dieu, et de quel plaisir ils jouissent en découvrant tant de vérités dans la Divine Essence. »* Dans un autre livre *(Entretiens sur les sciences)*, le père Lamy notait que les Pères de l'Église avaient vanté l'utilité de cette science dont « l'Écriture parle avec éloge » et « que Moïse avait apprise des Égyptiens et Daniel des Chaldéens[2] ».

Les athées nient-ils l'évidence mathématique ?

Aujourd'hui, ces sortes de discours risquent de paraître artificiels et vains ; mais ils constituaient un lieu commun de la littérature apologétique et étaient souvent accompagnés de « démonstrations » mathématico-théologiques. Dans la dernière partie du XIXe siècle, l'abbé Moigno affirmait encore avec vigueur la valeur religieuse des mathématiques dans un ouvrage au titre explicite : *Les Splendeurs de la foi. Accord parfait de la révélation et de la science, de la foi et de la raison.* Il ne reculait pas devant ces affirmations catégoriques : *« le dogme capital de la création est*

1. L'expression est tirée de la préface de Clerselier aux *Œuvres posthumes* de Rohault (1682). Voir G. Maupin, *Opinions et curiosités touchant la mathématique d'après les ouvrages français des XVIe, XVIIe et XVIIIe siècles*, Carré et Naud, 1898, p. 80.

2. Même ouvrage, pp. 133-134, p. 93.

un simple corollaire de la science des nombres » ; « l'athéisme est la négation de l'évidence mathématique[3] ».

La haute valeur spirituelle des mathématiques avait déjà été proclamée par Platon au IVe siècle av. J.-C. On raconte qu'il avait écrit à l'entrée de son école : « *Que nul n'entre ici s'il n'est géomètre.* » Selon une ancienne tradition, Platon aurait également affirmé que Dieu agissait toujours en géomètre (voir chapitre III : « Sociologie de la connaissance : Platon et la géométrie »). Même si ce mot est apocryphe, de nombreux textes sont là pour confirmer que les mathématiques, aux yeux de ce philosophe, avaient quelque chose de divin. Il pensait non seulement que le monde était structuré géométriquement, mais que la science mathématique avait un rôle essentiel à jouer dans la formation du citoyen idéal. En étudiant les nombres et ces formes parfaites que sont le cercle, la sphère et les polyèdres réguliers, on pressent ce que peuvent être l'Ordre, la Mesure et l'Harmonie sous leurs modalités les plus hautes ; et on se persuade que seul un Dieu lui-même parfait a pu engendrer de si admirables objets. Dans la chrétienté, ce thème a rencontré un grand succès et a été utilisé de cent manières. Le platonisme chrétien pouvait d'ailleurs se réclamer de certains texte bibliques. Ainsi une prière figurant dans le *Livre de la sagesse* (*11*. 20) contient cette phrase : « *Tu as tout ordonné selon la mesure, le nombre et le poids.* » Le message est clair : faire des mathématiques, c'est s'approcher de Dieu...

Déjà chez saint Augustin (354-430), on rencontre des « démonstrations » qui s'appuient de façon privilégiée sur la géométrie ou sur la science des nombres. Dans son traité sur *La grandeur de l'âme*, par exemple, il y a plusieurs figures géométriques : des carrés, des triangles, des cercles, etc. Le but est de réfuter l'opinion de ceux qui s'imaginent que l'âme est un « corps subtil », une sorte de fluide ou de souffle. Pour cela, saint Augustin établit que le point, la droite, le cercle et les autres figures sont des entités totalement abstraites, des « choses incorporelles ». Les hommes pourtant réussissent à les percevoir grâce à leur âme. Ce qui prouve bien que cette âme, précisément, est elle-même incorporelle, « ni étendue en longueur, ni épanouie en largeur, ni consolidée en profondeur[4] ».

---

3. Abbé Moigno, *Les Splendeurs de la foi*, tome III, *La révélation et la science* (2e partie), Blériot frères, 1879, p. 1267.

4. Saint Augustin, *Dialogues philosophiques* (trad. fr.), Desclée de Brouwer, 1955, pp. 364 et suivantes. Sur « l'empire universel des nombres », voir par exemple p. 239, p. 245.

Est-il vrai que Dieu a pourvu chaque homme d'un principe spirituel nommé âme ? Très tôt, les autorités chrétiennes s'efforcèrent de le prouver à l'aide d'arguments divers.
Selon saint Augustin, par exemple, seule l'existence d'une âme immatérielle pouvait expliquer l'aptitude de l'homme à « percevoir » les entités mathématiques idéales que sont le point, la droite, le cercle, etc. Plus tard, au XIXe siècle, des croyants ont essayé de transformer en démonstrations mathématiques rigoureuses ces plaidoyers spiritualistes. Le mathématicien Félix Lucas s'appuyait sur une comparaison entre perceptions concrètes et perceptions abstraites. Cela l'amenait à se demander comment l'esprit humain pouvait appréhender le mouvement d'un point idéal tel qu'il est décrit sous forme mathématique. Le raisonnement ne se laisse pas résumer simplement. Imaginons que le point en mouvement ait une force vive capable de stimuler notre système perceptif, notre « sensorium » ; pour comprendre comment s'opèrent nos perceptions mathématiques, déclarait Lucas, il faut alors admettre que notre « sensorium » n'a pas de dimensions finies. L'argumentation est plutôt alambiquée. Mais Lucas pensait tenir une vraie « preuve » de l'existence de l'âme. Les majestueuses intégrales qui parsemaient le texte pouvaient passer, aux yeux d'un lecteur naïf, pour un signe indubitable de scientificité... *(Cliché Roger Viollet.)*

Une notion clé : l'infini

Dans son traité de *La docte ignorance*, le savant cardinal Nicolas de Cues (1401-1464) fera allusion à ce texte. Et il en profitera pour citer Boèce, un Romain de l'Antiquité tardive qui était imprégné de culture grecque et dont l'influence fut grande dans la culture médiévale (480-525). Selon ce dernier, la science véritable est celle du nombre et de la grandeur. Mieux encore, « la science théologique resterait inaccessible à quiconque manquerait de formation mathématique ». Car « le principal modèle divin a été dans la pensée du Créateur le Nombre même[5] ». L'un des grands avantages des mathématiques, c'est qu'elles permettent (selon Nicolas de Cues) de ruiner les dogmes fondamentaux du matérialisme. Selon les Épicuriens, en effet, il n'existe que des atomes et le vide ; une telle doctrine « nie l'existence de Dieu et détruit toute vérité. ». Heureusement, *« Pythagoriciens et Péripatéticiens démontrèrent mathématiquement l'impossibilité d'atteindre à ces atomes indivisibles et simples qu'Épicure supposait à la base de sa théorie »*.

On touche là à un thème qui réapparaît continuellement dans les spéculations théologiques : celui de l'infini. Existe-t-il une limite à la petitesse d'un corps ? Ou bien un grain de matière, si petit qu'il soit, peut-il toujours être divisé ? Puisque l'atome des anciens matérialistes est « insécable » (c'est le sens même du mot atome), il suffit de « prouver » la divisibilité à l'infini de toutes choses pour que leur doctrine soit anéantie. Du côté de l'infiniment grand, la grande question se formule ainsi : est-il correct de parler d'un nombre *« actuellement infini »*, c'est-à-dire qui soit *à la fois* bien déterminé et susceptible d'être considéré comme absolument grand ? Si on répond par la négative et si on admet que Dieu seul est véritablement « infini », les enseignements matérialistes sur un univers infini et éternel sont ruinés. La validité de tels raisonnements, bien sûr, peut être mise en doute. C'est une objection philosophique bien connue : rien ne garantit que les raisonnements effectués sur des entités mathématiques idéales puissent être traduits en énoncés ayant un sens concret en mécanique ou en astronomie.

Mais les philosophes et théologiens dont il est question ici ont précisément une conception particulière des mathématiques qui légitime leur entreprise. Ils attribuent aux objets mathématiques une existence tout à fait réelle et objective ; non seulement les nombres et les formes « pures » sont l'œuvre de Dieu, mais ce dernier les a utilisés systématiquement pour créer le monde et tout ce qu'il

5. Nicolas de Cues, *Œuvres choisies* (trad. fr.), Aubier, 1942, pp. 81-82.

contient. Cette épistémologie permet de passer à volonté du domaine des « mathématiques pures » à celui de la physique mathématique, de la cosmologie mathématique, etc. Tout résultat obtenu en arithmétique, en algèbre, en analyse ou en géométrie peut, en principe, être transformé en affirmation sur les atomes, sur les dimensions du cosmos, sur l'existence de Dieu ou sur la nature de l'âme.

Ces raisonnements, notons-le, prétendent être « savants » et donc rigoureux. Ils doivent être distingués de ce qu'on peut appeler la « numérologie symbolique » ; c'est-à-dire des démarches interprétatives qui consistent à attribuer une valeur particulière à certains nombres. Ainsi, en certains cas, le *trois* peut renvoyer à la Sainte-Trinité (le Père, le Fils et le Saint-Esprit) ; le *sept*, aux sept jours de la Création ; le *douze*, aux douze apôtres. La limite, toutefois, n'est pas absolument nette entre les preuves à prétention « scientifique » et les argumentations symboliques. Il arrive en effet que se mêlent des considérations techniques et des comparaisons assez vagues. Citons par exemple le Révérend Père Léon, prédicateur de Leurs Majestés Très Chrétiennes. Il publia à Paris, en 1679, un ouvrage où il exposait les vertus du point mathématique et procédait à une analogie avec Dieu.

« Le Globe est la figure la plus noble »

La plus petite partie de la Quantité, expliquait-il, celle qui est « la plus proche du rien et la plus indivisible », c'est le point. Et il enchaînait tranquillement : *« Puisque néanmoins, selon la maxime de Platon, tout principe est divin, le point doit porter cette haute qualité, vu que c'est par lui que commencent la ligne, le temps, les nombres, le centre et toutes les choses qui en dépendent. [D'où il s'ensuit] que Dieu, qui est lui-même un centre et un point, enferme les plus grandes choses dans les petites. »* Le cercle et la sphère étaient aussi mis à profit. Car *« le Globe (...) est la plus noble de toutes les figures et le plus parfait de tous les corps. En effet, cette figure contient plus d'espace que toutes les autres de pareil contour. (...) Enfin, c'est le symbole de Dieu, de la Nature, de l'Homme, qui font tout en rond et par une continuelle circulation*[6] ». Il est à peine besoin de rappeler que Blaise Pascal, reprenant une ancienne image de la tradition hermétique, avait utilisé la métaphore du cercle pour décrire Dieu : *« Dieu est un cercle dont le centre est partout et la circonférence nulle part. »*

Avec le père Ignace Gaston Pardies (1636-1673), de la Compa-

6. Voir G. Maupin, ouvrage cité, p. 75.

gnie de Jésus, nous sommes en revanche entraînés vers une « démonstration » plus raffinée : pour prouver que Dieu existe, il recourt à la considération des espaces asymptotiques. Dans le cas de certaines courbes ayant une ou plusieurs asymptotes, il est en effet possible de définir des aires qui sont en quelque sorte paradoxales : bien que les droites ou courbes qui les déterminent aient une longueur *infinie*, la mesure de ces aires est *finie*. Ce fait frappe Pardies par son caractère merveilleux et même miraculeux. Comme il l'écrit dans ses *Éléments de géométrie* (deuxième édition en 1673), *« ces espaces infinis en longueur sont néanmoins égaux à un cercle ou à une autre figure déterminée : de sorte que l'Infini même, tout immense et tout innombrable qu'il est, se réduit néanmoins au calcul et à la mesure de la Géométrie, et que notre esprit, encore plus grand que lui, est capable de le comprendre »*.

D'où il résulte, selon ce jésuite, que nous avons une âme : *« Je ne vois rien de plus propre à nous convaincre de l'existence de notre âme. »* Et, surtout « nous possédons là une preuve invincible de l'existence de Dieu ». Pourquoi ? Parce que seul Dieu peut avoir engendré une réalité où se conjuguent aussi remarquablement l'infini et le fini. Le raisonnement est un peu long (et un peu obscur...), mais il illustre bien une certaine rhétorique : la géométrie démontre que, *« même dans cette prétendue suite des causes subordonnées et dépendantes les unes des autres à l'infini, il faut nécessairement en venir à une première nature, qui, concourant avec toutes ces causes particulières et correspondant à tous les temps, soit elle-même infinie et éternelle ; et qui, ne produisant toute seule aucune de ces causes sans le concours et sans la détermination des autres, soit néanmoins la cause générale qui produit et qui conserve toutes choses »*.

Toujours pour parler comme Pardies, il faut assurément « l'impiété des libertins » pour nier une telle évidence... Ce style d'argumentation permet de trouver aisément de nombreuses « preuves mathématiques » de l'existence de Dieu. Toute série convergente (comme la série classique de terme général $u_n = \frac{1}{N\,!}$) acquiert une véritable dignité théologique ; ce qui n'est pas le cas pour les séries divergentes, où ne se manifeste pas l'heureuse union du fini et de l'infini ! Pascal, quant à lui, avait profité de l'occasion pour méditer sur les mystères de l'être : *« Tout ce qui est incompréhensible ne laisse pas d'être. Le nombre infini. Un espace infini égal au fini. »*

L'usage théologique de la règle et du compas

Au XVIIe siècle également, il se trouva un prélat espagnol, Caramuel de Lobkowitz, pour rédiger une *Mathématique audacieuse (Mathesis audax)* où il confirmait grâce à cette science la vérité des dogmes. D'Alembert nous a laissé un commentaire non dépourvu d'ironie : « *L'auteur, géomètre intrépide et théologien lumineux, résout, par le secours seul de la règle et du compas, toutes les questions théologiques, principalement celles qui concernent le libre arbitre et la grâce*[7]... » Mais il en aurait fallu davantage pour mettre un terme aux ambitions démonstratives des mathématiciens croyants. En nous tournant vers l'abbé Moigno, nous aurons confirmation de la vitalité des spéculations mathémático-théologiques au XIXe siècle.

De nos jours, le père Moigno est bien oublié. Mais c'était une forte personnalité ; et il connaissait très bien les sciences de son temps. Né en 1802, il avait reçu une solide formation en physique et en mathématique. Dans le *Grand Dictionnaire universel* de Pierre Larousse, il est qualifié de « remarquable savant » : il quitta même la Compagnie de Jésus, à laquelle il appartenait, afin de pouvoir continuer ses travaux scientifiques. Parmi les nombreux ouvrages qu'il a laissés figurent d'importantes *Leçons de calcul différentiel et intégral* qui suivent de près les textes publiés ou inédits de Cauchy. Mais cet homme de science était aussi un ardent apologiste. Aussi publia-t-il vers la fin du XIXe siècle un vaste ouvrage destiné à démontrer le bien-fondé de ses convictions religieuses : *Les Splendeurs de la foi.*

Il y cite entre autres un « mathématicien distingué », Félix Lucas, qui « a appliqué heureusement l'analyse à la démonstration de la simplicité de l'âme étudiée dans l'acte de la sensation ». Il est impossible de décortiquer ici cette démonstration ; mais c'est une sorte de petit chef-d'œuvre[8]. Plusieurs intégrales sont là pour témoigner du « sérieux » de l'auteur dans sa comparaison entre « perceptions concrètes » et « perceptions abstraites ». L'objectif est de « prouver » que, lorsque nous faisons de la mécanique théorique (étude du mouvement d'un point matériel sans dimension), notre perception intellectuelle s'effectue de toute nécessité en un

---

7. Voir G. Maupin, même ouvrage, p. 162 ; et l'entrée Caramuel (Jean de Lobkowitz) dans le *Grand Dictionnaire universel* de Pierre Larousse (tome III).

8. Voir l'abbé Moigno, *Les Splendeurs de la foi*, tome III, déjà cité, pp. 1339 et suivantes.

laps de temps infiniment petit. S'il en était autrement, affirme l'auteur, « l'analyse mathématique reposerait sur une aberration mentale ». Pour introduire son argument, Lucas feignait d'admettre cette hypothèse : quand un homme perçoit intellectuellement le mouvement d'un point, ce dernier ébranle son *sensorium* (c'est-à-dire son système cérébral).

Bien que le grand Ampère lui-même, si l'on en croit Moigno, ait réfléchi sur l'énergie cinétique d'un pur esprit en mouvement, l'hypothèse d'un point imaginaire qui ébranle notre organisme est difficilement admissible... Félix Lucas, précisément, démontre qu'elle conduit à des contradictions. Ce qui lui permet d'affirmer que notre âme, seule capable de « perceptions abstraites », est « insécable, indécomposable, inaccessible au scalpel de l'anatomiste ». Le matérialisme, par ce détour, est une nouvelle fois vaincu.

Saint Augustin, en maniant des raisonnements analogues, avait au moins le mérite d'être assez facilement compréhensible. Il faut bien constater que la preuve de l'immatérialité de l'âme, en se perfectionnant, s'obscurcit sensiblement. En fait, comme le suggère l'abbé Moigno, les mathématiques ont surtout permis à Lucas de rajeunir la forme d'un vieil argument philosophique ; et il indique lui-même qu'un jésuiste, le père Augustin de Barruel, avait déjà développé ce dernier dans un ouvrage publié en 1785 : *Helviennes, ou lettres provinciales philosophiques*. La religion, en tout cas, rend ici hommage à la science : tout se passe comme si certains croyants, pour mieux faire accepter les dogmes, se sentaient obligés de les rendre « scientifiques ».

Le nombre infini n'existe pas ; donc le monde aura une fin...

D'aucuns pourraient s'imaginer que seuls des mathématiciens de second ordre se sont risqués à de telles acrobaties apologétiques. Il n'en est rien, comme nous l'apprend l'abbé Moigno. Car l'éminent mathématicien Cauchy (1789-1857) donna en 1832 des leçons où était « démontrée » cette affirmation capitale : le monde a eu un début et aura une fin (et les matérialistes ont donc tort). Une fois de plus, le raisonnement tourne autour de la notion d'infini. Cauchy, reprenant des idées qui remontent à Galilée, commence par établir que l'infini actuel n'existe pas. Si on imaginait la suite des nombres prolongée jusqu'à l'infini, déclare-t-il, on ne pourrait y trouver à la fois les nombres naturels (1, 2, 3, 4,

5,...) et les carrés de chacun d'eux. Car, dans une telle suite, « les nombres carrés (...) seraient en très grande minorité ». Ce qui est incompatible avec l'hypothèse de l'*infini actuel* : on devrait en effet y trouver « avec chaque terme non carré, le carré de ce terme, puis le carré du carré, etc. ». On s'enferre donc dans des « contradictions manifestes » ; et il faut admettre que « tout nombre est essentiellement fini ».

Puis vient l'application aux objets, aux êtres ou aux événements : puisque le nombre infini n'existe pas, aucun ensemble d'objets, d'êtres ou d'événements ne peut être infini. Pour reprendre les termes de Cauchy, « il y a eu un premier homme, il y a eu un premier instant où la Terre a paru dans l'espace, où le monde lui-même a commencé, etc. ». La Bible a donc raison : *« Au commencement, Dieu a créé le ciel et la terre. »* Voici la conclusion du cours de Cauchy telle que la rapporte Moigno : *« Ainsi la science nous ramène forcément à ce que la foi nous enseigne : la matière n'est pas éternelle ; et si le premier, le plus ancien de tous les livres ne nous avait pas clairement révélé cette vérité, si nous ne l'admettions pas comme chrétiens, nous serions forcés de l'admettre comme arithméticiens, comme mathématiciens*[9]*. »*

Cet argument n'était pas nouveau. L'un des prédécesseurs de Cauchy avait été le cardinal Hyacinthe Sigismond Gerdil (1718-1802), un Piémontais qui appartenait à l'ordre des barnabites et avait failli devenir le successeur du pape Pie VI. Dans sa *Démonstration mathématique contre l'éternité de la matière*, il s'appuyait lui aussi sur l'impossibilité du nombre infini. Il suffit de recourir à « la plus élémentaire des sciences, l'arithmétique », pour avoir la preuve que les athées sont dans l'erreur. « Soutenir que tout être vivant descend d'un autre être semblable à lui et que l'état présent du globe terrestre a succédé à un nombre infini d'états divers », c'est « une chimère et un non-sens ». L'abbé Moigno lui-même n'avait d'ailleurs pas résisté à l'envie de reprendre cette argumentation. Entre un ouvrage sur le saccharimètre et un autre sur le progrès scientifique et industriel, il composa un plaidoyer très chrétien : *L'Impossibilité du nombre infini et ses conséquences. Démonstration mathématique du dogme de la création et de la récente apparition des mondes* (1863). Sans doute considérerait-il aujourd'hui que la théorie du *big bang* apporte une nouvelle confirmation de ce même dogme.

---

9. Même ouvrage, pp. 1262-1264.

Détermination algébrique de la date de la Création

L'abbé Moigno, pour mettre en évidence la contribution de « l'algèbre » à la religion, cite Faâ de Bruno, « un des élèves les plus chers et les plus distingués de Cauchy ». Ce n'est pas une « preuve » mathématique pure ; car elle s'appuie sur des données démographiques. Mais elle est fondée sur des calculs en principe très sérieux. Le problème est le suivant : à quelle date l'homme a-t-il été créé par Dieu ? Pour répondre à ces sortes de questions, les experts en science biblique comptaient les générations qui, selon l'Écriture, s'étaient succédé depuis Adam et Ève. Comme le récit de la Genèse était en général pris au pied de la lettre, la date de la création de l'homme était d'ailleurs pratiquement identifiée à celle de la création du monde. On admettait couramment que la durée écoulée était approximativement de six mille ans. Au XVIIe siècle, l'Irlandais James Usher, un membre de l'Église anglicane qui était devenu archevêque d'Armagh, avait même réussi à fixer une date très précise : la création avait eu lieu en l'an 4004 avant Jésus-Christ... Faâ de Bruno, au XIXe siècle, aborde le sujet en se demandant combien il a fallu de temps pour que la terre soit peuplée comme elle l'est.

Aux alentours de 1860, la population mondiale était estimée à un milliard trois cents millions d'hommes. Si on admet que « l'augmentation annuelle de la population humaine est d'un deux-centième environ », alors « la théorie bien connue des progressions » nous permet de savoir combien il a fallu d'années pour parvenir à la population actuelle. Il suffit de résoudre cette équation :

$$2\,(1 + 1/200)^x = 1\,300\,000\,000$$

dans laquelle x représente le nombre d'années écoulées depuis la création du monde. Le résultat (4 068 années) est « vraiment extraordinaire », déclare Moigno. Naturellement, l'évaluation finale doit tenir compte du Déluge universel dont parle la Bible ; car il « a brusquement suspendu la marche croissante de la population humaine ». Tout compte fait, on parvient à un ordre de grandeur de six mille ans qu'on peut considérer « comme l'expression de la vérité ». Miraculeusement, si l'on peut dire, l'algèbre confirme donc l'estimation de l'archevêque Usher : Dieu a créé notre monde vers l'an 4000 av. J.-C.[10]. L'abbé Moigno a lui-même perfectionné l'argument en proposant un autre calcul du même genre où le taux de croissance de la population est un peu différent

10. Même ouvrage, pp. 1270-1272.

et où la formule est appliquée directement « aux 4 205 ans écoulés depuis le déluge ». Comme il l'écrit, « rappelons-nous que Noé sortit de l'arche avec sa femme, ses trois fils et les femmes de ses trois fils, en tout huit personnes ». Une fois encore, le résultat est excellent. *« L'impiété a donc menti quand elle a opposé les sciences humaines aux sciences divines. »* C.Q.F.D...

Indiquons au passage que le christianisme n'a pas seulement engendré des spéculations mathématiques aussi nobles. Il est en effet arrivé que l'Évangile et les institutions religieuses fournissent les thèmes d'exercices plutôt frivoles. Jacques Ozanam (1640-1717), par exemple, nous a laissé des *Récréations mathématiques et physiques* (1694) où les calculs n'ont plus grand-chose de commun avec ceux de Cauchy. C'était un mathématicien professionnel qui avait d'abord été destiné à l'état ecclésiastique (et qui devint membre de l'Académie des sciences en 1701). Pour se livrer à des exercices de combinatoire, il utilise les douze apôtres et le propos du Christ sur « les premiers qui seront les derniers ». Pis encore, il explique comment des religieuses doivent s'y prendre pour recevoir quatre hommes, la nuit, sans que l'abbesse s'en rende compte... Les huit cellules, explique Ozanam, sont disposées en carré et les religieuses sont au nombre de vingt-quatre. Si les contrôles de l'abbesse se font en comptant les présentes *par rangées*, les religieuses peuvent réussir à la berner en se répartissant judicieusement dans les cellules. Cette ruse est mathématiquement élémentaire ; toujours est-il que la science des nombres, en l'occurrence, ne mène pas à Dieu, mais plutôt au Diable. Et cela nous servira de transition pour aborder un problème de fond soulevé par deux théologiens, Bossuet et Fénelon.

« Les attraits diaboliques de la géométrie »

Bossuet ne prisait guère les mathématiques. Et Fénelon se montrait encore plus sévère, allant jusqu'à demander à un jeune chrétien *« de ne point se laisser ensorceler par les attraits diaboliques de la géométrie, qui éteindraient en lui l'esprit de la grâce*[11] *»*. Tous les défenseurs de la foi n'ont donc pas été des adeptes du platonisme chrétien, des admirateurs inconditionnels de la mathématique. Selon Bossuet, comme l'a rappelé d'Alembert, dans un éloge académique, il ne fallait pas « dépouiller les dogmes de la foi de leur enveloppe mystérieuse ». Les prétendues preuves

11. G. Maupin, ouvrage cité, p. 159.

mathématiques sont seulement « de vaines tentatives pour éclairer des faibles lumières de la raison cette sainte obscurité ».

Était visé par exemple le pieux mathématicien français Pierre Varignon (1654-1722), célèbre pour ses contributions au calcul infinitésimal et à la dynamique. Ne prétendait-il pas démontrer le dogme de la présence réelle par une succession de théorèmes ? (Ce dogme, rappelons-le, consiste à affirmer que le corps et le sang du Christ sont réellement présents, lors du sacrifice de la messe, sous les apparences du pain et du vin.) Selon Bossuet, il était également ridicule de formuler des hypothèses hasardeuses pour expliquer la présence physique de Dieu en plusieurs endroits à la fois. L'explication « scientifique » que donnaient certains théologiens se résume ainsi : le corps du Christ aurait *« une vitesse infiniment plus grande que le coursier le plus rapide, en sorte que, durant la même seconde, il puisse se trouver dans tous les lieux de l'univers ou la consécration exige sa présence*[12] ». D'après Bossuet, mieux valait abandonner ces explications dérisoires et admettre la décision du concile de Trente (qui s'est déroulé en trois sessions entre 1545 et 1563) : la présence du fils de Dieu dans l'eucharistie est « incompréhensible ».

Mais ce point de vue ne s'est pas imposé à tous les croyants, ainsi qu'on a pu le constater. Le mythe d'un « Dieu géomètre », pendant très longtemps, a fasciné certains esprits. Le poète allemand Novalis (1772-1801) regrettait par exemple que « la vraie mathématique » ait sa patrie en Orient et qu'elle ait « dégénéré » en Europe. *« Prendre un livre de mathématiques sans un recueillement respectueux, ne pas le lire comme parole de Dieu, c'est ne pas le comprendre*[13]. »

Même pour aborder l'histoire des mathématiques modernes, peut-être convient-il de tenir compte de ces questions « théologiques » apparemment bien éloignées de la pure rationalité scientifique. Car le mathématicien allemand Georg Cantor (1854-1918), dont on ne peut nier qu'il ait joué un rôle majeur par sa théorie des ensembles et sa définition des nombres transfinis, croyait discerner une évidente relation entre les mathématiques d'une part, la métaphysique et la théologie d'autre part[14]. Dans le contexte culturel qui vient d'être évoqué, cette conviction était

12. Même ouvrage, p. 161.

13. Novalis, *Œuvres complètes*, tome II, *Les fragments*, Gallimard, 1975, p. 382.

14. Voir P. Thuillier, « Dieu, Cantor et l'infini », *La Recherche*, n° 84, décembre 1977. Reproduit dans *Le Petit Savant illustré*, Seuil, 1980.

facilement explicable. Si Dieu seul avait le statut d'un infini actuel, toute spéculation sur le transfini était une opération lourde de conséquences... Cela aide à comprendre pourquoi Cantor a sollicité auprès des théologiens et du pape un jugement favorable sur les étranges objets mathématiques qu'il avait créés. Si fantaisistes qu'on puisse juger les utilisations théologiques de la « reine des sciences », elles constituent une réalité culturelle qui, hier encore, influençait profondément bon nombre d'esprits.

CHAPITRE II

L'Islam et la science : le problème de la « qibla »

« Tournez vos faces vers la Mosquée Sacrée ; où que vous soyez, tournez vos faces vers elle. » C'est ainsi que le Coran définit la position que les fidèles de l'Islam doivent adopter pour prier. La tradition veut que cette prescription soit également respectée lors de l'accomplissement de certains actes : récitation du Coran, annonce de la prière, sacrifice rituel des animaux destinés à la nourriture, etc. La Mosquée Sacrée, c'est celle de La Mecque, au milieu de laquelle se dresse un édifice à peu près cubique qui, selon les musulmans, a été construit par Abraham et constitue le centre physique de leur univers religieux. Le nom arabe de ce monument unique (Kaaba) fait précisément allusion à la forme géométrique qui est maintenant la sienne. Mais, à l'origine, il n'y avait qu'une enceinte rectangulaire, sans plafond. C'est seulement au début du VIIe siècle, avec l'avènement de l'Islam, qu'il a pris sa forme actuelle. À l'un des coins se trouve la Pierre Noire (sans doute une météorite qui, depuis très longtemps, avait été vénérée en même temps que d'autres pierres). On rapporte que le Prophète l'a embrassée ; et les pèlerins, aujourd'hui encore, répètent ce geste. La Kaaba, en tant que telle, ne fait pas l'objet d'un culte ; elle est plutôt considérée comme un signe concret de la présence de Dieu.

Comment repérer la direction de La Mecque ?

Toujours est-il que sa fonction religieuse soulève depuis de nombreux siècles un problème de nature « scientifique ». Puisque le Coran demande que les fidèles se tournent vers La Mecque pour faire leurs prières, il faut qu'ils sachent en toutes circonstances dans quelle direction elle se situe. Comment obtenir cette information ? Au début, les procédés utilisés étaient relativement grossiers ; mais, très rapidement, les connaissances géographiques et astronomiques permirent une meilleure détermination de la « direction sacrée » *(qibla)*. David A. King, actuellement profes-

---

La Kaaba, qui se trouve dans l'enceinte de la mosquée de La Mecque, constitue le centre de l'Islam. De forme à peu près cubique, cet édifice a des origines très anciennes ; dès les temps pré-islamiques, il avait une signification religieuse. Son orientation est conforme à certains schémas cosmiques. Non seulement des textes anciens indiquent que les quatre vents principaux frappent de front les quatre murs, mais chaque axe a une orientation astronomique précise : le grand axe est dirigé vers le point de l'horizon où se lève Canopus, l'étoile la plus brillante du ciel austral, et le petit axe vers le point où se lève le Soleil au milieu de l'été. Le Coran prescrit aux

musulmans, quel que soit le lieu où ils se trouvent, de se tourner vers la Mosquée Sacrée pour prier. Ce qui, dès les débuts de l'Islam, a posé un problème pas toujours facile à résoudre : comment s'y prendre pour repérer la direction de La Mecque, c'est-à-dire la « direction sacrée » *(qibla)*? Ce sont les savoirs « populaires » qui ont d'abord fourni la réponse. Mais très vite, dès le VIIIe ou le IXe siècle, les savants de l'Islam mirent au point des méthodes mathématiques permettant de déterminer la *qibla* avec une bonne précision. *(Cliché Gamma.)*

seur à l'université Goethe (Francfort), a beaucoup travaillé sur les techniques de la *qibla*[1]. Grâce à lui, nous disposons d'un utile bilan de ce que les experts ont appris sur ce sujet scientifico-religieux.

Pour les hommes de science modernes, qui disposent d'un riche arsenal de connaissances géographiques et astronomiques, le principe de la solution est simple. Si d'une part on connaît les latitudes et longitudes de La Mecque et du lieu où l'on se trouve, si d'autre

1. D. A. King, « The Sacred Direction in Islam. A study of the interaction of religion and science in the Middle Ages », *Interdisciplinary science review*, vol. 10, n° 4 (1985), pp. 315-328 ; et, du même auteur, « Al-Bardawi on the qibla in early Islamic Transoxiana », *Journal for the history of Arabic science*, 17 (1983), pp. 3-37, (date réelle de parution : 1986).

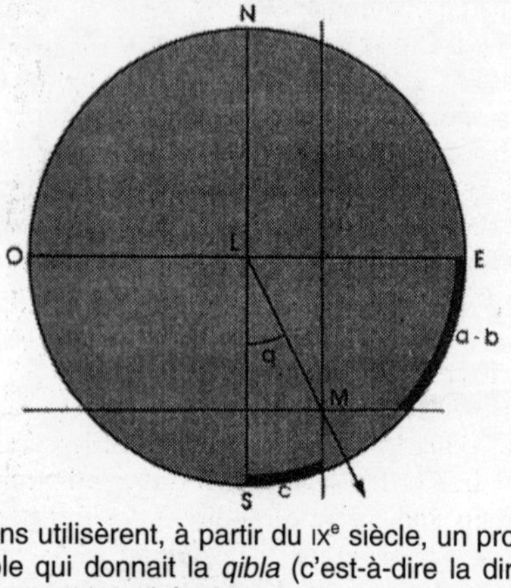

Les musulmans utilisèrent, à partir du IXe siècle, un procédé mathématique simple qui donnait la *qibla* (c'est-à-dire la direction de La Mecque) de façon approchée. Le principe consiste à projeter sur un plan les positions respectives du lieu où l'on se trouve (L) et de La Mecque (M). Pratiquement, comme le montrent certains traités, on traçait un cercle de centre L sur lequel on indiquait les quatre points cardinaux ; puis on reportait sur ce cercle la différence des latitudes (a-b) et la différence des longitudes (c) ; et, à partir des points ainsi définis, on déterminait le point M en traçant des parallèles aux axes nord-sud et est-ouest. La droite LM définissait donc la direction cherchée ; et une formule trigonométrique simple permettait d'obtenir la valeur de l'angle *q*. Bien que la projection dans le plan déforme généralement les angles, cette technique était très satisfaisante. Un peu plus tard, une formule tenant compte de la forme sphérique de la Terre fut mise au point. *(D'après D.A. King. Droits réservés.)*

part on est capable de repérer exactement le nord, il est alors facile d'obtenir une détermination rigoureuse de la *qibla*. Du moins en théorie... Dans la pratique, en effet, compte tenu de la rotondité de la Terre, les opérations de visée à grande distance sont assez délicates ; elles exigent des calculs d'une relative complexité. C'est d'ailleurs pour cela que les musulmans, dès le IXe siècle et peut-être même dès le VIIIe, mirent au point des méthodes mathématiques.

Mais, dans les premiers temps, force était de recourir à d'autres moyens ; de nos jours encore, il est fréquent qu'une détermination de la *qibla* doive être opérée sans calculs. Depuis quelques années, les historiens ont une bonne idée des diverses techniques employées pendant le Moyen Âge. Il apparaît qu'une solide tradition d'astronomie et de météorologie pratiques a fourni très tôt des indications utiles. Les directions obtenues, à vrai dire, étaient souvent approximatives. Mais certains de ces procédés sont encore employés dans des communautés agricoles du Moyen-Orient. Ils proviennent, écrit David King, de l'Arabie pré-islamique et ont été améliorés ensuite grâce à des « savoirs populaires » locaux ou empruntés au monde hellénistique. Cette tradition doit être très nettement distinguée de celle des astronomes musulmans « savants ». Elle recourait uniquement à l'observation du Soleil, de la Lune, des étoiles ou des vents. Du point de vue religieux, ce fait a une certaine importance.

D'après le Coran, en effet, les corps célestes sont des créations de Dieu ; et les hommes, est-il spécifié, doivent être guidés par les étoiles. D'où le caractère particulièrement orthodoxe des méthodes prônant l'observation du Ciel. Au XIIIe siècle, au Yémen, un commentateur de la loi coranique soulignait le contraste entre les savoirs populaires et les savoirs théoriques empruntés à Euclide, à Aristote et aux Indiens (c'est-à-dire à des infidèles). *« C'est en observant avec ses propres yeux,* écrivait al-Asbahi, *qu'on doit fixer les heures des prières. Il ne faut pas les déterminer grâce aux signes portés par les astrolabes ou grâce à des calculs fondés sur la science des astronomes. »* Par exemple, il fallait repérer sur l'horizon le lever ou le coucher d'une étoile particulière ; ou bien le lever et le coucher du Soleil lors des équinoxes ou des solstices. Les astronomes savants, en général, ne disent rien sur ces techniques ; elles sont surtout exposées par des textes définissant les obligations des musulmans ou traitant d'astronomie populaire. Aux équinoxes, le lever et le coucher du Soleil permettent respectivement de déterminer l'est et l'ouest. Aux solstices, une correction de 30 degrés environ permet d'obtenir les mêmes informations.

Les sources indiquent qu'en Afrique du Nord-Ouest, les fidèles devaient prier en se tournant vers l'est ; qu'en Égypte, ils devaient se repérer sur le lever du Soleil observé au milieu de l'hiver ; qu'en Irak, la *qibla* était donnée par le coucher du Soleil également au milieu de l'hiver ; qu'en Inde, elle s'identifiait avec l'ouest (c'est-à-dire au coucher du Soleil lors des équinoxes). Le lever d'une étoile particulièrement brillante, Canopus, définissait la bonne direction pour les Syriens. Parfois, la *qibla* pouvait être trouvée par plusieurs méthodes « populaires » ; ainsi, au Yémen, on pouvait repérer la direction d'où soufflait le « vent du Nord » ou bien utiliser l'Étoile Polaire.

Il arrivait que les autorités ne soient pas d'accord entre elles. Pour l'Asie Centrale, par exemple, une école désignait l'ouest (parce que la route conduisant à La Mecque partait plein ouest). Mais une autre école préférait le sud ; et une autre encore prenait comme base la *qibla* choisie par ceux qui avaient construit les premières mosquées de la région. À cela s'ajoutait la direction déterminée par les astronomes scientifiques (grâce à des calculs qui seront évoqués plus loin). La situation n'était donc pas simple. En certains cas, les divergences avaient une grandeur ampleur. Ainsi un traité datant sans doute du XIIe siècle mentionne cinq directions utilisées à Cordoue (et obtenues évidemment par des voies différentes) ; l'écart entre les deux *qibla* extrêmes est proche de 80 degrés. Pour Le Caire, un historien du XVe siècle, al-Maqrizi, nous apprend que cinq solutions étaient également possibles, l'écart entre les extrêmes dépassant nettement 110 degrés. L'existence de telles incertitudes posait un problème de fond.

Car, si l'on prend au pied de la lettre le Coran, le fidèle doit être exactement tourné vers la Kaaba. Comment accepter que plusieurs écoles donnent pour un même lieu des directions très différentes ? Les autorités religieuses ont abordé cette question de front. David King cite un traité sur la Direction Sacrée (XIIe siècle) où l'auteur montrait que la « loi » pouvait être appliquée de deux façons. Pour les uns, le fidèle devait être dans une position strictement définie ; son regard, idéalement, devait viser La Mecque de façon directe. Mais d'autres avaient une théorie plus libérale. Il

À partir du IXe ou du Xe siècle, grâce à leurs connaissances en astronomie et en mathématiques, les musulmans furent capables de calculer de façon très exacte la *qibla* (c'est-à-dire l'angle donnant la direction de La Mecque). Possédant une formule équivalente à la formule moderne, ils purent composer des tables à la fois commodes et précises qui donnaient la Direction Sacrée pour toutes les latitudes

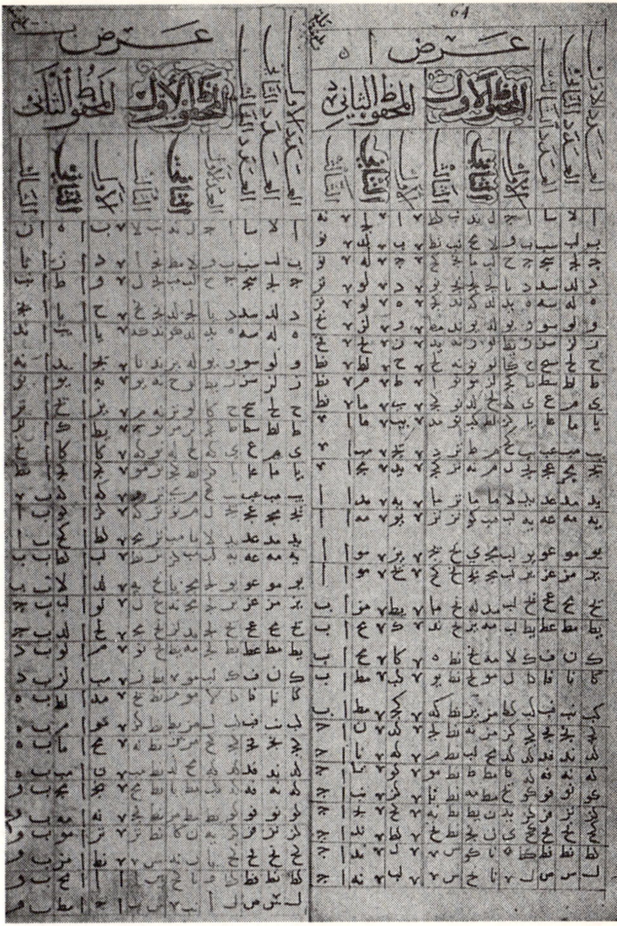

et toutes les longitudes. La table ici reproduite date du XIVᵉ siècle ; son auteur était al-Khalili, un astronome de Damas. Les latitudes correspondent aux entrées horizontales, degré par degré ; les longitudes, aux entrées verticales. À noter que les longitudes sont groupées par deux selon un principe de symétrie : dans chaque paire figurent les longitudes ayant la même valeur absolue, à l'est et à l'ouest, par rapport au méridien de La Mecque. Les valeurs de la *qibla* sont en général excellentes, les erreurs ne dépassant pas 2 minutes. *(Cliché Bibliothèque nationale.)*

suffisait, selon eux, que l'on soit tourné « dans la direction générale de la Kaaba ». Cette condition était remplie dès lors que la *qibla* idéale demeurait dans l'angle de vision du fidèle, cet angle étant évalué à environ 80 degrés. Concrètement, cela revenait à autoriser une déviation (à gauche ou à droite) de presque 40 degrés. Doctrine assez souple ; mais qui, on l'a vu, ne pouvait pas toujours être respectée. C'est seulement avec des méthodes astronomiques plus rigoureuses que le problème pouvait être résolu.

L'astronomie et la trigonométrie au service de l'Islam

Les spécialistes de l'astronomie savante, très vite, firent une concurrence sérieuse aux méthodes « empiriques ». Comme le rappelle David King, les musulmans ont cultivé cette science avec succès ; du VIIIe siècle au XIVe, peut-être même jusqu'au XVe, ils y ont occupé une place prédominante. Dès le début de cette période, ils avaient assimilé les connaissances acquises par les Indiens et par les Grecs (spécialement par Ptolémée). Grâce à la trigonométrie, aux modèles planétaires et à la géographie mathématique, ils étaient en mesure de s'attaquer efficacement aux problèmes de la *qibla*. Combinant les méthodes grecques (latitudes, longitudes) et les méthodes indiennes, ils mirent au point des solutions mathématiques que les historiens ont maintenant bien étudiées. Au IXe siècle, ils savaient déjà calculer de façon satisfaisante la Direction Sacrée pour des lieux assez éloignés (situés en Égypte ou en Iran par exemple). Bien qu'il fût simple, le procédé utilisé permettait une bonne approximation (l'erreur ne dépassant pas un ou deux degrés) ; il survécut jusqu'au XIXe siècle.

On peut ainsi en résumer le principe : recourant à un système de coordonnées rectangulaires, les astronomes projetaient sur un plan la position du lieu concerné et la position de La Mecque ; et, grâce à un raisonnement trigonométrique élémentaire, ils obtenaient la mesure de l'angle cherché par rapport à l'axe nord-sud. Si simple qu'elle fût, cette méthode demandait qu'on fût en possession des diverses latitudes et longitudes (ce qui n'est pas rien). De plus, il fallait être familier avec certaines techniques mathématiques. Au fil du temps, grâce à une meilleure maîtrise de la géométrie et de la trigonométrie sphérique, les résultats devinrent plus précis. Une formule semblable à la formule moderne fut mise en circulation et il devint possible de calculer des tables donnant la *qibla* en fonction des diverses latitudes et longitudes. Ainsi se manifestait une collaboration fructueuse entre la religion et la science. Aujourd'hui encore, des tables de ce genre sont utilisées. Naguère, une compagnie aérienne d'Arabie Saoudite a acheté à une société suisse un million de « boîtes pour la *qibla* » afin de les distribuer à ses passagers. D'une part, un livret indique pour toute une série de lieux l'angle définissant cette direction (par rapport à l'axe nord-sud). D'autre part, une boussole permet de savoir sur place vers quel point de l'espace il faut se tourner. Des boussoles spéciales sont maintenant en vente partout ; les Japonais en fabriquent en série. Mieux encore, il existe des micro-ordinateurs programmés pour donner la *qibla* et indiquer les heures exactes des prières. C'est en quelque sorte le couronnement d'une longue évolution « scientifique ».

Depuis les temps anciens, en fait, la *qibla* a suscité des initiatives qui ont profité à l'astronomie scientifique. Dès le début du IXe siècle, des observations simultanées d'une éclipse de Lune furent réalisées à Bagdad et à La Mecque avec l'intention explicite de déterminer la différence de longitude entre ces deux villes. La mesure de cette différence, en effet, intervenait dans la formule qui était utilisée à cette époque. Le grand al-Biruni, au début du XIe siècle, consacra tout un traité à la détermination de la *qibla* de la ville de Ghazna (actuellement située en Afghanistan). Les astrolabes et certains autres instruments astronomiques étaient utilisables dans ce contexte ; les traités islamiques consacrés à ces instruments expliquent en général comment il faut s'y prendre pour repérer la Direction Sacrée. Mais, à cause d'incertitudes concernant les coordonnées des sites, des erreurs plus ou moins graves, avec le recul, peuvent être détectées. La *qibla* du Caire, aujourd'hui, a 8 degrés de plus vers le sud que celle des astronomes médiévaux. Cet écart vient de ce que la différence de longitude entre Le Caire et La Mecque était sous-estimée de 3 degrés.

L'orientation des mosquées

Comme le note David King, les résultats des « scientifiques » de l'époque n'étaient pas toujours suivis. On le constate en examinant l'orientation des mosquées. En principe, elles doivent faire face à La Mecque. Mais, bien qu'un certain nombre d'entre elles soient bien orientées, la plupart n'incarnent pas la juste *qibla* ; il y a même des cas nettement aberrants. Il a fallu attendre le XIXe siècle pour que l'exactitude devienne la règle. Aujourd'hui encore, des rectifications nombreuses de la *qibla* séculaire sont opérées un peu partout dans le monde. Pour les temps anciens, certains écarts considérables sont dus au fait que les premières mosquées ont souvent été construites sur les emplacements d'édifices religieux antérieurs. Ce fut le cas à Jérusalem avec la mosquée Al-Aqsa, qui dispose les fidèles face au sud. Cette disposition ne fut pas remise en cause dans les siècles qui suivirent la construction (715) ; les astronomes, pourtant, avaient calculé que l'erreur était d'environ 45 degrés. À Damas, une cathédrale byzantine qui avait été bâtie à partir d'un temple païen fut convertie en mosquée en 715 également ; là aussi, la *qibla* est plein sud, l'erreur avoisinant 30 degrés.

Les mosquées des temps anciens sont donc loin de répondre toutes aux conditions idéales. Quoique les causes des écarts soient multiples et que les calculs des astronomes n'aient pas toujours été suivis d'effets, les décisions architecturales n'ont pourtant pas été prises au hasard. Actuellement, plus de mille plans de mosquées sont disponibles dans les bibliothèques. Mais, selon David King, un très grand nombre d'entre eux souffrent d'inexactitudes ; aucune conclusion générale sûre ne peut en être tirée. Il est cependant assuré que les mosquées médiévales n'ont pas, en général, été conçues de façon arbitraire. Pour les orienter, les constructeurs recouraient aux méthodes de l'astronomie « populaire » ; et tout particulièrement à l'observation des levers et des couchers de divers corps célestes.

À Cordoue, certaines mosquées correspondent à une *qibla* dirigée vers le lever du Soleil en hiver. En Égypte, la première mosquée (construite en 641-642) avait la même orientation. Mais plus tard, au Caire, il y eut des variations assez complexes. Un bilan complet exigera un grand nombre de recherches. Il faudra en particulier étudier systématiquement la disposition des mosquées et de plusieurs autres édifices ou monuments religieux (mausolées, cimetières, etc.). Et aussi déterminer les principales positions astronomiques sur les horizons locaux correspondants. Il sera alors possible de mettre en évidence, le cas échéant, certains alignements astronomiques.

La Kaaba, représentation « cosmique »

Puisqu'elle concrétise le centre de l'Islam, la Kaaba n'est en principe pas concernée par les problèmes de visée à distance. Mais cela ne veut pas dire que son orientation est dépourvue de signification. En fait, de nombreux textes anciens consacrés à l'astro-

La Kaaba étant considérée au sens strict comme le centre du monde, les musulmans élaborèrent divers schémas représentant les diverses régions du globe disposées autour de ce centre. C'est ce qu'on appelle la « géographie sacrée ». Sur cette illustration, tirée d'un traité écrit au XVIe siècle par al-Safaqusi, on peut voir quarante secteurs convergeant vers la Kaaba. Comme le souligne l'historien David King, l'orientation choisie pour cet édifice ne correspond pas exactement à la réalité. Le dessinateur a en effet mis chaque coin directement en face d'un point cardinal, alors que la Kaaba, en fait, a ses axes nettement décalés par rapport aux directions nord-sud et est-ouest. *(Cliché Bibliothèque nationale.)*

nomie populaire ou à l'explication de la loi coranique confirment que ses murs obéissent à des déterminations astronomiques. Le grand axe de la base rectangulaire est dirigé vers le point de l'horizon où se lève Canopus, l'étoile la plus brillante du ciel austral ; le petit axe vise le point où se lève le Soleil au milieu de l'été. Il se trouve que, pour la latitude de La Mecque, ces deux directions sont à peu près perpendiculaires. Si l'on suit cette ligne d'analyse, il en résulte que les angles droits de la Kaaba ont essentiellement un sens « cosmique » (et non pas purement géométrique).

Cette croyance remonte aux origines de l'Islam, puisque les premiers textes qui en font état (VIIe siècle) sont attribués aux Compagnons du Prophète. Pour la pratique de la prière, elle a eu d'importantes conséquences ; c'est en effet l'origine des méthodes « populaires » qui consistent à repérer la *qibla* par des visées d'astres. Souvent, les fidèles se contentaient de retrouver les alignements astronomiques propres à la Kaaba. Dans le cas général, cela ne permet pas d'être tourné exactement vers La Mecque ; c'est plutôt une manière de « répéter » en chaque lieu l'orientation de la Kaaba. Aujourd'hui encore, il n'est pas rare que les fidèles de l'Islam recourent à des méthodes approximatives mais consacrées par la tradition. Des Maghrébins travaillant dans le sud de la France m'ont dit qu'ils déterminaient la *qibla* en se tournant vers le point où se lève le Soleil. Au sens strict, une telle visée ne permet pas d'avoir « la face tournée vers la Mosquée Sacrée » ; mais ces musulmans pratiquants m'ont assuré que ce procédé était d'usage courant.

Le caractère « cosmique » de la Kaaba est confirmé par un autre fait que mentionnent plusieurs sources anciennes. Dans le monde pré-islamique, une classification des quatre principaux vents était très populaire : shamāl, sabā ou qabūl, janūb et dabūr. Or, les textes indiquent que ces quatre vents frappent de front les quatre murs de la Kaaba. Il y a donc en quelque sorte une surdétermination de la position et de la structure de cet édifice : astronomie et météorologie se renforcent pour définir une représentation symbolique du macrocosme. David King résume tout cela en disant que la Kaaba, « point focal » de l'Islam, a d'abord été l'expression architecturale d'une cosmologie pré-islamique.

Une « géographie sacrée » centrée sur La Mecque

Signalons enfin l'existence d'une « géographie sacrée » intimement liée au phénomène de la *qibla*. Si la Kaaba est le centre de l'Islam, il est normal d'instituer un découpage géographique global mettant en évidence les divers « secteurs » dans lesquels les fidèles se répartissent. Cette façon d'organiser la surface du globe autour d'un point privilégié a des équivalents, comme le rappelle David King, dans les traditions anciennes du judaïsme et du christianisme (synagogues et églises tournées vers Jérusalem, elle-même considérée comme le centre du monde). Mais l'Islam est allé beaucoup plus loin, inventant des schémas parfois complexes.

L'image fondamentale est celle du *cercle*. Ainsi que l'écrit un docteur égyptien du XIIe siècle, le monde habité entoure la Kaaba comme un cercle entoure son centre ; et « chaque région fait face à une partie spéciale de la Kaaba ». Le premier modèle géographique dont on ait une trace écrite figure dans un traité rédigé à Bagdad au IXe siècle. Il comprend quatre « climats », c'est-à-dire quatre secteurs. Dans un manuscrit du Xe siècle, un géographe né à Jérusalem esquisse un modèle à huit secteurs. Vers la même époque, Ibn Suraqa, natif du Yémen et formé en Irak, décrit trois schémas différents ayant respectivement quatre, onze et douze secteurs. Les indications données pour repérer la *qibla* ne sont pas toujours très sûres ; mais elles sont minutieuses. En Irak et en Iran, par exemple, il faut que la Grande Ourse se lève et se couche derrière l'oreille droite du fidèle, qu'un groupe d'étoiles des Gémeaux se lève directement derrière son dos, que le vent d'est souffle vers son épaule gauche, etc.

En jouant avec les divers repères possibles (angles et faces de la Kaaba, visées astronomiques, vents), il était facile d'inventer de multiples modèles. Aux XIIe et XIIIe siècles, des textes égyptiens et yéménites distinguèrent deux sortes de découpages en douze secteurs. Dans un atlas de navigation du XVIe siècle, le Tunisien al-Safaqusi va jusqu'à définir quarante secteurs centrés sur La Mecque. Après cette époque, aucun nouveau modèle de « géographie sacrée » n'est mentionné dans les textes conservés.

Mais la *qibla*, en tant que telle, demeure une réalité vivante. Pour l'Islam, aujourd'hui comme hier et malgré l'évolution des méthodes, c'est toujours une obligation de repérer la Direction Sacrée. Un tel sujet, en outre, a un très grand intérêt pour l'étude des cultures et en particulier des activités cognitives. Il met en évidence la diversité des relations qui peuvent exister entre religion, savoirs « populaires » et savoirs scientifiques. C'est en multipliant les études de ce genre qu'on réussira à intégrer toujours davantage l'histoire des sciences à l'histoire générale des civilisations.

DEUXIÈME PARTIE

LES MESSAGES CULTURELS DES THÉORIES

CHAPITRE III

Sociologie de la connaissance : Platon et la géométrie

Étudier les corrélations fonctionnelles qui existent entre les différents genres de connaissances et les cadres sociaux dans lesquels elles se développent, telle est l'une des définitions les plus générales de la « *sociologie de la connaissance*[1] ». Le présupposé fondamental peut se résumer ainsi : toutes les activités cognitives (qu'elles soient empiriques, théologiques, philosophiques, scientifiques, etc.) ont une existence sociale – et il est donc légitime de se demander pourquoi les diverses sociétés cultivent et valorisent certains types de savoirs plutôt que d'autres.

Les savoirs, productions culturelles comme les arts et les religions...

De Francis Bacon à Comte, Marx, Mannheim et bien d'autres, nombreuses et variées ont été les réflexions sur ce thème : certaines conditions culturelles, économiques et politiques semblent favoriser certaines orientations de recherche, certaines méthodes ; et, inversement, l'évolution des savoirs a des effets multiples, pas toujours immédiatement visibles, dans les différents secteurs de la vie sociale.

Les ethnologues occidentaux n'ont d'ailleurs pas hésité à expliquer le fonctionnement mental des sociétés qu'ils appelaient « primitives » selon des schémas sociologiques. Cela revient à dire que les « connaissances » de ces sociétés étaient considérées comme une expression particulière (au même titre que l'art ou la religion) d'une certaine réalité socioculturelle. Mais pourquoi n'appliquerait-on pas ce style d'interprétation aux autres sociétés ? On peut penser que, chez les Grecs de l'époque classique, le mépris du travail manuel a favorisé la conception du savoir comme pure *contemplation* (le mot « théorie », calqué directement sur le grec, signifie précisément « contemplation »). De même, il nous paraît assez normal que la société médiévale, compte tenu de ses caractères spécifiques et de ses structures politiques, ait produit des « savoirs » constamment dominés par des préoccupations théologiques et par le recours à la Sainte Écriture. La naissance de la « science moderne » elle-même semble avoir demandé des conditions sociales favorables.

Au moins en première approximation, on peut supposer qu'il y a une « économie du savoir » mettant en jeu une riche diversité

1. Voir par exemple G. Gurvitch, *Traité de sociologie,* t. II, P.U.F., 1960, pp. 120-121 ; et J. Cazeneuve, « Connaissance (sociologie de la) » dans *Encyclopaedia universalis,* vol. 4, 1968, pp. 913 et suivantes.

d'offres et de demandes. En fonction des besoins économiques, politiques et culturels, en fonction aussi de l'état des techniques et de l'outillage mental, la nature et la hiérarchie des savoirs évoluent. Certains savoirs apparaissent comme *dominants*, à une époque donnée, alors que d'autres sont *secondaires, parallèles* ou *marginaux*. La tâche idéale de la « sociologie de la connaissance » serait de fournir un cadre théorique tout à fait général permettant de dévoiler les divers intérêts en jeu, l'enchevêtrement des thèmes épistémologiques et extra-épistémologiques, les « causes » et les « effets » de toutes les innovations concernant d'une façon ou d'une autre les activités cognitives. Même dans une société industrielle comme la France, on constate la coexistence d'une foule de savoirs (« sérieux » ou non) passablement hétéroclites : astrologie, astronomie, médecine officielle, médecines parallèles, écologie, biologie moléculaire, théologie, physique des particules, graphologie, spiritisme, informatique, psychanalyse, résistance des matériaux, philosophie, sexologie, économie politique, etc. Comment faudrait-il s'y prendre pour expliquer à un Martien récemment débarqué *toutes les significations socioculturelles* de cette diversité ? Bien sûr, quelques « rationalistes » convaincus lui résumeraient l'essentiel en deux mots : il y a d'un côté les « vraies » sciences (comme la physique, la chimie et la biologie) et de l'autre les superstitions, les élucubrations chimériques... Mais, du point de vue de la « sociologie de la connaissance », cette façon de procéder esquive l'explication des faits essentiels.

Non seulement il n'est pas certain qu'il y ait des critères absolus et neutres pour distinguer ce qui est savoir authentique et ce qui ne l'est pas ; mais, même à l'intérieur du domaine des « sciences » les plus rigoureuses, des problèmes indéniablement sociaux surgissent. Laissons de côté le cas de l'écologie (et de l'écologisme...), qui est à la fois spectaculaire et confus ; et évoquons la biologie moléculaire et l'informatique. Par exemple, est-ce que ce sont *seulement* des critères épistémologiques qui fournissent un très gros budget à la biologie moléculaire (et un budget beaucoup moins gros à « l'histoire naturelle » classique) ? Du côté des sciences humaines, de semblables questions se posent également : pour quelles raisons exactement l'histoire occupe-t-elle une très faible part (voire une part nulle) dans la formation de nos « élites » technocratiques ?

Qu'il s'agisse de la théorie de l'évolution ou des quanta, de l'ethnologie ou de la sexologie, des modèles économétriques ou du quotient intellectuel, sans cesse des débats (et même des conflits) nous rappellent qu'une réflexion un tant soit peu générale

Dans sa fresque intitulée *L'École d'Athènes* (1509-1510), Raphaël a représenté à sa manière les grands philosophes et les grands savants de l'Antiquité. Cette grandiose composition n'était évidemment pas destinée à ressusciter le passé de façon réaliste ; ainsi Héraclite (au premier plan et au centre) a les traits de Michel-Ange... Il s'agit avant tout de célébrer la recherche de la vérité. Du point de vue de la sociologie de la connaissance, ce document est un riche témoignage. Au centre se trouvent Platon et Aristote. Ce dernier a une main tournée vers le sol ; ce qui signifie que sa philosophie est terrestre, réaliste... Platon, qui est représenté avec la physionomie de Léonard de Vinci, est au contraire un idéaliste ; aussi pointe-t-il un doigt vers les cieux. Précisément à cause de son idéalisme, Platon attribuait à la géométrie d'éminentes vertus éthiques et métaphysiques. Par l'étude des formes géométriques, en effet, l'homme élève son âme vers les Idées, vers les Vérités éternelles ; et Dieu, pour structurer le monde, a utilisé ces mêmes formes géométriques.
Dans sa main gauche, Platon tient le *Timée,* une œuvre où il a exposé sa conception géométrique de l'ordre cosmique et qui a été beaucoup lue en Occident. *(Vatican, clichés Scala.)*

sur le statut et la signification des savoirs scientifiques exige, au moins implicitement, le recours à la « sociologie de la connaissance ». Précisons-le : cette discipline n'a pas pour objectif *principal* d'expliquer par des « facteurs sociaux », dans leurs moindres détails, tous les raisonnements et toutes les théories scientifiques. Avant tout, comme le souhaitait Auguste Comte, le but est de comprendre *historiquement et globalement* les diverses modalités du fonctionnement des connaissances ; et ce, sans jamais oublier la grande question des rapports entre *savoir* et *pouvoir*.

La sociologie de la connaissance est-elle dangereuse ?

La « sociologie de la connaissance », hélas, demeure à l'heure actuelle plus riche de promesses que de théories solides... Il existe certes des contributions qui, grâce aux perspectives qu'elles ouvrent, ont acquis la dignité de « classiques » (outre Comte et Marx, mentionnons Durkheim, Max Weber, Scheler, Mannheim, John Horton, ainsi que de nombreux historiens allant d'Ernest Renan à Jean-Pierre Vernant et Keith Thomas). Mais il est douteux que cette discipline soit réellement unifiée ou même en voie de l'être. Des travaux parfois très intéressants sont réalisés. Mais, institutionnellement et méthodologiquement, les recherches semblent très dispersées ; elles revêtent des styles parfois très éloignés selon qu'elles émanent de sociologues, d'ethnologues, d'historiens ou de philosophes.

Cette situation peut s'expliquer en partie par la méfiance dont cette discipline fait l'objet. Tout d'abord, elle paraît potentiellement dangereuse : puisqu'elle met en lumière les aspects sociaux des activités cognitives en général et de *« la science »* en particulier, ne risque-t-elle pas de relativiser la valeur de cette dernière ? Chaque société tend à protéger la réputation de son « savoir dominant » ; or la sociologie de la connaissance a le tort de mettre au grand jour des « corrélations fonctionnelles » que les autorités en place préfèrent laisser dans l'ombre (pensons par exemple aux étroites relations qui existent entre les scientifiques et les militaires). Par là même, elle peut devenir un instrument critique. Beaucoup d'historiens des sciences sont également réticents ; ils craignent que des interprétations « sociologisantes » ne remplacent l'étude attentive des théories et ne donnent une image simpliste de la recherche scientifique.

Mais les ambiguïtés du statut de la « sociologie de la connaissance » ont sans doute d'autres causes, qui sont d'ordre théorique. Il n'est pas facile, en effet, de concevoir une discipline qui étudierait « objectivement » le fonctionnement de toutes les connaissances – et donc de toutes les autres sciences. Ce serait trop beau ! Même en physique et en biologie se posent de redoutables questions philosophiques. À plus forte raison est-ce le cas pour cette « superscience » dont les ambitions, en principe, sont énormes. En deux mots, comment fonder une telle « sociologie » sur des présupposés qui soient à la fois clairs, rigoureux et universellement acceptables ? La part réservée à « l'interprétation » est très grande ; très vite, les convictions philosophiques ou politiques des théoriciens interviennent. Il est significatif que Comte et Marx, deux pionniers, aient conçu leurs « sociologies de la connaissance » dans le cadre de leurs projets sociopolitiques. En ce domaine, autant et plus qu'ailleurs, les chercheurs sont exposés aux influences culturelles, aux pressions sociales, aux « conditionnements » dont ils font si souvent état en étudiant les autres sciences.

Pourquoi Dieu est-il géomètre ?

La « sociologie de la connaissance » exprime donc un idéal scientifique difficile à atteindre. En fait, comme l'ont noté les auteurs d'un « textbook » bien connu, il est pratiquement impossible d'en donner une définition satisfaisante ; les points de vue possibles sont trop nombreux[2]. Et pourtant, les problèmes qu'aborde cette discipline ne sont pas seulement importants sur le plan théorique, mais *urgents sur le plan pratique...* Même si elle constitue une sorte de mythe, ce mythe lui-même est hautement suggestif ; il nous pousse à prendre conscience de tout ce qui se joue à travers le développement des savoirs. Comment entreprendre ce travail de réflexion ? Voici un texte, vieux de presque deux mille ans, qui a l'intérêt de montrer très simplement comment une science particulière (la géométrie) « fonctionnait » culturellement chez les Grecs du premier siècle de l'ère chrétienne. Il peut faire percevoir, même à des profanes, la nature et l'importance des enjeux.

L'auteur de ce texte n'est autre que Plutarque (né vers 50, mort vers 125 après Jésus-Christ), un érudit surtout connu pour avoir écrit les *Vies parallèles des hommes illustres*. Il nous a aussi laissé

2. J. E. Curtis, J. W. Petras, *The sociology of knowledge. A reader*, Gerald Duckworth, London, 1970, p. 7.

des œuvres morales et en particulier des *Propos de table* qui nous présentent divers personnages en train de boire et de discuter. L'un de ces *Propos* est centré sur cette affirmation attribuée à Platon : « Dieu se comporte toujours en géomètre[3]. » Comment faut-il comprendre cet éloge de la géométrie ? Pourquoi cette science si chère aux Grecs a-t-elle un statut « divin » ?

Une science qui purifie l'âme

Le premier orateur est un dénommé Tyndare ; selon lui, Platon a voulu dire que la géométrie est une science supérieure parce qu'elle détourne l'âme des choses matérielles et la mène à la contemplation des Idées, c'est-à-dire des réalités intelligibles et éternelles. Cette interprétation est donc *éthique* : la valeur de la géométrie tient à ce que son enseignement initie les hommes à la contemplation philosophique et même mystique. Rappelons que pour Platon les formes géométriques sont des réalités *intermédiaires* entre les objets terrestres, que nous percevons à l'aide des sens, et les fameuses Idées, qui sont d'essence divine et constituent les Modèles parfaits de toutes les réalités possibles. Accéder à la connaissance des formes géométriques, c'est donc élever son âme vers Dieu, c'est devenir meilleur et plus pur.

Cette croyance s'accompagne d'une conception très précise de la géométrie en tant que science. Platon veut que toutes les « vérités » géométriques soient le fruit de démarches rationnelles. Au début, comme le rappelle l'étymologie, la géométrie était « l'art de mesurer la terre » (l'arpentage). Mais, pour devenir une science authentique, elle doit désormais renoncer à toutes les procédures empiriques propres aux arpenteurs ou aux commerçants. Tyndare le souligne au passage, Platon refusait qu'on se serve d'instruments mécaniques pour résoudre des problèmes tels que celui de la duplication du cube. Tout au plus était-il permis de recourir à la règle et au compas. L'épistémologie et la morale, ici, se donnent la main. Soucieux de pureté rationnelle, le géomètre est un pédagogue idéaliste, au sens strict ; il est même une sorte de prêtre, dévoilant quelques reflets de la splendeur divine...

Florus, un autre convive qui « faisait semblant d'être amoureux de Tyndare », exprime son désaccord avec ce dernier. Il est vain, déclare-t-il, de supposer que l'homme a besoin de la géométrie

3. C'est la deuxième question du livre VIII (pas de traduction moderne facilement accessible en dehors des bibliothèques).

pour élever son âme. Platon, en louant cette science, a voulu délivrer un message plus subtil ; et plus précisément un message *politique.* Pour établir ce point, Florus fait allusion à Lycurgue, un législateur plus ou moins mythique de Sparte qui aurait banni de sa cité la *proportion arithmétique* pour y introduire la *proportion géométrique.*

La géométrie, science aristocratique

Le raisonnement politique justifiant cette décision était celui-ci : l'arithmétique favorise une conception *égalitariste* de la justice, parce qu'elle manie des nombres et fait attribuer à tous les hommes des parts identiques, – tandis que la géométrie recourt à l'idée de proportion entre grandeurs et permet de tenir compte de la *hiérarchie* des mérites. Les partisans de la démocratie, dans ces conditions, ont des affinités particulières avec les partages « arithmétiques » ; les régimes oligarchiques ou aristocratiques, en revanche, préfèrent les distributions « géométriques », qui proportionnent les récompenses aux talents et aux services rendus.

Ce langage correspond à un « code » culturel bien précis et peut aujourd'hui nous paraître obscur. Mais il exprime des préoccupations pratiques dont nous pouvons nous faire une idée. Pensons par exemple aux débats concernant le scrutin « majoritaire » et la « proportionnelle » ; ou bien aux modalités de calcul des salaires ou de diverses primes et cotisations ! En dernier ressort, il s'agit bien de savoir quelle est la *bonne* mathématique, celle qui exprime la justice authentique. Florus, lui, affiche nettement son option : les citoyens sont inégaux, il faut donc fuir les partages égalitaires (qui risquent d'engendrer des désordres dans la cité) et maintenir des structures fortement hiérarchisées grâce à la « géométrie » politique. C'est tout simple : Dieu aime la géométrie parce qu'il n'aime pas la démocratie...

Plusieurs participants approuvent cette interprétation. Autobule, toutefois, entreprend de la contester. Selon lui, le problème soulevé est d'ordre *cosmologique* et concerne la structure du monde considéré dans son ensemble. Comment la matière est-elle organisée ? Comment les corps célestes circulent-ils ? Quelles sont les Formes fondamentales qui ont présidé à la genèse de tout ce qui nous entoure ? Platon nous propose une clé : Dieu est le géomètre souverain qui a conçu et réalisé l'ordre cosmique. Dans le dialogue platonicien intitulé le *Timée,* le processus démiurgique qui a permis d'imposer des formes intelligibles à une matière primitivement informe est décrit avec maints détails. D'après Platon, les

Ce tableau du peintre vénitien Jacopo de' Barbari (né vers 1440, mort en 1517) représente Fra Luca Pacioli, de l'ordre des franciscains, en train de développer une démonstration géométrique à l'intention du jeune duc d'Urbino, Guido da Montefeltre. Luca Pacioli n'a pas été un mathématicien original, mais il a beaucoup écrit sur les mathématiques. On lui doit en particulier une grosse encyclopédie parue en 1494 *(Summa de arithmetica, geometria, proportioni et proportionalita),* qui réunit de nombreuses connaissances relatives à l'arithmétique théorique et pratique, à l'algèbre, aux monnaies, aux poids et aux mesures, à la comptabilité à double entrée, à la géométrie d'Euclide. Dans ce tableau, le peintre a spécialement mis en évidence toutes les valeurs qu'une longue tradition a associées à l'étude des formes géométriques : ordre, harmonie, pureté, rigueur... En haut et à gauche, on voit un polyèdre transparent ; en bas et à droite, la forme plus parfaite encore du dodécaèdre, l'un des cinq polyèdres réguliers. Dans un autre de ses ouvrages sur la *Divine proportion*, publié en 1509, Luca Pacioli a d'ailleurs consacré d'importants développements à ces polyèdres réguliers si chers à Platon. L'art, ici, sert à magnifier une discipline dont de nombreux penseurs ont affirmé la valeur non seulement scientifique, mais esthétique et morale. *(Tableau de J. de' Barbari, Naples, Capodimonte Museum ; cliché Scala.)*

quatre éléments ont la forme de polyèdres réguliers : le feu est structuré en tétraèdre, l'air en octaèdre, l'eau en icosaèdre, la terre en cube. Quant à l'ensemble du cosmos et à la Terre elle-même, ce sont des sphères ; et les planètes, elles aussi sphériques, ont des orbites circulaires. Bref, le monde incarne une « géométrie » d'origine divine ; et c'est pourquoi il y a une profonde ressemblance entre l'homme et Dieu[4].

Théologie et cosmologie

Chez Platon, ces spéculations sur la géométrie universelle sont purement *a priori*, fondées non pas sur une enquête « expérimentale », mais sur une réflexion théologico-philosophique guidée par la « raison ». Le point de départ est fourni par cette énigme : puisque la pure matière est à peine concevable et s'identifie à une sorte de chaos dépourvu de toute structure et de tout principe d'intelligibilité, comment rendre compte des différents types d'organisation que nous découvrons dans les cieux et sur terre ? Plus tard, le jeune étudiant Werner Heisenberg lira attentivement le *Timée* ; il sera à la fois fasciné et déçu par la fantasmagorie géométrico-cosmique du vieux Platon... Dans ses mémoires, il s'en est expliqué et a évoqué ses perplexités. Pourquoi le philosophe grec, par exemple, a-t-il choisi « les corps réguliers de la stéréométrie » pour définir les formes élémentaires de la matière[5] ?

De fait, si on confronte aux résultats de la science moderne les spéculations de Platon, elles apparaissent comme très approximatives ou franchement inexactes. Mais le *Timée* a été passionnément lu, pendant des siècles, par les intellectuels occidentaux ; et les schémas théoriques de Platon ont contribué à les orienter vers des questions intéressantes, vers des recherches de « physique mathématique ». Naturellement, de grands pas restaient à franchir avant que n'apparaisse une physique de type moderne, faisant appel à des contrôles expérimentaux systématiques. La fiction idéaliste d'un *Dieu géomètre*, toutefois, a servi de stimulant, de provocation épistémologique. À ce titre, ce mythe fait partie de la préhistoire de la physique et de la cosmologie modernes.

Au point où nous en sommes, trois interprétations ont été proposées : une interprétation *éthique* (la géométrie élève l'âme), une

4. Platon, *Timée*, 29e-30c. Voir l'édition bilingue publiée par Les Belles Lettres (1963), p. 142.

5. W. Heisenberg, *La Partie et le tout* (trad. fr.), Albin Michel, 1972, p. 21.

interprétation *politique* (la géométrie a l'avantage de servir les intérêts de l'aristocratie), une interprétation *cosmologique* (la géométrie fonde l'organisation du monde). Plutarque, enfin, se met lui-même en scène pour formuler une conclusion et aller plus loin encore dans la voie de la métaphysique. Selon lui, les discours précédents contiennent tous quelque chose de vrai. Mais il est possible d'énoncer une interprétation plus profonde encore, de type religieux. À l'origine de tout ce qui existe, il y a pour ainsi dire trois principes : Dieu, la matière, l'Idée. Comme on l'a vu, l'Idée fournit le modèle absolu auquel doit se conformer la réalité ; et la difficulté fondamentale que Dieu devait affronter pour façonner le cosmos était donc, selon Plutarque, de nature géométrique... Pour le montrer, il fait allusion à un problème célèbre étudié par Pythagore : deux figures étant données, en construire une troisième qui ait la même forme que la première et la même grandeur que la seconde. Ce qui donne, en transposant ce problème de proportion au cas du cosmos : le Modèle idéal étant donné et une certaine quantité de matière étant définie, comment construire un monde tel que sa structure soit celle du Modèle et que toute la matière soit utilisée ? L'échange de vues auquel nous avons assisté se termine donc de façon philosophiquement très noble : partis de la valeur éthique de la géométrie, nous nous sommes hissés jusqu'aux sommets de la métaphysique et de l'ontologie... Comme le souligne Benjamin Farrington en commentant ce texte dans son livre *Science et politique dans le monde ancien*, un tel débat témoigne d'une très riche culture[6].

Un vaste travail de « décodage »

Dans le détail, du point de vue proprement historique, diverses affirmations de Plutarque pourraient être discutées (aussi bien à propos de Platon qu'à propos de Lycurgue). Mais ce texte met bien en évidence la variété des messages socioculturels qui peuvent circuler à travers une science. On a vu que les « sociologues de la connaissance » ont souvent été accusés d'être réductionnistes : en expliquant les activités scientifiques par des « facteurs sociaux », ils en méconnaîtraient la vraie nature et les dévaloriseraient injustement. Chez Plutarque, ce malentendu est totalement levé : nulle part il ne dit ou laisse entendre que la géométrie est dénuée de rigueur ou de valeur. Ce qui ne l'empêche pas de mon-

6. B. Farrington, *Science and politics in the ancient world*, Unwin University Books, 1965 (première éd. : 1939), p. 31.

trer que cette discipline a (ou peut avoir) partie liée avec des thèmes culturels ou politiques variés.

Divers enseignements peuvent en être tirés. De lucidité, tout d'abord. En analysant quelques utilisations ou implications de la géométrie, les orateurs ont aidé leurs auditeurs à prendre conscience de divers arrière-plans dont ils ignoraient ou méconnaissaient l'existence. Il apparaît aussi, très clairement, qu'il s'agit d'*interprétations*. C'est-à-dire de discours éclairants mais fondés sur des présupposés ou des convictions assez faciles à remettre en cause. Il y a donc un contraste assez net avec les sciences dites « exactes », fondées en général sur un large consensus. L'exemple de Plutarque n'en est pas moins stimulant. Même si cette « sociologie » n'est pas vraiment scientifique, elle se présente comme une confrontation ouverte et socialement utile. La solution, si solution il y a, dépend finalement de décisions qui seront prises dans la pratique, dans l'action historique. L'effort pour « décoder » et expliciter les enjeux, en tout cas, peut être entrepris et mérite de l'être.

Du point de vue même du travail scientifique le plus concret, les « retombées » peuvent être positives. Car la sociologie de la connaissance, même si ce n'est pas son but essentiel, conduit souvent à des réflexions sur « l'imaginaire » des chercheurs, sur le choix de leurs sujets, sur la séduction exercée à certaines époques par tel ou tel schéma théorique, etc. Le simple fait de repérer clairement quelles sont les pressions culturelles agissant sur une discipline, par exemple, peut permettre de prendre conscience de certains « biais », de certaines « modes », de certaines « déviations » théoriques. Le conditionnement social n'est pas un Diable exigeant exorcismes sur exorcismes ! Son étude, bien au contraire, peut être bénéfique pour les chercheurs.

Savoir où mène le développement des savoirs...

Concluons. Nous vivons aujourd'hui dans une société où les connaissances dites « scientifiques » jouent un rôle croissant dans des secteurs de la vie sociale de plus en plus variés. Ce qui veut dire que les enjeux ne sont pas seulement cognitifs et théoriques, mais éminemment pratiques. Et non seulement économiques, mais culturels, éthiques et politiques. Percevoir tous les transferts de compétences *et* d'autorité qui s'opèrent, se rendre sensible aux multiples « messages » qui sont propagés (parfois inconsciemment) à travers les savoirs, c'est un programme digne d'être jugé prioritaire ; et qu'il faut aborder de front, sans fuir les « points chauds », sans se réfugier derrière des études étroitement spécialisées (et donc socialement inoffensives...). Benjamin Farrington, dans le même chapitre où il commentait le texte de Plutarque, écrivait : « *Le développement futur de la science est désormais, de toute évidence, une question politique.* » On peut voir là un présupposé arbitraire et donc contestable. Mais on peut aussi trouver d'excellentes raisons pour l'accepter – et pour en faire bon usage.

Bibliographie :

Pour aborder la sociologie de la connaissance, les « classiques » demeurent très utiles : Comte *(Cours de philosophie positive),* Marx *(L'Idéologie allemande),* Durkheim *(Les Formes élémentaires de la vie religieuse),* Mannheim *(Idéologie et utopie),* etc. Citons également :

M. Weber, *Essais sur la théorie de la science* (trad. fr.), Plon, 1965 ;

P. L. Berger, T. Luckmann, *The social construction of reality. A treatise in the sociology of knowledge,* Anchor Books, Doubleday, 1967 ;

J. E. Curtis, J. W. Petras (eds), *The sociology of knowledge. A reader,* Gerald Duckworth, 1970 ;

G. W. Remmling, *Towards the sociology of knowledge,* Routledge and Kegan Paul, 1973.

En ce qui concerne la Grèce :

J.-P. Vernant, *Mythe et pensée chez les Grecs,* 2 vol., Maspero, 1965 ;

M. Detienne, « En Grèce archaïque : géométrie, politique et société », *Annales,* mai-juin 1965, pp. 425-441 ;

G.E.R. Lloyd, *Magic, reason and experience,* Cambridge University Press, 1979 (trad. fr. : *Magie, raison et expérience*, Flammarion, 1990).

CHAPITRE IV

Darwin chez les samouraï

Dès la parution de l'*Origine des espèces* en 1859, la théorie de Darwin a fait l'objet de critiques et d'attaques parfois très violentes. Parmi les objections formulées, plusieurs étaient de nature scientifique ; mais bien souvent, derrière l'argumentation « objective » ou à côté d'elle, des choix philosophiques ou politiques étaient nettement visibles. Certains chrétiens, par exemple, étaient avant tout guidés par le souci de réfuter le « matérialisme » de Darwin. Quant à Marx, il trouvait la théorie de la « lutte pour la vie » à la fois séduisante et dangereuse ; elle rappelait un peu trop les compétitions sociales et économiques de l'Angleterre victorienne... Depuis ce temps-là, les sciences biologiques ont connu de grands développements ; et la théorie darwinienne de l'évolution, depuis les années 1930 et 1940, s'est réorganisée et consolidée sous le nom de « théorie synthétique ». On aurait donc pu croire que les controverses « idéologiques » sur le transformisme étaient désormais sans objet. Il n'en est rien. Un peu partout, sous des formes plus ou moins élaborées, le combat continue. Et des contestations théoriques jusqu'ici peu connues de la vieille Europe font maintenant entendre leurs échos. Si l'on en croit une enquête publiée vers la fin de 1985 dans la revue *Nature*, Darwin rencontre au Japon une vive résistance[1]. La forme culturelle que revêt cet anti-darwinisme est assez particulière pour que notre curiosité soit piquée.

Imanishi : « Darwin habite l'Occident »...

C'est le Britannique Beverly Halstead (Université de Reading) qui a eu l'idée de s'interroger sur celui qu'il considère comme le principal représentant du transformisme japonais hétérodoxe : Kinji Imanishi, professeur émérite à l'Université de Kyoto. L'occasion lui en a été offerte par un séjour qu'il a effectué dans cette même Université en tant que « visiting professor ». Intrigué, il a étudié de près l'œuvre assez étonnante de ce théoricien qui est aussi un vulgarisateur influent.

Kinji Imanishi, né en 1902, a une longue carrière derrière lui. Ses recherches sur les éphémères remontent à 1938, ses travaux de biosociologie aux années 1950 (*Prehuman societies*, 1957). Depuis 1941, il a beaucoup écrit sur la théorie de l'évolution. Deux titres suggestifs témoignent de l'orientation de sa pensée : *Ma théorie de l'évolution* (1970), *Au-delà de Darwin* (1977).

1. B. Halstead, « Anti-darwinian theory in Japan », *Nature*, 17th october 1985, pp. 587-589.

D'après Halstead, le public japonais s'est formé une image des processus évolutifs en grande partie à travers les livres et les innombrables interviews d'Imanishi. Bien qu'il semble occuper aujourd'hui une place assez marginale dans la recherche scientifique, il jouit d'une grande réputation ; « au Japon, écrit Halstead, il est souvent considéré comme un géant de l'intellect comparable à Darwin ». Son prestige est renforcé par le fait qu'il est également un excellent alpiniste. Ces derniers temps, il s'est vu attribuer par le gouvernement japonais une haute distinction : la première classe de l'Ordre de la culture. On raconte même qu'un groupe de pression s'est constitué afin de lui faire octroyer un prix Nobel ; et qu'il serait appelé à jouer un rôle important dans un centre de « japonologie » destiné à défendre et à exporter les valeurs culturelles japonaises dans le monde entier. Autant de raisons pour se pencher sur la pensée biologique de ce Japonais éminent.

Selon Imanishi, les darwiniens « orthodoxes » ont tort d'insister sur le primat de l'individu ; c'est du groupe qu'il faut partir, c'est le groupe qui constitue la réalité première. Autre erreur des darwiniens classiques : ils donnent une place trop importante à la « lutte pour la vie ». D'après ce Japonais, l'*harmonie* du monde végétal et du monde animal doit au contraire être mise au premier plan. Dans la nature, les êtres coopèrent et s'approprient collectivement les territoires en pratiquant le mutualisme plutôt que la compétition. Il est remarquable qu'Imanishi assume d'emblée un credo culturel bien déterminé : *« Darwin habite l'Occident, et Imanishi l'Orient »*, écrit-il. L'Occident, ici, est synonyme d'individualisme et de goût pour la lutte. L'Orient, lui, est associé à des thèmes philosophiques et religieux qui privilégient la solidarité, l'organisation coordonnée et bienveillante. Les conceptions occidentales, toujours d'après Imanishi, vont de pair avec des valeurs patriarcales ; la violence n'est jamais bien loin. La théorie de la sélection naturelle, au fond, signifie que « l'élite » s'affirme par la force. Dieu, pour résumer un commentaire d'Imanishi, est du côté des gagnants ; et si cette façon d'expliquer l'évolution de la nature plaît aux Occidentaux, c'est peut-être parce qu'elle s'accorde bien avec les schémas chrétiens...

Une Nature plus « maternelle »

Aux présupposés masculins, Imanishi préfère une vision plus féminine, plus « maternelle ». La Nature, pour lui, favorise la continuité, l'assistance mutuelle, la stabilité. La survie de tels ou tels individus, le plus souvent, est une affaire de chance. Le changement, en fait, s'opère de façon progressive et coordonnée ; et ce, aussi bien dans une cellule ou un organisme que dans une population. C'est le « principe de coexistence », qui va de pair avec l'amour de la paix et est explicitement opposé au « principe de compétition ». Dans un texte de 1984 publié en anglais, Imanishi enseigne que « tous les individus changent en même temps lorsque arrive le moment de changer ». Sans doute faut-il comprendre que

« La science » est couramment présentée comme universelle : fondée seulement sur l'exercice de la raison et l'examen objectif des « faits », elle s'imposerait avec la force de l'évidence à tous les hommes de tous les pays. Pour lutter contre un certain nombre de « délires » spéculatifs, pour affirmer la valeur de certaines normes cognitives, cette affirmation est utile ; elle exprime un idéal dont l'efficacité a été et demeure indéniable. Mais cette même science moderne, que ce soit en physique ou en biologie, ne peut pas faire l'économie de certains présupposés philosophiques concernant la « matière » et ses propriétés, le statut de la « causalité », les rapports entre les phénomènes vitaux et leur substrat physique, etc. Quand ces énoncés philosophiques fondamentaux s'accordent avec les traditions propres aux chercheurs, il n'y a pas de problèmes ; ou du moins les problèmes sont-ils en général considérés dans l'institution comme relativement secondaires. Quand l'écart est grand entre la culture et la « philosophie scientifique », en revanche, les tensions augmentent. On assiste par exemple à des « ré-interprétations » des théories ; parfois même, il y a des phénomènes de rupture ou de rejet. Le cas du Japon est à cet égard significatif. Bien que ce pays ait largement assimilé la science « occidentale », il semble que ses traditions culturelles propres ne soient pas toujours facilement conciliables avec certaines conceptions théoriques « modernes ». Ainsi Kinji Imanishi a proposé une théorie de l'évolution qui s'oppose catégoriquement au néo-darwinisme sur des points importants. Lui-même l'affirme : *« Darwin habite l'Occident et Imanishi habite l'Orient. »*

la transformation d'une espèce ne doit pas s'expliquer par une série d'accidents, mais plutôt par le développement spontané de certaines potentialités inscrites dans son patrimoine collectif. Il y a *maturation* plutôt que bricolage mécanique et aléatoire de certains gènes.

Pour mettre en évidence les thèmes qui caractérisent sa propre théorie, Imanishi est amené à insister très fortement sur l'importance qu'avait pour Darwin la « lutte pour la vie ». Une sérieuse nuance doit pourtant être apportée : Darwin, comme il l'a lui-même écrit, employait cette notion « dans le sens général et métaphorique[2] ». En d'autres termes, il n'imaginait pas que la « lutte pour l'existence » se réduisait à une confrontation brutale et permanente entre individus ou populations. Cette « lutte », en fait, consiste souvent à tenter de survivre dans un milieu hostile (trop chaud, trop froid, trop sec, etc.). Il est cependant indéniable que Darwin et ses successeurs accordent un rôle privilégié à la compétition, en particulier à l'intérieur des espèces. Kinji Imanishi, inversement, postule que « l'harmonie » est une caractéristique essentielle de la nature. Aussi Halstead, comme on pouvait s'y attendre, formule-t-il des objections. Contrairement à son confrère japonais, il n'admet pas que les poissons, par exemple, se partagent « à l'amiable » les divers habitats des rivières. Imanishi, estime-t-il, a le tort de nier des faits bien établis ; car « les récentes recherches sur les habitats d'eau douce, les habitats marins et les habitats terrestres ont démontré que la compétition interspécifique se manifeste dans environ 90 % des cas étudiés ». Sur le plan des concepts, de nombreux experts « orthodoxes » auront l'impression qu'Imanishi revient à des « erreurs » anciennes. En effet, on considère généralement que le concept *populationnel* d'espèce est capital dans la biologie moderne : l'espèce n'est pas une entité transcendante aux individus, mais seulement un ensemble d'organismes qui se ressemblent et se reproduisent entre eux. Ce qui change, ce n'est pas l'Espèce (vue comme une réalité idéale), mais des individus.

En affirmant la priorité absolue de l'espèce, Imanishi semble revenir à une conception idéaliste, à la croyance en des « types » ou des « essences spécifiques » ayant une existence autonome. Halstead, assumant la défense du néo-darwinisme, pose donc la question : comment le naturaliste japonais en est-il venu à soutenir de pareilles thèses ?

2. C. Darwin, *L'Origine des espèces* (traduit par E. Barbier sur l'édition anglaise définitive), Reinwald-Schleicher, 1896, p. 68.

Une vision poétique et réconfortante ?

Sa réponse repose sur une interprétation psychosociologique. Au Japon, déclare-t-il tout d'abord, il n'y a pas de véritables confrontations d'idées sur les sujets de ce genre. Ceux qui pourraient critiquer de façon scientifique les spéculations d'Imanishi ne se manifestent pas (ou ne se manifestent que de façon marginale). C'est par exemple le cas de Shoji Ijiri, un paléontologiste de formation marxiste[3]. Aussi le théoricien anti-darwinien peut-il librement développer une «vision poétique» qui a surtout l'avantage de plaire au public japonais. Au fond, la nature harmonieuse que dépeint Imanishi joue le rôle d'une *compensation*. Alors que, dans la vie quotidienne, les Japonais font la rude expérience de la compétition, ils découvrent dans l'utopie évolutionniste qu'on leur offre une raison de croire en un monde meilleur. Bref, Imanishi serait le créateur d'un mythe rassurant et bien adapté à certaines aspirations socioculturelles. Le paradoxe, ajoute Halstead, c'est qu'Imanishi lui-même est un représentant de l'élite de Kyoto, élite caractérisée par un extrême individualisme ; il est étrange que ce personnage aristocratique proclame, à l'intention du peuple japonais, la primauté des valeurs collectives...

Comment apprécier cette analyse critique ? Beverly Halstead, on s'en souvient peut-être, a été à l'origine d'un débat un peu étrange concernant les rapports du cladisme, du darwinisme et du marxisme. Le cladisme, est une nouvelle méthode de classification ; méthode à laquelle Halstead a reproché en 1980 de conduire à une vision discontinuiste de l'évolution. Corrélativement, il déclarait que les spéculations inspirées par le cladisme et par la « théorie des équilibres ponctués » (Gould et Eldredge) exprimaient une idéologie marxiste. Bref, il fallait se méfier de toutes ces nouveautés : elles étaient dangereuses et risquaient de corrompre les esprits... Il y avait dans tout cela beaucoup d'exagération, c'est le moins qu'on puisse dire. Étant donné ce précédent, on pourrait être tenté de prendre du recul par rapport aux bouillantes « dénonciations » lancées par Halstead. Mais, dans le cas présent, il a pris la peine de s'informer sur place, de rencontrer divers experts japonais et de discuter avec Imanishi lui-même. Ce dernier a d'ailleurs confirmé que le résumé de sa théorie fourni

3. Sur Ijiri, voir Shigeru Nakayama, « Grass-roots geology. Ijiri Shoji and the Chidanken », dans S. Nakayama, D.L. Swain, E. Yogi (eds), *Science and society in modern Japon,* University of Tokyo Press, 1974, p. 270.

par Halstead était exact sur l'essentiel. Cela ne prouve certes pas que toutes les interprétations proposées par Halstead doivent être acceptées telles quelles ; mais on peut penser que l'assimilation du darwinisme soulève effectivement quelques problèmes au Japon.

Pour apprécier la situation, il faut tenir compte du développement de la science dans ce pays depuis deux siècles. Halstead le signale lui-même : la théorie de la sélection naturelle avait été favorablement accueillie par la classe dirigeante japonaise à la fin du XXe siècle et pendant les premières décennies du XXe. La vision « compétitive » de la nature, souligne-t-il, s'accordait bien avec l'exercice autoritaire du pouvoir politique. Les conceptions d'Imanishi, de ce point de vue, constitueraient donc un retour à la tradition antérieure. Certaines affirmations de Shigeru Nakayama, professeur à l'Université de Tokyo, pourraient être citées à l'appui de cette idée[4]. Dans un essai historique rédigé il y a quelques années, ce Japonais a en effet donné d'intéressantes indications sur la pensée scientifique de son pays à l'époque des Tokugawa (1603-1867).

La science, alors, était tributaire de la spiritualité confucianiste, laquelle mettait l'accent sur l'idéal d'*harmonie sociale*. Or « harmonie » est justement l'un des mots clés d'Imanishi. Et, comme l'indique encore Nakayama, il était couramment admis sous les Tokugawa que la science devait tenir le plus grand compte des valeurs morales et se subordonner à elles. Même les « lois de la nature » devaient, pour ainsi dire, refléter l'harmonie recherchée par la société. Il se pourrait donc qu'Imanishi nous renvoie à un problème ancien, mais encore non totalement résolu : celui de l'intégration de la science occidentale par une culture extérieure. Dans ces sortes d'interprétations, il convient de se montrer prudent. Mais cette hypothèse est tout à fait compatible avec les indications données par Shigeru Nakayama ; exprimant au passage son désaccord avec certaines idées émises par l'historien européen Joseph Needham, il souligne en effet les différences très nettes qui séparent les traditions scientifiques de la Chine et du Japon d'une part, la science née en Occident d'autre part[5].

4. S. Nakayama, « Japanese scientific thought », *Dictionary of scientific biography,* Charles Scribner's sons, 1981, t. VIII, vol. 15, pp. 728-758.

5. Voici deux recueils de textes d'accès facile : Joseph Needham, *La Science chinoise et l'Occident. Le grand titrage* (trad. fr.), Seuil, 1973 ; *La Tradition scientifique chinoise* (trad. fr.), Hermann, 1974.

Kropotkine : « les animaux s'entraident »

L'existence de ces différences ne doit pourtant pas conduire à opposer brutalement l'Orient et l'Occident comme si toute communication ou collaboration était impossible entre eux. L'histoire montre que les Japonais ont su assimiler la physique et la biologie modernes ; quant au thème de l'*harmonie de la Nature*, il a également fait partie de la culture occidentale. L'ouvrage classique, en ce qui concerne l'interprétation « douce » du darwinisme, est celui que Piotr Alexeïevitch Kropotkine (1842-1921) a publié en anglais en 1902 : *Mutual aid. A factor of evolution,* qui fut traduit en français en 1906 *(L'Entraide).* L'auteur regrettait que Darwin ait imprudemment utilisé l'expression de « lutte pour la vie ». Trop influencé par Malthus, le grand naturaliste n'avait pas su voir à quel point les êtres vivants coopèrent afin d'assurer au mieux leur survie collective. Les fourmis et les abeilles sont sociables, dit Kropotkine. Cela leur a été très utile, car, *« à la longue, la pratique de la solidarité se montre bien plus avantageuse pour l'espèce que le développement des individus doués d'instinct de pillage*[6] ». Et voici le mot d'ordre « que nous donnent le buisson, la forêt, la rivière, l'océan », toujours selon Kropotkine : *« Unissez-vous ! Pratiquez l'entraide ! C'est le moyen le plus sûr pour donner à chacun et à tous la plus grande sécurité, la meilleure garantie d'existence et de progrès physique, intellectuel et moral*[7]. » Imanishi serait d'accord...

Un autre auteur doit être cité dans ce contexte : le Soviétique Lyssenko, qui fut sous Staline le grand dénonciateur de la biologie « bourgeoise ». À première vue, on pourrait croire que ce rapprochement a quelque chose d'incongru. Mais le marxisme, avant et après la Seconde Guerre mondiale, a eu du succès auprès de certains intellectuels japonais. Plusieurs biologistes ont été très attentifs aux théories lyssenkistes et ont même critiqué la génétique mendélienne[8]. Il n'est donc pas hors de propos de noter que Lyssenko a développé des thèmes très proches de ceux qu'on trouve chez Imanishi. Comme ce dernier, il rejetait la « lutte pour la vie » et souhaitait qu'on « dégage le darwinisme des erreurs de Darwin, du malthusianisme, de l'idée réactionnaire de la concur-

6. P. Kropotkine, *L'Entraide,* Hachette, 1906, p. 19.
7. Même ouvrage, p. 81.
8. Voir Nakamura Teiri, « Marxism and biology in Japan », dans *Science and society in modern Japan*, déjà cité, pp. 253-269.

rence intraspécifique[9] ». Ou encore il affirmait le primat de l'espèce sur l'individu : *« Dans la nature, la vie de chaque individu est entièrement subordonnée aux intérêts de son espèce*[10]. *»* Le Soviétique, lui, marquait son opposition à l'idéologie de « la société capitaliste bourgeoise en décomposition », alors que le Japonais vise plutôt « l'Occident chrétien ». Mais les « conclusions » biologiques sont très semblables.

On a vu que Halstead, se référant aux principes orthodoxes de la « théorie synthétique », a pu critiquer sévèrement les spéculations d'Imanishi. Ces dernières n'en ont pas moins l'intérêt de rappeler que la « lutte pour la vie » n'est pas une évidence immédiate et absolue. Bien sûr, pour reprendre une expression de Darwin, il y a une *« lutte universelle »*. Mais le mot « lutte », comme indiqué plus haut, revêt ici un sens assez spécial ; et le même Darwin, en traitant de ce sujet, ne craignait pas de parler de « notre ignorance sur les rapports mutuels qui existent entre les êtres organisés[11] ». Soit cette proposition fondamentale : *« La lutte pour l'existence est plus acharnée quand elle a lieu entre des individus et des variétés appartenant à la même espèce*[12]. *»* Kropotkine, dans son livre, remarquait que Darwin n'apportait guère d'arguments et de confirmations factuelles : *« La lutte entre individus de même espèce n'est confirmée (...) par aucun exemple : elle est admise comme un axiome*[13]. *»* Un peu de recul critique est donc légitime. Dans la théorie darwinienne, il existe indéniablement certaines zones de « flou ». Ce qui signifie que les *préférences théoriques* des divers experts interviennent parfois de façon très marquée. Darwin et ses successeurs ont le plus souvent choisi un présupposé favorable à l'existence d'une forte compétition, tandis que Kropotkine et des auteurs tels qu'Imanishi ont choisi de valoriser les comportements de coopération. Selon les normes de la science moderne, ce sont les « faits » qui doivent dire qui a raison. Mais, sur ce point précis, le verdict de l'expérience n'est pas clair. Précisément parce que le concept même de « lutte » est difficile à cerner, le *principe de compétition* ne peut pas être considéré comme une Vérité absolument confirmée.

---

9. *La situation dans la science biologique. Session de l'Académie Lénine des sciences agricoles de l'UR.S.S. (31 juillet-7 août 1948)*, Moscou, 1949, p. 153.

10. T. Lyssenko, *Agrobiologie, Moscou, 1953, p. 528.*

11. C. Darwin, ouvrage cité, p. 84.

12. Même ouvrage, p. 82.

13. P. Kropotkine, ouvrage cité, p. 65.

Faut-il repenser l'évolutionnisme ?

Certains néo-darwiniens (parmi lesquels Jacques Monod) ont été tentés par le *pansélectionnisme.* C'est-à-dire par l'idée que seuls survivent les gènes qui confèrent un avantage sélectif dans la lutte pour la vie. L'utilité adaptative des caractères correspondant à ces gènes est postulée ; et l'une des tâches des chercheurs est dès lors d'expliquer pourquoi tels gènes et tels caractères se sont répandus plus efficacement que d'autres. Cette manière de raisonner a toutefois été critiquée par certains experts qui y voient un durcissement injustifié de la pensée de Darwin[14]. Il est à peine besoin de le dire : l'existence de ces débats à l'intérieur de la science « orthodoxe » ne signifie pas que le néo-darwinisme doive être rejeté au profit de la philosophie biologique prônée par Imanishi. Mais il apparaît de plus en plus nettement que la théorie de l'évolution n'a pas encore trouvé sa forme définitive. Dans quelle mesure l'évolution est-elle « continue » ou « discontinue » ? Qu'est-ce qu'une « espèce » ? Quelles sont les implications de la classification « cladistique » pour l'évolutionnisme ? Quels sont les effets exacts de la sélection naturelle ? Les spécialistes considérés comme compétents par la communauté scientifique émettent des opinions souvent divergentes. Je me contenterai ici de signaler deux articles datant de 1986 qui donnent une idée de l'ampleur des problèmes à résoudre (et qui nous éloigneront d'Imanishi moins qu'on ne pourrait le croire...).

Le premier, dû à Mae-Wan Ho, Peter Saunders et Sidney Fox et paru dans le *New scientist,* a pour titre : « Un nouveau paradigme pour l'évolution[15]. » La philosophie biologique qui soustend la théorie synthétique y est fortement remise en question. Les auteurs estiment que le schéma actuellement le plus répandu est insuffisant ; au lieu de voir l'évolution comme une accumulation d' « accidents » contrôlée par la sélection, ils préfèrent souligner l'importance des propriétés structurales et dynamiques des organismes. Selon eux, il ne faut pas insister sur les perturbations accidentelles qui touchent les organismes vivants, mais plutôt sur le fait que ces systèmes *puissent être perturbés dans des directions bien définies et limitées en nombre.* Toujours d'après

---

14. S. J. Gould, R. C. Lewontin, « The spandrels of San Marco and the Panglossian paradigm : a critique of the adaptationist program », *Proceedings of the Royal Society of London, B 205,* 1979, pp. 581-598.

15. Mae-Wan Ho, P. Saunders, S. Fox, « A new paradigm for evolution », *New scientist,* 27 février 1986, pp. 41-43.

Contrairement à ce qui est parfois raconté, la théorie de Darwin n'a pas fait l'objet d'un refus systématique de la part des chrétiens. Mais il est exact que, dès la publication de l'*Origine des espèces* en 1859, l'interprétation « matérialiste » proposée par Darwin heurta les convictions religieuses de beaucoup de ses contemporains. En Angleterre et ailleurs les résistances furent tenaces ; et les critiques, même quand elles avaient une réelle valeur scientifique, étaient souvent inspirées par des motifs extra-scientifiques [voir Th. F. Glick (ed.), *The comparative reception of Darwinism,* University of Texas Press, 1972 ; et Y. Conry, *L'Introduction du darwinisme en France au XIXe siècle,* Vrin, 1974]. Dans la culture occidentale, un événement symbolique est fréquemment cité comme exemple de la lutte entre religion et darwinisme, à savoir le débat qui a opposé en 1860 l'évêque d'Oxford, Samuel Wilberforce, à Thomas Henry Huxley, ami et défenseur de Darwin. L'évêque aurait demandé sarcastiquement à Huxley s'il descendait des singes par son grand-père ou par sa grand-mère ; à quoi l'intéressé aurait répliqué qu'il préférait avoir pour ancêtre un singe plutot qu'un homme pérorant prétentieusement sur des questions auxquelles il ne comprenait rien. Dans un récent article (*Natural history,* mai 1986), Stephen Jay Gould a montré que cet épisode avait été très largement enjolivé. Huxley fut certainement beaucoup moins violent et beaucoup moins brillant que la légende pro-darwinienne a voulu le faire croire.

ces auteurs, les néo-darwiniens sont trop analytiques, c'est-à-dire trop portés à raisonner comme si les organismes étaient « construits à partir d'éléments préfabriqués, à la manière des moteurs de voitures réalisés sur une chaîne de production ». Il faudrait plutôt mettre en relief le fait que certaines formes apparaissent plus facilement que d'autres et que le développement est « un processus coordonné ». Dans le principe, les néo-darwiniens ne sont pas opposés à ces idées ; mais Mae-Wan Ho, P. Saunders et S. Fox pensent que, *dans la pratique de la recherche,* ils ne les prennent pas suffisamment en compte. Les perspectives ainsi ouvertes sont assez différentes de celles que propose Imanishi ; mais, sur un point au moins (insistance sur la notion de *développement coordonné*), elles leur sont apparentées.

Niles Eldredge, qui travaille à l'American museum of natural history (New York), est l'auteur du second article, également paru dans le *New scientist*[16]. Selon lui, Darwin a abusivement contesté la réalité des espèces. Cela lui a rendu service pour expliquer la « fluidité » des populations animales ou végétales, les transitions qui se sont produites au cours du temps. Mais Eldredge, s'appuyant entre autres sur la théorie des « équilibres ponctués » dont il est coauteur avec S.J. Gould, estime qu'il faut tourner le dos à Darwin, en ce qui concerne ce point particulier, si l'on veut comprendre la remarquable stabilité dont les espèces font preuve sur de longues durées géologiques. Au cœur du problème, une fois de plus, se trouve la notion d'espèce. Dans ses raisonnements, Eldredge procède autrement qu'Imanishi. Mais il fournit finalement une interprétation assez proche de celle du Japonais, allant même jusqu'à suggérer que les espèces méritent d'être considérées « comme des individus, au sens le plus fort du mot ». Il se pourrait qu'il y ait une leçon à en tirer. En deux mots, l'interprétation des phénomènes évolutifs soulève encore assez de difficultés pour qu'on fasse preuve de modération quand on critique les spéculations « hétérodoxes[17] ». Imanishi a peut-être tort, comme le pense Halstead ; mais nous ne savons toujours pas, au sens strict, jusqu'où vont les effets de la *sélection,* ni quel est le « vrai » sens du mot *espèce.* Darwin, d'ailleurs, pensait que d'autres modalités

16. N. Eldredge, « Progress in evolution ? », *New scientist*, 5 juin 1986, pp. 54-57.

17. Pour une réflexion marxiste menée par des biologistes de l'évolution, voir R. Levins, R. Lewontin, *The dialectical biologist*, Harvard University Press, 1985. Cf. D. Hull, « Darwinism and dialectics », *Nature,* 6 mars 1986, p. 23.

d'évolution que la sélection naturelle étaient possibles ; de ce point de vue, il était moins monolithique que beaucoup de ses successeurs.

Une théorie qui vient de l'Est : le neutralisme

Il est pratiquement impossible, en parlant de Darwin et du Japon, de ne pas mentionner une contribution majeure apportée par un autre homme de science de ce pays ; contribution qui, tout en étant « orthodoxe » dans sa forme, modifie sensiblement l'interprétation courante du darwinisme. Je fais allusion à Mooto Kimura, un spécialiste mondialement connu de la génétique des populations qui défend depuis 1968 une conception particulière des processus évolutifs. D'après lui, les mutations touchant l'ADN sont souvent *neutres* ; c'est-à-dire incapables de donner une supériorité réelle, dans la « lutte pour la vie », aux organismes concernés[18]. C'est ce qu'on appelle la théorie neutraliste ; elle prend le contre-pied de l'interprétation « pansélectionniste » selon laquelle toute mutation conservée est une mutation sélectivement « utile ».

Il était assez courant, ces dernières années, de présenter le neutralisme comme une théorie « anti-darwinienne ». C'est une très nette exagération, d'abord parce que Darwin lui-même admettait explicitement l'existence de variations neutres, ensuite parce que Mooto Kimura accorde un rôle effectif à la sélection naturelle, en particulier à certains moments critiques. Mais, selon Kimura, cette dernière n'a pas l'importance « créatrice » que lui accordent habituellement les darwiniens. Si un gène se maintient et se répand, ce n'est pas, dans le cas général, parce qu'il confère un net avantage sélectif, mais parce que les hasards de la reproduction ont favorisé sa survie. Les généticiens des populations, pour désigner ce phénomène, parlent de *dérive génétique*. Surtout dans de petites populations, il est statistiquement normal que les fluctuations aléatoires des appariements entre gènes aient des effets semblables à ceux que produit la sélection naturelle : certains gènes peuvent disparaître, d'autres, en revanche, peuvent devenir omniprésents.

Tout le problème consiste à savoir, *dans chaque cas,* quelle est la « cause » de la survie ou de la disparition. La philosophie darwinienne tend à attribuer une influence très forte à la sélection ;

---

18. M. Kimura, *The neutral theory of molecular évolution*, Cambridge University Press, 1984. Voir B. Charlesworth, « Drifting in evolutionary change », *New scientist,* 29 mars 1984, p. 41.

Kimura, lui, estime avoir de bonnes raisons pour minimiser cette dernière au profit du « neutralisme ». Sur le plan de la méthode et du raisonnement scientifique, les travaux de Kimura et de son école à l'Institut national de génétique de Mishima sont très rigoureux (plus rigoureux, certainement, que ceux d'Imanishi). Les modèles qu'il utilise pour étudier la distribution des gènes dans les populations sont reconnus par les spécialistes. Il est toutefois frappant que les deux experts japonais aboutissent à cette conclusion : la sélection naturelle et donc la compétition entre les êtres vivants n'ont pas un rôle aussi grand que pouvaient le penser Darwin et Jacques Monod. N'y aurait-il pas là autre chose qu'une pure coïncidence ? Kimura et Imanishi ne sont-ils pas « portés », si l'on peut dire, par le même courant culturel ?

Une enquête serrée permettrait peut-être d'aboutir à une réponse précise. Mais les difficultés, dans les recherches de ce genre, sont grandes. Même lorsque des schémas culturels bien déterminés exercent une influence sur la pensée d'un scientifique, il n'est pas toujours simple de l'établir avec certitude. Car cette influence, si profonde qu'elle soit, peut échapper à la conscience des intéressés. Et les publications scientifiques, en général, ne laissent pas percevoir de façon immédiate les convictions philosophiques de leurs auteurs. Imanishi a ceci de particulier qu'il énonce tout haut ses croyances, ses idéaux éthiques. Mais c'est l'exception plutôt que la règle générale. Dans le cas de Kimura, sous réserve d'un inventaire ultérieur, on peut au moins envisager la possibilité qu'il soit plus ou moins directement tributaire de schémas mentaux ayant une importance particulière dans la culture de son pays.

Culture et science : une hypothèse de Heisenberg

Une hypothèse de ce genre a d'ailleurs été formulée, dans le domaine de la physique, par Werner Heisenberg. À l'occasion de conférences prononcées en 1955-1956 à l'Université Saint-Andrews, en Écosse, il a évoqué les problèmes que posait l'assimilation de « la science moderne » par les cultures lointaines. Ce qui lui a donné l'occasion de faire cette remarque : peut-être serait-il utile, parfois, d'être ouvert aux formes de pensée qui prédominent dans certaines traditions culturelles très différentes de celles de l'Europe. Pour le confirmer, il faisait allusion à l'œuvre de physiciens japonais tels que Tomonaga et Yukawa : *« Par exemple, la grande contribution apportée par le Japon à la mécanique quantique depuis la dernière guerre peut être un indice d'une certaine parenté entre les idées philosophiques tradition-*

nelles de l'Orient et le contenu philosophique de la théorie quantique. Il est possible qu'il soit plus facile de s'adapter au concept quantique de la réalité quand on n'est pas passé par le mode de pensée d'un matérialisme naïf qui régnait encore en Europe pendant les dernières décennies de notre siècle[19]. » Ces interprétations sont délicates à manier, comme le lecteur pourra s'en rendre compte en lisant le récit que Yukawa lui-même a fait de son itinéraire intellectuel[20]. Car ce physicien connaissait Lao Tzu, certes, mais aussi la philosophie européenne ; il a même été attiré par une certaine forme de matérialisme dialectique[21]. La piste indiquée par Heisenberg n'en est pas moins intéressante. Le titre même d'un recueil d'essais publié par Yukawa indique que, dans le domaine des questions scientifiques aussi bien que sociales, il prêtait attention aux différences qui existent entre l'Est et l'Ouest : *Créativité et intuition. Regards d'un physicien sur l'Orient et l'Occident*[22].

Par ce physicien, il se trouve que nous sommes ramenés à l'évolutionnisme. Car Yukawa, dans son autobiographie intellectuelle, raconte comment il a pris contact pendant sa scolarité avec la théorie de Darwin, « fondée sur la lutte pour la vie entre membres d'une même espèce ». C'est par le triomphe des « vainqueurs », lui disait-on, que s'opère l'évolution des organismes. Mais cette idée avait du mal à passer : *« Je ne parvenais pas à comprendre clairement cela.* » Et, un peu plus loin, il ajoute : *« Le fait que j'aie eu du mal à comprendre la théorie darwinienne de l'évolution semble avoir eu un important retentissement sur mon développement psychologique*[23]. » Peut-être ce blocage était-il semblable à celui qui s'est produit également chez son compatriote (et quasi-contemporain) Imanishi. La différence, c'est que Yukawa s'est tourné vers la physique et a obtenu le prix Nobel en 1949 ; tandis qu'Imanishi, continuant à refuser la philosophie « belliqueuse » de l'évolutionnisme néo-darwinien, a choisi de lui opposer un évolutionnisme expressément anti-occidental.

---

19. W. Heisenberg, *Physique et philosophie,* Albin Michel, 1968, pp. 271-272. L'édition originale est de 1958 : *Physics and philosophy. The révolution in modern science,* Harper and Brothers.

20. Yukawa, *L'Itinéraire intellectuel d'un physicien japonais* (trad. fr.), Belin, 1985.

21. Même ouvrage, p. 118. Voir aussi le texte de L.M. Brown donné en annexe, p. 187.

22. Yukawa, *Creativity and intuition. A physicist looks at East and West,* Kodansha, 1973.

23. Yukawa, *L'Itinéraire intellectuel (...),* déjà cité, pp. 91-92.

TROISIÈME PARTIE

DE LA NATURE, DES FEMMES ET DE LA SCIENCE

CHAPITRE V

L'écologie et la cause des femmes

Dès le XIXe siècle, les féministes américaines participèrent aux luttes qui commençaient à s'organiser dans leur pays en vue de protéger la nature. Et, si l'on remonte dans le passé, on peut repérer une étroite relation entre le sort réservé aux femmes et le sort réservé à la nature. Telles sont du moins les grandes constatations sur lesquelles s'appuie Carolyn Merchant, une Américaine qui enseigne à l'Université de Californie, pour développer des réflexions historiques et politiques assez originales. Elle analyse avec soin comment l'attitude des sociétés occidentales à l'égard de la nature a évolué ; et, simultanément, elle examine comment s'est modifié le statut des femmes[1]. D'après elle, cette enquête historique est aujourd'hui nécessaire si l'on veut résoudre les problèmes « écologiques » (au sens le plus large de l'expression) et instaurer des rapports plus justes entre les deux sexes. Mais immédiatement surgit une question de fond : est-il exact qu'il y ait une connexion étroite entre la question du féminisme et celle de l'écologisme ?

La féminisation de la Nature

Afin de justifier sa thèse, Carolyn Merchant recourt à des arguments divers. D'ordre linguistique et littéraire, par exemple. Car le fait semble bien avéré : dans les grands textes de l'Occident, la nature est grammaticalement du sexe féminin et couramment personnifiée comme un être du « deuxième sexe »... Aussi bien chez les Grecs qu'au Moyen Âge, cette féminisation de la Nature semble aller de soi. De nos jours, il est tentant de voir là une métaphore banale, dénuée de signification pratique. Mais, aux yeux de nos ancêtres, il en allait autrement. Pour saisir la portée des formules sur la Nature-Femme, il faut d'abord se rappeler que le monde était fréquemment considéré comme un *être vivant*. Platon, dans le *Timée*, compare le monde à un animal ; et Cicéron, à la suite des philosophes stoïciens, estime que *« le monde est un être vivant et doué de sagesse puisqu'il produit des êtres vivants et doués de sagesse »*. Le raisonnement peut être discuté... Cette conviction, en tout cas, donnait du poids à l'identification nature-femme.

La féminisation de la Nature, à vrai dire, pouvait être conçue de plusieurs façons. La féminité, par exemple, pouvait désigner la fécondité ; ou encore la spontanéité (voire l'anarchie) des forces

1. *The death of nature : women, ecology and the scientific revolution*, Harper and Row, 1983. L'édition originale est de 1980.

vitales. Mais elle pouvait aussi être associée à l'idée de passivité. Ainsi Aristote définissait la matière comme féminine et passive : selon lui, une puissance mâle était nécessaire pour lui donner forme ! L'image de la femme était donc ambivalente. Mais cela complique seulement le problème de fond, problème qui concerne l'importance socioculturelle des diverses images plus ou moins directement associées à celle de « la femme ». À coup sûr, ces métaphores qui hantent l'imagination collective ne sont pas neutres. Elles vont de pair avec des jugements négatifs ou positifs ; elles déterminent des attitudes et des comportements ; et, dans le principe, il peut donc être instructif de s'interroger sur des façons de parler qui expriment et renforcent à la fois certains styles de pensée et d'action.

Jusqu'à la Renaissance à peu près, c'est la métaphore de l'*organisme* qui est dominante lorsqu'on veut décrire et expliquer les diverses réalités. Qu'il s'agisse de la nature ou de la société, les grandes notions « théoriques » sont très souvent empruntées à la biologie. Platon compare la société de son temps à un individu : le cerveau correspond aux philosophes qui doivent diriger la Cité ; le cœur correspond aux guerriers (caractérisés par leur courage) ; et le ventre représente les travailleurs, ceux qui sont en contact direct avec les réalités matérielles et utilisent leurs forces pour produire la nourriture et les biens de toutes sortes. De façon générale, les notions de *naissance,* de *croissance,* de *maladie,* de *vieillesse* et de *mort* jouent un grand rôle. Car tout est vivant ou semblable au vivant ; la Terre et la société elle-même peuvent donc naître, se développer, dégénérer et vieillir... Chemin faisant, des références à la féminité et à la masculinité s'introduisent. Dans maints textes, on voit que la passivité est un attribut essentiel non seulement des femmes, mais aussi de la matière et des classes sociales inférieures. Isomorphisme bien remarquable !

Carolyn Merchant souligne avec force que ces images ont une valeur *normative* : elles incarnent une certaine éthique et définissent des conduites socialement bonnes ou mauvaises. Le cas de l'exploitation des mines est à cet égard exemplaire. Pendant des siècles et des siècles, en effet, la Terre a été perçue comme un être vivant que parcouraient des « veines » métalliques. Et les métaux eux-mêmes apparaissaient comme doués de vie. La comparaison était parfois d'ordre végétal : au lieu d'être des « veines », les gisements métallifères se présentaient comme des sortes d'arbres souterrains, avec racines et branches. D'où une croyance optimiste : après avoir été exploités, les minerais se reformaient grâce à une régénération vitale tout à fait naturelle... Sur le plan moral, ce thème de la Terre vivante (et féminine) avait des implications. Pline l'Ancien, au Ier siècle après Jésus-Christ, explique que les mineurs se comportent comme des violeurs ! Par cupidité, ils pénètrent dans les entrailles de la Terre en se livrant à une sorte d'agression « biologique ». Les tremblements de terre, note Pline, témoignent précisément du vif mécontentement de Dame Nature. La métaphore organique, c'est assez clair, signalait un interdit, ou du moins des limites à ne pas dépasser. Il faut profiter des dons offerts spontanément par la Nature ; et non pas les lui arracher de force.

Machines et marchands : la grande métamorphose

Mais, pendant la période 1400-1700 environ, une formidable transformation se produit en Occident. Dès la fin du Moyen Âge, les techniques s'étaient largement développées aussi bien dans le domaine de l'agriculture que dans ceux du tissage, de l'exploitation minière, de la métallurgie, de la production d'énergie et de la mécanique en général. Montée des ingénieurs, et aussi montée des marchands, des entrepreneurs et des banquiers. De nouveaux mots d'ordre apparaissent : profit, efficacité, domination de la nature. Une grande partie de la population, dans la « société mercantile » dont parle Carolyn Merchant, demeure rurale. Mais de nouvelles structures économiques et sociales apparaissent ; les villes connaissent un grand essor ; et le pouvoir passe de plus en plus aux mains d'une nouvelle « élite », bien différente de celle qui dominait le monde féodal. Ce qui nous ramène aux mines, destinées à jouer un rôle pratique de plus en plus essentiel. Car enfin, comment concevoir le développement des machines et de la nouvelle économie si on hésite à extraire des minerais ? Il fallait non seulement des techniques nouvelles, mais une nouvelle mentalité et de nouvelles légitimations idéologiques. Le grand ouvrage publié au XVIe siècle par l'Allemand Georg Bauer, dit Agricola, constitue sur ce point un document très suggestif.

Généralement, le traité d'Agricola sur les métaux *(De re metallica)* est présenté comme une somme technologique consacrée à l'art des mines et, dans une moindre mesure, à la métallurgie. Effectivement, il est vite devenu une sorte de Bible pour les ingénieurs concernés. Mais ce texte a aussi une signification idéologique. Agricola, en effet, réfutait la vieille morale qui prêchait le respect de la Terre-Mère. Il est utile et bon, affirmait-il, de plonger dans le sein de cette dernière pour y puiser métaux et autres produits minéraux. Sans eux, impossible de perfectionner l'agriculture, la pêche, l'élevage (pensons à la tonte des moutons !), les techniques de construction, etc. Tout le discours du « Progrès » est déjà en place. Ou bien faudra-t-il que les hommes, vivant dans des cavernes, se nourrissent d'herbes et de racines ?

Pour fabriquer des outils et des machines dont le nombre allait croissant, de nombreuses mines furent activement exploitées à partir de la fin du Moyen Âge. Mais il y avait un inconvénient : l'aménagement des galeries exigeait beaucoup de bois – ce qui entraînait la dévastation de certaines forêts. Aussi des protestations s'élevèrent-elles. Certains allaient jusqu'à déclarer que les métaux, tous comptes faits, coûtaient beaucoup trop cher à la collectivité. Et puis était-il légitime d'aller fouiller dans les entrailles de la Terre ? Selon une longue tradition, cette dernière était un être vivant, de nature féminine, qu'il fallait respecter. Au XVIe siècle, dans le traité qu'il consacra aux mines et à la métallurgie *(De re metallica),* Agricola prit soin de légitimer idéologiquement les activités minières. Pour assurer le progrès industriel, il fallait se débarrasser de divers préjugés relatifs à la Terre-Mère ; et il était tout à fait normal d'aller chercher les minerais là où ils étaient, quels que soient les moyens utilisés. *(Gravures tirées du* De re metallica *d'Agricola. Clichés B. N.)*

Bref, Agricola légitimait le grand projet d'exploitation de la nature et se rangeait du côté de l'anti-écologie... Cette manière de décrire la situation est d'ailleurs plus exacte qu'on ne pourrait croire. Car, dès cette époque, les grandes questions que soulèvent nos mouvements « écologistes » étaient posées. À cause des exploitations minières, des terres fécondes étaient rendues inutilisables ; pour aménager leurs galeries, les mineurs avaient besoin de bois, de beaucoup de bois, ce qui entraînait une dévastation des forêts. Les industries minières et métallurgiques, déjà, causaient diverses pollutions. Les eaux qui avaient servi à laver et à traiter les minerais empoisonnaient les rivières ; elles tuaient (ou chassaient) les poissons. Agricola lui-même rapporte les propos des « écologistes » de ce temps : *« Il est clair que les destructions entraînées par l'exploitation des mines sont supérieures à la valeur des métaux obtenus. »* Vue non dénuée de perspicacité, et qui invitait à reconsidérer attentivement (et à long terme) les notions de profit et de rentabilité... Notons que, dès le XVe siècle, des lois furent passées à Florence en vue de freiner les pollutions (et spécialement la pollution des cours d'eau). Mais les exigences de la vie économique furent les plus fortes.

Dévaluation des savoirs et des pouvoirs féminins

En même temps que s'instaurait la société commerciale, industrielle et scientifique, les femmes voyaient leurs pouvoirs diminuer. L'objectif principal, en effet, était de « rationaliser » à la fois la nature et la production. Pour la science nouvelle, une conception stricte et ordonnée des réalités naturelles était nécessaire. Ce fut la philosophie *mécaniste* qui formula les principes fondamentaux : dans la nature, conçue désormais comme une machine et non plus comme un organisme, il n'y avait que de la matière en mouvement. Le choc d'un corpuscule de matière contre un autre corpuscule de matière, voilà l'image qui désormais allait dominer. Les forces occultes, les âmes, les principes vitaux, tout ce folklore devait être oublié. La science (en principe) allait être en mesure de tout prévoir ; et la Nature (en principe également) devait perdre tout mystère. Quel contraste avec l'univers propre aux *sorcières* ! Univers fantasque et inquiétant, où les interventions les plus déroutantes apparaissaient comme possibles. Comment faire des prévisions méthodiques si des femmes, usant de pouvoirs irrationnels, se mettaient à susciter, hors de tout contrôle, des phénomènes perturbateurs ?

Heureusement, une mise en ordre générale pouvait régler le

problème aussi bien sur le plan épistémologique que sur le plan social. La science moderne, s'appuyant explicitement sur une philosophie *« masculine »*, faisait régner la raison. De nombreux documents montrent qu'une dichotomie s'affirma nettement : les femmes étaient perçues comme des êtres intellectuellement inférieurs (dont la « fibre cérébrale » était froide et molle...), tandis que les hommes s'attribuaient le rôle de représentants privilégiés de la raison. Dans la culture occidentale, dès le XVIIe siècle, l'idéologie dominante présente souvent la femme comme un être dominé par les passions, peu doué pour la recherche méthodique ; l'homme étant au contraire apte à comprendre et à dominer la Nature grâce à sa rigueur et à son objectivité. La nouvelle philosophie de la nature évacuait tout sentimentalisme ; et, répétons-le, s'accordait remarquablement avec les projets pratiques des nouveaux entrepreneurs.

Ainsi disparaissait la gênante ambiguïté à laquelle j'ai fait allusion : l'accent était vigoureusement mis sur le caractère passif de la nature-femme, faite pour être soumise et exploitée, tandis que les aspects irrationnels, imprévisibles et dangereux de cette même nature étaient exorcisés. Les femmes, dans de nombreux domaines, furent de plus en plus marginalisées. Pour des raisons évidentes, la dégradation du statut féminin fut surtout sensible dans les classes sociales les plus favorisées ; tout se passant comme si, dans le monde nouveau, les compétences masculines étaient privilégiées. Au XVe siècle, les femmes ont déjà moins de responsabilités dans la gestion des commerces ou des biens familiaux. La réussite sociale des entrepreneurs, en fait, se traduira par une dépendance croissante de leurs épouses. De plus en plus éloignées de la production, les femmes perdent également le contrôle de la reproduction.

Par cette formule, Carolyn Merchant fait référence au fait que les sages-femmes, au XVIIe siècle, sont dépossédées de leur monopole. Des hommes, c'est-à-dire des médecins savants et diplômés, vont de plus en plus souvent les remplacer. Significativement, l'une des grandes causes (ou l'un des grands prétextes...) de cette évolution est l'invention du *forceps* vers le début du XVIIe siècle ; c'est-à-dire d'un instrument technique qui (selon le jugement même des sages-femmes de l'époque) est utilisé « de façon extraordinairement violente » lors des accouchements[2]. Carolyn Merchant, sauf erreur, n'explicite pas la comparaison. Mais le

2. Sur ces questions relatives à l'histoire de l'obstétrique, voir par exemple Bernard This, *La Requête des enfants à naître*, Seuil, 1982.

parallélisme s'impose : de même que les mineurs pénètrent par une sorte d'effraction dans les entrailles de la Terre, de même les médecins-techniciens interviennent brutalement dans le corps féminin... Il se trouve, d'ailleurs, que cette modalité particulière de la domination sur la femme était plus ou moins consciemment « justifiée » par diverses argumentations masculines et théoriques. Carolyn Merchant fait allusion aux idées de William Harvey (1578-1657), surtout connu comme découvreur de la circulation sanguine : s'inscrivant « dans la tradition de la supériorité mâle », il présentait le sperme comme supérieur à l'œuf.

Les limites de la pensée « masculine » ?

Concédons que ces interprétations se réfèrent à des analogies parfois assez vagues et ne doivent pas toujours être prises au pied de la lettre ; le sujet relève de l'histoire et de l'anthropologie culturelle, il ne se prête pas à des démonstrations de type mathématique. Mais il est raisonnable de penser que certaines images clés et certains schémas mentaux ont un rôle crucial dans la culture et la pratique sociale. On aimerait, parfois, que Carolyn Merchant nous en dise plus (par exemple sur le statut exact des femmes avant la « révolution scientifique »). Mais elle est en général très bien informée – et évite tout militantisme agressif. C'est avec sérénité qu'elle propose ses réflexions sur le double thème de l'exploitation des femmes et de l'exploitation de la nature. Et, quand il s'agit de mentionner des hommes qui ont défendu la cause des femmes, elle n'hésite pas. On apprend ainsi que le médecin et alchimiste allemand Heinrich Cornelius Agrippa a écrit en 1525 un essai *Sur la noblesse et l'excellence du sexe féminin* ; et que le Français François Poulain de la Barre, en 1673, a écrit un ouvrage où il affirme l'égalité de l'homme et de la femme. Évitant les simplifications abusives, Carolyn Merchant montre que, même parmi les grands noms de la philosophie et de

---

Selon l'historienne américaine Carolyn Merchant, il est utile d'étudier parallèlement les questions relatives au statut de la femme et les questions « écologiques » (destruction ou pollution de la nature, gaspillage des ressources, etc.). Pendant longtemps, en Occident, la nature a été conçue comme un être féminin méritant le respect. Mais pendant la période 1500-1700, avec la montée spectaculaire des ingénieurs, des commerçants et des industriels, les activités féminines devinrent de plus en plus marginales ; en même temps, le culte des valeurs « féminines » fut de plus en plus battu en brèche. La nature fut désormais perçue comme une réalité qu'il fallait

dominer et exploiter ; quant aux femmes, elles furent de plus en plus soumises aux hommes dans tous les domaines. C'est ainsi que les sages-femmes furent remplacées progressivement par des médecins, seuls reconnus compétents pour manier, par exemple, le forceps (qui se répand au début du XVIIe siècle). Selon Carolyn Merchant, les problèmes écologiques ne seront vraiment résolus que le jour où l'« image de la femme » aura été revalorisée. *(Gravure première moitié XIXe, coll. Bouvet, cliché J.-L. Charmet.)*

la science, il y a eu des personnalités douées d'assez d'esprit critique pour s'interroger sur les limites de la pensée « masculine ».

Ainsi Newton, si l'on en croit plusieurs de ses textes, s'est rendu compte que les principes fondant la science mécaniste risquaient d'être trop étroits. Grâce à eux, des résultats dignes d'intérêt étaient obtenus ; mais ces principes rendaient-ils vraiment compte du dynamisme de la nature et en particulier des phénomènes vitaux ? Carolyn Merchant cite des textes qui étonneront ceux qui connaissent Newton seulement comme l'un des créateurs du calcul intégral ou comme le grand pionnier de la mécanique rationnelle. Dans des pages non publiées qui datent de 1674, il traite des « lois et processus de la végétation » et écrit ceci : *« La Terre ressemble à un grand animal ou plutôt à un végétal inanimé. »* Dans un brouillon relatif à son *Optique*, il déclare : *« Toute matière dûment formée recèle des signes de vie. »* Même dans les textes publiés, le souci de revitaliser le cosmos par des « principes actifs » est nettement visible. Chez Leibniz, malgré d'indiscutables différences dans les notions utilisées, on trouve des préoccupations analogues. Naïveté ? Peut-être. Mais c'est une occasion de se rappeler que la science mécaniste, *elle aussi*, repose sur des présupposés métaphysiques.

Carolyn Merchant, enfin, prend soin de repérer dans notre histoire les premières manifestations d'une prise de conscience concernant la fragilité des ressources naturelles. Le bois, une fois encore, était en jeu : les constructeurs de bateaux n'étaient-ils pas en train de compromettre l'avenir des forêts ? On pouvait se procurer cette matière première ailleurs (dans les colonies par exemple). Mais une meilleure gestion était souhaitable. John Evelyn, l'un des membres fondateurs de la *Royal Society*, chercha des solutions pratiques. Au XVIIe siècle également, en France, Colbert prit des mesures pour préserver les forêts (ordonnance de 1669). Divers théoriciens se penchèrent sur la question, tel le naturaliste John Ray (1627-1705). William Derham publia en 1713 une *Physico-théologie* qui aujourd'hui, selon Carolyn Merchant, serait qualifiable d'« écothéologique ». En deux mots, les hommes doivent être les gestionnaires rationnels et consciencieux des richesses octroyées par Dieu...[3]

---

3. Carolyn Merchant étudie dans son livre plusieurs autres thèmes impossibles à évoquer ici (et relatifs aux philosophes naturalistes et vitalistes, aux grandes utopies du XVIIe siècle, à la philosophe féministe méconnue qu'est Anne Conway, etc.).

« Écotopia ». Ou les femmes au pouvoir...

Veillons toutefois à ne pas confondre avec une vraie philosophie « écologique » la simple gestion utilitaire des matières premières. Pour reprendre une formule de notre auteur, il existe une « écologie réductionniste » (genre Club de Rome) qui recourt trop naïvement à l'ordinateur. Carolyn Merchant croit aux petites communautés animées par une vision « organique » des choses plutôt qu'aux grands systèmes technocratiques ; elle fait confiance à la « participation démocratique » plus qu'aux experts patentés. Mais elle se garde de jeter l'anathème sur les sciences et les techniques. L'essentiel, c'est d'aborder globalement, intelligemment et humainement les problèmes, en étant toujours sensible aux interactions de toutes sortes et aux données socioculturelles ; la recherche d'un nouvel équilibre n'exige aucunement qu'on prône l'ignorance. De ce point de vue, il convient de souligner la référence à l'ouvrage d'Ernest Callenbach paru en 1976 : *Écotopia.*

Dans cette fiction, quelques-uns des États de l'Amérique du Nord ont fait sécession et se sont organisés selon les idéaux écologistes. La propriété privée est abolie ; les habitants vivent à la campagne ou dans des agglomérations de taille modeste ; les matières non biodégradables sont proscrites autant qu'il est possible ; et les équilibres humains et naturels sont soigneusement entretenus. Ce qui n'empêche pas cette société d'utiliser l'électricité et des moyens de transport perfectionnés. Tout est dans le style ! Ultime et suggestive coïncidence : ce sont des femmes qui ont organisé cette sécession et qui détiennent les postes clés dans la direction et l'administration de la cité écologiste. Faut-il croire que la fiction d'hier deviendra la réalité de demain[4] ?

---

4. Le parallèle entre le livre de C. Merchant et celui de Brian Easlea (*Science and sexual oppression. Patriarchy's confrontation with woman and nature*, Weidenfeld and Nicolson, 1981) ne manque pas d'intérêt. Paradoxalement, B. Easlea exprime son féminisme de façon plus militante. Voir aussi cet autre livre de B. Easlea : *Witch hunting, magic and the new philosophy : an introduction to debates of the scientific revolution, 1450-1750,* The Harvester Press, Humanities Press, 1980 (trad. fr. : *Science et philosophie. Une révolution, 1450-1750*, Ramsay, 1986), ainsi que P. Thuillier : « La science est-elle sexiste ? » dans *Les Savoirs ventriloques*, Seuil, 1983.

CHAPITRE VI

La sociobiologie au service du féminisme ?

Sarah Blaffer Hrdy est une chercheuse américaine de l'université Harvard spécialisée dans l'étude des primates. En 1977, elle a publié un important ouvrage sur les stratégies de reproduction chez les langurs, une espèce particulière de singes qu'elle a étudiée en Inde. Puis, en 1981, elle a fait paraître un essai qui se situe aux frontières de la primatologie et de l'anthropologie : *The woman that never evolved (La femme qui n'a jamais évolué).* Les éditions Tierce, lorsqu'elles ont publié une traduction française de ce livre, ont choisi un titre encore plus provocant : *Des guenons et des femmes* (1984). Comme l'indique le sous-titre, il s'agit d'un « essai de sociobiologie », essai qui est délibérément centré sur toute une série de questions socialement importantes et sans cesse débattues : pourquoi les femelles de primates (et en particulier les femmes) sont-elles si souvent considérées comme inférieures aux mâles ? Est-il exact que la domination de ces derniers soit « naturelle » ? Faut-il admettre une fois pour toutes que les femelles de

D'après la primatologiste et sociobiologiste Sarah Blaffer Hrdy, l'étude du comportement des singes a très souvent été faussée par des préjugés sexistes. La « dominance » du mâle, par exemple, a beaucoup retenu l'attention des chercheurs, alors que la diversité et la complexité des comportements des femelles (toujours selon Blaffer Hrdy) n'ont pas été étudiées avec le même soin. D'où la nécessité de travaux primatologiques moins unilatéraux, débarrassés de certains clichés simplistes concernant l'agressivité et la sexualité entreprenante des mâles. *(Cliché Roger Viollet.)*

primates, à cause des exigences de la maternité, sont « normalement » destinées à une vie sexuelle moins exubérante que celle de leurs compagnons ?

Le mâle, figure dominante

Bien que des nuances soient parfois introduites, bien que des exceptions puissent être reconnues, un stéréotype très répandu valorise en effet le mâle et octroie à la femelle un rôle secondaire. Dès le début de son ouvrage, Sarah Blaffer Hrdy cite quelques affirmations significatives. Selon le sociobiologiste Lionel Tiger, par exemple, *« le mâle dominant est de toute évidence la figure centrale qui permet au groupe de persister dans le temps ».* Toujours d'après le même auteur, *« les primates femelles ne semblent pas être biologiquement programmées pour maîtriser les structures politiques et tout le poids de l'histoire de la reproduction des primates milite contre la participation de la femelle à ce que nous pouvons appeler "la vie publique des primates"*[1] *».* Puisque l'espèce humaine appartient à l'ordre des primates, ces jugements ne visent pas seulement les guenons, mais les femmes elles-mêmes (au moins de façon indirecte) ; et il est douteux qu'ils soient de nature à promouvoir dans le public des images favorables à leur « libération ». Il est vrai que certains chercheurs de sexe féminin ont repris ces idées à leur compte ; mais cela ne change rien à l'affaire... Comme le remarque Sarah Blaffer Hrdy, des présupposés sexistes sont présents dès le départ, au sein même des questions qui orientent les recherches : *« Les études de terrain elles-mêmes ont été conçues et réalisées en fonction de ces préjugés. »* C'est sur les mâles, en effet, que s'est concentrée l'attention, tandis qu'on a négligé « les manifestations de dominance et d'affirmation de soi (des) femelles ».

Des critiques parfois très dures ont été formulées à l'égard des aspects idéologiques d'une certaine littérature sociobiologique et en particulier à l'égard de son sexisme. Mais, comme on pouvait s'y attendre, les clichés favorables aux mâles (et donc aux hommes) ont tout de même été largement diffusés par l'intermédiaire des bibliographies universitaires, des manuels et des exposés de vulgarisation. Le thème suivant occupe une place de

---

1. S. Blaffer Hrdy, *Des guenons et des femmes*, Tierce, p. 10. Textes tirés de L. Tiger : *Men in groups*, Vintage, 1970 ; « The possible biological origins of sexual discrimination », in *Biosocial man* (Don Brothwell ed.), Eugenics Society, London, 1977.

choix : les mâles sont naturellement agressifs dans les compétitions qui les opposent et ont pour ainsi dire vocation à affirmer leur sexualité, alors que les femelles sont essentiellement « maternantes », soumises aux exigences de la reproduction et de la vie familiale... Ce qui fonde cette opposition, c'est l'analyse que des sociobiologistes tels que Wilson, Dawkins, Barash, etc. ont menée en termes de *propagation maximale des gènes* : les primates mâles maximisent leur succès reproductif en fécondant le maximum de femelles, tandis que ces dernières ont intérêt à faire preuve de plus de modération et de plus de discernement. Elles investissent en effet davantage dans le processus reproductif, ne serait-ce qu'à cause de la gestation et de l'allaitement ; mieux vaut donc qu'elles aient des rapports sexuels seulement avec les « meilleurs » mâles, puis qu'elles se les attachent le plus étroitement possible afin qu'ils protègent leur descendance. Dans le cadre du darwinisme tel que le conçoivent certains sociobiologistes, ce raisonnement apparaît généralement comme probant. Ce qui cautionne directement une vision « morale » encore très courante : il est *normal* que les hommes tentent de séduire de multiples femmes ; et *normal* également que celles-ci demeurent « sages », c'est-à-dire fidèles à un seul homme et conscientes de leurs devoirs de mères.

Que ces théorisations suscitent méfiance et scepticisme chez des représentantes du « deuxième sexe », cela n'est guère étonnant. Sarah Blaffer Hrdy, précisément, remet en question quelques grands thèmes de la sociobiologie. Il ne faut toutefois pas se méprendre sur ses intentions : elle se dit elle-même « darwinienne convaincue » et ne rejette aucunement le principe d'une étude sociobiologique des comportements sexuels. Non seulement elle se garde de toute agressivité à l'égard des sociobiologistes qui propagent plus ou moins consciemment des schémas sexistes, mais elle admet que le débat ainsi soulevé est susceptible d'être abordé scientifiquement. La première urgence, pour elle, est de renverser le courant aujourd'hui dominant ; et donc de mettre au point une nouvelle théorisation qui soit *à la fois* rigoureuse et conforme aux intérêts du féminisme. Jusqu'ici, « les théoriciens de l'évolution ont préféré insister sur la compétition entre mâles pour la possession des femelles plutôt que d'observer avec attention ce que les femelles faisaient de leur côté ». Désormais, il faut que la primatologie se fasse plus attentive à la diversité des situations féminines. Les mâles, admettons-le, sont en général plus grands et plus agressifs. Mais leur domination, si nette qu'elle soit chez les babouins, les langurs et les orangs-outangs, n'est pas la règle.

Chez les prosimiens, par exemple, la situation s'inverse : ce sont les femelles qui dominent.

Quand les belles-sœurs se jalousent...

Il est inexact, affirme l'auteur, que seuls les primates mâles soient en compétition. Des femmes-chercheurs, assurément, ont pu écrire que, chez les primates femelles, les hiérarchies étaient « instables et difficiles à identifier » ; d'où il découle que la « pression de sélection » serait faible sur ce sexe. Mais Sarah Blaffer Hrdy émet des doutes et souligne que, dans le cas de l'espèce humaine, les phénomènes de compétition entre femmes ont été peu étudiés. Les rares recherches relatives aux hiérarchies féminines semblent confirmer la thèse courante : il n'y a pas de hiérarchies bien caractérisées chez les femmes (l'auteur cite à ce propos un travail mené dans un kibboutz israélien). Mais tout cela, d'après notre auteur, est inexact ; une mise au point s'impose donc. D'une part, il est maintenant prouvé que dans toutes les espèces de primates non humains il existe des rivalités entre femelles ; d'autre part, en ce qui concerne notre espèce, Sarah Blaffer Hrdy est d'opinion que « les femmes ne sont pas moins compétitives que les autres primates ».

Si les chercheurs ne s'en rendent pas compte, c'est qu'ils n'ont pas su élaborer des méthodes permettant de déterminer comment les femmes « se battent entre elles ». Sans doute est-ce dû pour une part au fait que ces luttes sont d'une «subtilité » particulière, pour reprendre le mot même de l'auteur. Il n'est pas facile, par exemple, de « mesurer quantitativement la concurrence de deux belles-sœurs à propos d'un héritage familial pour en faire bénéficier leurs enfants respectifs ». Il en va de même pour la rivalité qui oppose deux mères soucieuses de promouvoir la carrière sociale de leurs rejetons. D'où ce paradoxe : les éthologistes affrontent « des marécages pleins de malaria » pour observer les manèges sexuels de nos cousins éloignés ; mais nous connaissons très mal les interactions des femelles humaines. Ce serait pourtant essentiel du point de vue théorique, selon l'auteur. Car, dans le cadre d'une conception darwinienne de l'évolution, tout ce qui concerne le *struggle for life* mérite la plus grande attention.

Relevons au passage un autre petit paradoxe. Pour établir que les femmes, grâce à la compétition, font l'objet d'une évolution véritable, Sarah Blaffer Hrdy est amenée à utiliser des formules peu flatteuses pour la gent féminine. Elle fait allusion aux « insultes doucereuses » que les femmes s'adressent les unes aux autres ; elle évoque expressément l'usage qu'elles font de la « calomnie » ! On reconnaît là les clichés triviaux relatifs aux « mégères qui papotent en échangeant des ragots venimeux »... Sous la plume d'un éthologiste masculin, ces énoncés « scientifiques » paraîtraient indéniablement machistes. Peut-être est-ce le prix à payer, selon Sarah Blaffer Hrdy, pour redonner aux femmes une place satisfaisante dans le grandiose processus de l'évolution sociobiologico-darwinienne. Toujours est-il que, chemin faisant, elle multiplie les critiques à l'égard de certains poncifs concernant en particulier la sexualité des femmes.

Les énigmes de la sexualité féminine

Plusieurs théoriciens de la sociobiologie estiment en effet que la sélection naturelle, chez les primates, ne favorise aucunement les femelles sexuellement actives. Ainsi que le remarque Sarah Blaffer Hrdy, il devient donc difficile de répondre intelligemment à cette question : *« Comment expliquer l'appétit sexuel de la femme, qui peut pratiquement faire l'amour à n'importe quel moment du mois et de l'année ? »* Les sociobiologistes masculins, bien sûr, ont trouvé de savantes raisons ; si les femmes peuvent être « réceptives » de façon continue, c'est que cela leur permet de plaire à leurs époux et de les retenir au foyer. Autrement dit, c'est d'abord pour cimenter les « liens du couple » et pour assurer une reproduction efficace que le deuxième sexe est devenu capable de plaisir. D'un point de vue évolutif, si l'on en croit ce type d'explication, la jouissance que la femme peut éprouver est finalement secondaire ; sa vraie finalité doit être cherchée du côté de l'homme... De même, l'hypothèse suivante est couramment admise : *« Des attributs féminins tels que les fesses et les seins saillants (...) se sont développés chez les humains pour rendre la femme sexuellement attirante en permanence. »*

Ces spéculations ne satisfont guère Sarah Blaffer Hrdy. Elle trouve « étrange » que ses confrères masculins justifient l'existence de l'orgasme féminin en déclarant qu'il rend « plus facile à la femme de se satisfaire d'un seul homme ». La question a des aspects trop nombreux et trop complexes pour qu'il soit possible de les mentionner tous ici. Mais notre auteur, sur plusieurs points, prend des positions fermes. Il faut, par exemple, cesser de croire que les femelles de primates non humains ignorent « l'activité sexuelle non reproductrice ». Leurs stratégies sont plus variées qu'on ne le dit en général ; et il arrive qu'une femelle copule avec plusieurs « mâles extérieurs », peut-être afin d'encourager ces derniers à « se comporter "paternellement" avec son nourrisson ».

Sarah Blaffer Hrdy y revient avec insistance : déjà chez les femelles préhominiennes, la sexualité est *« très affirmée, marquée par la possibilité de passer de la réceptivité cyclique à une réceptivité prenant en compte la situation »*. Dans l'esprit de cette sociobiologiste qui est en même temps une féministe décidée, cela signifie que les femmes d'aujourd'hui ont donc de bonnes raisons « scientifiques » pour développer librement leur sexualité. Aussi le dernier chapitre aborde-t-il directement les problèmes relatifs au plaisir de la femme. En termes techniques, il s'agit de savoir quelle est la signification évolutive de l'orgasme féminin. Sujet très discuté, d'autant plus qu'il n'est pas évident pour tout le monde que les femelles de primates, de façon générale, éprouvent réellement des sensations orgasmiques. Selon certains théoriciens, il se pourrait même que l'orgasme des femmes soit *« une anomalie dans l'histoire de l'évolution »* ; c'est-à-dire « un phénomène relativement récent provenant du développement de la sexualité chez les hommes, et non pas un héritage provenant de leurs lointains ancêtres ».

Les guenons connaissent-elles l'orgasme ?

Le problème, selon l'auteur, est aujourd'hui tout à fait « central » dans le débat sur la sexualité féminine. Deux camps peuvent être distingués : les spécialistes qui considèrent que l'orgasme féminin ne se rencontre que dans l'espèce humaine ; et ceux qui admettent que d'autres espèces l'ont aussi. Il y a davantage de femmes dans le second camp, note l'auteur ; et c'est évidemment de ce côté que vont ses préférences. Encore faut-il apporter des preuves, ou du moins de bonnes confirmations. Les profanes s'étonneront peut-être de cette exigence, jugeant que l'existence de l'orgasme féminin chez les singes et les lémuriens est une évidence. Mais beaucoup de spécialistes estiment que ce n'est pas si simple. Le mot *orgasme* avait initialement un sens très large : il désignait « n'importe quelle excitation intense, ou encore une inflammation ou un gonflement de sève ». Puis il a pris le sens aujourd'hui devenu usuel : « le plus haut point de l'excitation génésique » (Larousse). Cette notion apparemment limpide n'est toutefois pas facile à transcrire en termes scientifiques rigoureux.

Comme le rappelle Sarah Blaffer Hdry, certaines manifestations observées chez les primates non humains laissent supposer qu'il y a orgasme (« mouvements de bras spasmodiques, grognements saccadés et claquements de lèvres», voire expression d'«extase»). Mais les copulations sont parfois très rapides (trois ou quatre secondes chez les macaques rhésus) ; et les experts, dans tels et tels cas bien définis, ne sont pas tous d'accord sur la nature des sensations produites. Même les critères physiologiques (dilatation du vagin, secrétions, etc.) sont parfois d'interprétation ambiguë. Ajoutons à cela que les expériences de laboratoire n'autorisent pas nécessairement des conclusions sûres à propos des animaux en liberté. C'est pourquoi l'auteur traite cette question de façon à la fois attentive et nuancée ; elle pense que l'orgasme des femelles de primates non humains est «pratiquement démontré», mais concède que plusieurs points demeurent obscurs. De toute façon, même si une réponse positive est apportée sur ce point particulier, une autre objection surgit : si vraiment l'orgasme a une réalité biologique très ancienne, *«comment se fait-il que les développements culturels aient réussi à modifier cet héritage ?»* Tel semble être en effet le cas : «pour les femmes, la physiologie de la sexualité est profondément influencée par leur conditionnement social, par leur attitude envers les hommes et le mariage, et par l'image qu'elles ont d'elles-mêmes».

Deux grandes tendances, d'après Sarah Blaffer Hrdy, se manifestent : ou bien la femme est vue «comme un être chaste, passif, sexuellement innocent», ou bien comme un être doué d'«une sexualité dangereuse». Le plus simple, semble-t-il, est de remonter aux sources et d'accepter l'idée que les femelles de préhominidés avaient *«un tempérament qui les poussait à s'engager dans des liaisons procréatrices ou non avec des mâles multiples mais sélectionnés».* Cette affirmation, qui est présentée avec une certaine prudence, est manifestement essentielle aux yeux de l'auteur. Dans sa vision darwinienne, les ancêtres les plus typiques des femmes actuelles sont indiscutablement perçues comme des femelles entreprenantes : nous sommes bien loin des schémas idéaux inventés par les chercheurs mâles de notre espèce... Mais des siècles et même des millénaires d'histoire humaine ont modifié cet état initial, tout se passant comme si une pression permanente avait été exercée *«pour entraver la libre sexualité des femmes et établir des preuves indirectes de la paternité des hommes».* Les exemples de cette oppression, effectivement, ne manquent pas ; Sarah Blaffer Hrdy n'a pas de mal à montrer que de très nombreuses sociétés ont su mettre au point des méthodes de contrôle parfois très dures, allant de la claustration à la clitoridectomie. Ce qui aboutit à cette «ironie», pour reprendre le mot même de l'auteur : « *Les femmes, dans bon nombre de sociétés humaines, occupent une position nettement pire que celle des femelles de la plupart des espèces de primates non humains.* »

Un militantisme fondé sur la science ?

Sur le plan de la pratique féministe, la conclusion est nette : « *Les femmes peuvent aujourd'hui aspirer à un degré d'indépendance correspondant à celui des hommes.* » Et cette possibilité doit se transformer en réalité. Ce militantisme, en tant que tel, peut se légitimer et se déployer en dehors de toute référence à la sociobiologie. Mais, concrètement, Sarah Blaffer Hrdy utilise cette discipline scientifique pour confirmer le bien-fondé des revendications féministes. S'il est vrai que les primates femelles ont inventé diverses stratégies rendant possible « une sexualité entreprenante », pourquoi les femmes ne lutteraient-elles pas pour retrouver les avantages perdus ?

Comment apprécier ce message éthique ? En ce qui concerne l'action, l'engagement socioculturel immédiat, c'est aux femmes elles-mêmes de répondre et de décider. Mais un débat général est ouvert, qui touche très directement au vieux problème des relations entre la science d'une part, l'éthique et la politique d'autre part. Plusieurs scientifiques masculins, en découvrant un tel ouvrage, risquent d'avoir des réactions négatives : n'y a-t-il pas là un véritable détournement de la fameuse « objectivité scientifique » au profit d'une idéologie féministe ? Aussi peut-il être opportun de faire un effort pour comprendre les motivations de Sarah Blaffer Hrdy et pour voir à quel point sa contre-attaque est culturellement justifiée par le contexte actuel. Bien que de nombreux spécialistes de la « *sociobiologie* » se soient abstenus de toute spéculation téméraire sur la sexualité et sur les femmes, il est en effet assez évident que cette étiquette a fréquemment servi de caution directe ou indirecte à un bel échantillonnage de thèmes sexistes.

Il est fort possible que les auteurs concernés (qu'ils se présentent comme des spécialistes ou des vulgarisateurs) n'aient pas eu d'intentions perverses ; possible aussi que ce sexisme ait été inconscient, dû tout simplement au poids de l'idéologie dominante. On ne saurait trop le répéter, les préjugés relatifs aux femmes ne sont pas une exclusivité scientifique... Mais le fait est qu'une sorte de consensus « théorique » tend à légitimer divers lieux communs défavorables aux femmes : les hommes sont « par nature » destinés à dominer le deuxième sexe, ils ont le droit d'exercer librement leur sexualité et de contrôler strictement celle de leur compagne, etc. Chez Darwin, déjà, des thèmes de ce genre apparaissent en toute netteté[2]. Avant de se scandaliser devant les présupposés féministes de Sarah Blaffer Hrdy, il conviendrait donc de s'interroger sur les présupposés machistes d'un certain nombre de sociobiologistes. À tout le moins, c'est là l'occasion d'un examen de conscience méthodologique et épistémologique. D'un point de vue *critique*, il n'est pas mauvais que paraisse un ouvrage comme *Des guenons et des femmes* : cela permet de discerner les relations parfois subtiles qu'entretiennent la science et l'idéologie. Contre l'androcentrisme, rien de tel que d'établir la possibilité d'une sociobiologie gynocentrique !

Guenons et femmes : des analogies ambiguës

Mais l'ouvrage de Sarah Blaffer Hrdy ne se contente pas de dénoncer les déviations vraies ou supposées de la science régnante : il formule des hypothèses ou des thèses bien déterminées sur les femelles de ouistitis et les femelles humaines. Si les théorisations antérieures présentaient des aspects douteux, que penser de celles-ci ? Le simple fait de renouveler la formulation de certaines questions, assurément, ne garantit pas que les conceptions nouvelles soient l'expression objective de la réalité. Bien des problèmes demeurent, qui se situent entre autres aux frontières de l'anatomie, de la physiologie et de l'éthologie (qu'on pense, par exemple, aux discussions relatives au dimorphisme sexuel ou à l'« invisibilité » de l'ovulation). De plus, il faut prendre acte d'une énorme lacune dans nos connaissances : nous ne savons rien (ou à peu près rien) sur les comportements sexuels de nos ancêtres pendant la période d'hominisation. Comment se présentaient les relations entre sexes chez les préhominidés et les premiers hommes ? Dans quelle mesure l'hominisation elle-même a-t-elle dépendu de telle ou telle innovation concernant les rapports entre mâles et femelles ? Les informations manquent.

Même en ce qui concerne notre espèce dans son état actuel, tout n'est pas clair. Les physiologistes et autres biologistes n'ont que des connaissances très limitées sur l'orgasme féminin. Quant aux comportements sexuels, les travaux existants (rapport Kinsey, rap-

2. Voir P. Thuillier, *Les biologistes vont-ils prendre le pouvoir ? La sociobiologie en question*, Complexe, 1981 ; et la préface à : C. Darwin, *La Descendance de l'homme et la sélection sexuelle*, réédition, Complexe, 1982.

port Hite, etc.) nous en donnent vraisemblablement une image assez approximative. Et il faut encore mentionner le redoutable problème (seulement effleuré par notre auteur) des relations entre phénomènes biologiques et phénomènes culturels... Quel que soit l'intérêt des idées de Sarah Blaffer Hrdy, il semble donc que l'obscurité demeure épaisse : tout panorama de l'évolution de la sexualité des primates est entaché de graves lacunes et de graves incertitudes.

Si l'étude des primates non humains paraît si importante à Sarah Blaffer Hrdy, c'est que les observations relatives aux femelles de macaques ou de babouins ont certaines implications pour les femmes d'aujourd'hui : *« Ce n'est pas par hasard que j'ai été amenée à étudier le langur Hanuman, espèce caractérisée par l'exploitation sans pitié des femelles par les mâles. »* Et Sarah Blaffer Hrdy, allant plus loin encore, utilise ses analyses scientifiques pour légitimer plus ou moins directement ses options féministes. Ce qui soulève des problèmes délicats. Dans quelle mesure, en effet, peut-on utiliser les savoirs sociobiologiques relatifs aux singes et aux lémuriens pour interpréter et orienter les comportements sexuels de notre espèce ? Comme le sait bien Sarah Blaffer Hrdy, il faudrait en particulier que nous ayons des connaissances solides sur les premiers hommes et les premières femmes. Or ce n'est pas le cas. Le plus souvent, ainsi qu'en témoigne cette gravure, des schémas très simplistes sont projetés sur l'univers préhistorique : l'homme musclé et courageux protégeant la femme fragile et coquette... *(Cliché Roger Viollet.)*

Nous en arrivons ainsi à la question philosophique qu'on peut qualifier de radicale : que valent, dans leur principe, ces tentatives destinées à légitimer des *normes* éthiques ou politiques à partir de « données » scientifiques (ou considérées comme telles) ? Dans le cas présent, ce type de question est inévitable : la démarche qui consiste à traiter de l'espèce humaine en se référant à la primatologie animale est-elle crédible et opportune ? Même d'un point de vue féministe militant, des doutes sont possibles. Pour ma part, je crois que les argumentations sociobiologisantes ne sont pas plus valides dans une perspective féministe que dans une perspective machiste. Même si les mâles sont réellement dominants chez les singes et les lémuriens, cela ne prouve pas que, dans la société humaine, les mâles *doivent* être considérés une fois pour toutes comme les maîtres absolus. Et même si l'on réussit à montrer que les femelles de nos ancêtres primates avaient un statut « social » élevé et une sexualité plus épanouie, cela ne prouvera pas que les femmes, pour cette raison précise, *doivent* entreprendre une « révolution » féministe.

Que la science puisse apporter des faits et des théories méritant d'être pris en considération, il est facile de l'admettre. Mais Sarah Blaffer Hrdy, semblable en cela à certains de ses confrères masculins, va beaucoup plus loin. Elle donne plusieurs fois l'impression de fonder une éthique sur la constatation de certains « faits », comme si la libération sexuelle de la femme devait à tout prix avoir une justification primatologique. Tactiquement, en des circonstances bien déterminées, cet « alibi » peut être utile. Mais, le plus souvent, il risque d'être superflu. Les femmes non féministes (il y en a) vont-elles se convertir parce qu'on leur aura expliqué que certaines femelles de babouins copulent vingt-trois fois de suite, en dix heures, avec trois mâles différents ? On se demande parfois, en lisant Sarah Blaffer Hrdy, si elle n'admet pas la validité de cette idée : la sexualité des femmes doit être identique (ou à peu près identique) à celle des hommes. Même pour des féministes, une telle manière de voir n'a rien d'évident. Une « libération » ainsi conçue accorde en effet un réel privilège à « l'image idéale » du mâle.

Risques et limites du scientisme

Ces sortes de plaidoyers reposent plus ou moins explicitement sur un postulat scientiste, postulat selon lequel toute « vérité » (même en éthique) doit pouvoir être légitimée par la science. Sur le plan de la pratique, les conséquences risquent d'être fâcheuses.

Car, s'il en est ainsi, il faudra toujours craindre que de nouvelles découvertes ne soient utilisées par les idéologues machistes pour remettre en cause la doctrine qu'on croyait sûre. Les prochains travaux qui paraîtront sur la sexualité des macaques ou des chimpanzés, en d'autres termes, risquent de diminuer (ou de ruiner) la crédibilité socioculturelle du féminisme... Aussi les deux femmes biologistes qui ont postfacé ce livre ont-elles pris du recul. Elles soulignent qu'il n'est pas si facile de procéder à des extrapolations valables pour l'espèce humaine à partir des savoirs acquis sur d'autres espèces. De façon plus aiguë encore, elles interrogent : *« Quelle portée attribuer à la notion de déterminisme biologique dès lors qu'on est capable non seulement de modifier le cours naturel de la reproduction humaine, mais d'en reproduire artificiellement une partie du développement ? »*

Le livre de Sarah Blaffer Hrdy, comme on le voit, ne règle pas toutes les questions. Mais il contribue à les poser autrement en explicitant un certain nombre de présupposés et de difficultés théoriques. Quoique certains chapitres soient imprégnés d'un scientisme tout à fait semblable au scientisme de quelques sociobiologistes machistes, l'auteur fait manifestement avancer la réflexion. Certes, il est difficile de croire que le féminisme possède désormais des « bases scientifiques ». Du moins peut-on espérer que les dévergondages idéologiques des sociobiologistes mâles se feront plus rares. Ce serait déjà un beau succès.

QUATRIÈME PARTIE

QUELQUES ENJEUX POLITIQUES

CHAPITRE VII

Science et pouvoir social : la formation des « élites » en France

Comment « la science » est-elle utilisée pour former ce qu'on appelle les élites ? Et chaque type d'enseignement scientifique et technique correspond-il à une pratique sociale bien caractérisée ? Ces questions, dans leur principe, sont assez banales. Il n'est pas besoin d'être un expert pour savoir (ou pour « sentir ») que des institutions telles que Polytechnique, les Arts et Métiers ou les universités « fonctionnent » de façon différente. Mais est-il possible de caractériser avec précision les diverses filières et d'établir des corrélations systématiques entre la nature des enseignements et les « trajectoires sociales » des diplômés ?

Que faut-il enseigner aux chefs de la Cité ?

Un sociologue américain qui travaille en France, Terry Shinn, a abordé ce problème dans une étude (effectuée en 1984 et publiée en 1985) qui porte essentiellement sur l'enseignement supérieur français[1]. Selon ses propres termes, les diplômés acquièrent des *goûts* et des *réflexes* qui varient en fonction de leurs institutions d'origine. Formés selon des styles différents, ils conçoivent et exécutent leurs tâches professionnelles selon des styles également différents. Ces différences de *style*, soulignons-le aussitôt, ne concernent pas seulement l'exercice des compétences scientifico-techniques, mais aussi la manière de faire face aux problèmes et aux situations, de concevoir l'autorité et les relations humaines en général. Terry Shinn, pour disséquer le haut enseignement scientifique, a mis au point une méthode d'analyse non exempte de technicité. D'emblée, comme nous allons le voir, il recourt aux notions de déduction, d'induction et de rétroduction afin de caractériser les différents « styles épistémologiques ». Il serait dommage que ce vocabulaire un peu rébarbatif dissimule l'importance des enjeux. Pour saisir la signification sociale et même politique de ces questions de pédagogie, un bref retour en arrière n'est peut-être pas inutile.

Car le problème de la formation des « élites », assurément, n'est pas nouveau. Toute société, d'une manière ou d'une autre, doit lui trouver une solution et Platon, au IVe siècle avant notre ère, l'avait déjà explicitement et attentivement examiné. Réfléchissant au programme idéal qu'il convenait d'imposer aux chefs de la Cité, il

1. T. Shinn, « Enseignement, épistémologie et stratification », dans *Le personnel de l'enseignement supérieur en France aux XIXe et XXe siècles*, actes d'un colloque de juin 1984 publiés par C. Charle et R. Ferré, éditions du C.N.R.S., pp. 229-246, 1985.

avait en particulier insisté sur l'importance d'un enseignement mathématique soigneusement conçu. Dans *La République*, il écrivait ceci (qui pourrait être directement appliqué au cas de notre École polytechnique...) : *« Il conviendrait de prescrire l'étude de l'arithmétique par une loi et de persuader ceux qui doivent remplir les plus hautes fonctions publiques de se livrer à la science du calcul, non pas superficiellement, mais jusqu'à ce qu'ils arrivent, par la pure intelligence, à connaître la nature des nombres*[2]. » Dans le cadre de sa philosophie particulière, Platon utilisait pour défendre ce point de vue des arguments qui nous sont aujourd'hui assez étrangers. Du moins établissait-il un rapport précis entre l'enseignement de certaines disciplines et certaines finalités sociales. Ainsi apparaît cette idée fondamentale : la manière dont un citoyen aborde et résout les questions qui lui sont soumises dépend étroitement de la formation intellectuelle qu'il a reçue.

Et plus précisément, elle dépend des méthodes qu'on l'a habitué à utiliser. En d'autres termes, ce n'est pas seulement le contenu de l'enseignement qui compte, mais son style, la tournure d'esprit qu'il développe. Karl Pearson (1857-1936), qui était à la fois mathématicien et biologiste, avait cette idée présente à l'esprit lorsqu'il a affirmé, dans sa *Grammaire de la science*, la valeur sociale de l'enseignement scientifique. D'après lui, cette formation inculque des habitudes mentales («habits of mind») grâce auxquelles on forme de bons citoyens et on accroît la «stabilité sociale[3] ». Se situant dans une perspective tout à fait conservatrice, il déclare dans un passage délibérément souligné que la science moderne entraîne les gens à analyser impartialement les faits et est donc *« spécialement apte à promouvoir le sens civique »*. Même si la thèse peut être discutée, un problème est posé. Problème que Terry Shinn (sans faire référence, d'ailleurs, ni à Platon ni à Pearson) a repris à son tour avec l'intention de le traiter plus systématiquement et plus méthodiquement. Il se propose de mettre en relation les aspects *épistémologiques* de la transmission du savoir avec *« les occupations et les tendances sociales »* des divers diplômés.

---

2. Platon, *La République*, trad. de R. Baccou, Garnier, 1958, p. 262 (VII, 525 b-c).

3. K. Pearson, *The grammar of science*, Everyman's Library, J.M. Dent and sons, London, p. 13. La première édition est de 1892 ; Pearson ajouta de nouveaux chapitres en 1900 et 1911.

Quatre grands types d'enseignement scientifique

Terry Shinn, tout d'abord, distingue quatre grandes catégories d'enseignements scientifiques et techniques. Les classifications de ce genre sont rarement évidentes ; elles impliquent des choix dans les regroupements et une part d'arbitraire est inévitable. L'auteur, en l'occurrence, a retenu un classement simple et assez proche de l'usage courant.

En premier lieu, il y a les *Grandes écoles*, telles que l'École des mines (fondée en 1783), l'École polytechnique (1794), l'École centrale des arts et manufactures (1829). Les programmes y sont dominés par les mathématiques et, « à un moindre degré », par la physique. Les carrières des diplômés sont ainsi décrites par Terry Shinn : *« Corps d'État. Militaires. "Technocratie". Grandes entreprises privées et nationalisées. Directions administratives. »*

Alors que l'objectif des Grandes écoles est la « culture générale », les *Grandes écoles de sciences appliquées* qui constituent la deuxième catégorie visent, toujours selon Terry Shinn, la multispécialisation. On y enseigne d'abord les sciences physiques (avec moins de mathématiques que dans le cas précédent), et les carrières se déroulent du côté de l'ingénierie en haute technologie, de la recherche fondamentale et appliquée, et aussi de la gestion (en liaison avec les problèmes techniques). Appartiennent entre autres à cette catégorie l'École supérieure de physique et de chimie industrielles de la ville de Paris (1882), l'École supérieure d'électricité (1894), l'École supérieure d'aéronautique (1908).

Viennent ensuite les *« petites » Grandes écoles*, dont la dénomination est quelque peu paradoxale mais suggestive : Institut national des sciences appliquées, Écoles nationales supérieures d'ingénieurs, Écoles des arts et métiers. Ces établissements, écrit Terry Shinn, ont pour objectif diverses spécialisations ; ils conduisent à des carrières dans le domaine de la technique (et aussi dans celui de la gestion, « à des postes de niveau intermédiaire »). L'enseignement est essentiellement axé sur l'ingénierie et les sciences physiques.

Dans la quatrième catégorie figurent les *Facultés des sciences*, dont les objectifs sont présentés comme « ambigus » : l'histoire

---

Comment former les « élites » ? En France, nombreux sont ceux qui répondraient sans hésiter : en les faisant passer par Polytechnique... Cette École, fondée sous la Révolution, a très vite donné à son enseignement (sous l'influence de Laplace) une orientation très théorique ; les mathématiques et les sciences physiques, dans les programmes du concours d'entrée et dans ceux de l'École elle-même,

se taillent la part du lion. Ce qui, dès la fin du XIXe siècle, a soulevé divers problèmes. Certains ont craint que les ingénieurs ainsi formés n'aient des compétences insuffisantes dans le domaine de la pratique et ne connaissent mal les nouvelles technologies. D'autres, constatant que beaucoup de polytechniciens occupaient de hauts postes de direction dans les entreprises et les administrations, se sont demandé si leur formation essentiellement scientifique était la mieux adaptée. Un sociologue américain, Terry Shinn, a réexaminé la question et essayé de définir le « style épistémologique » propre à cette École. D'après lui, il y règne un style déductif qui encourage le raisonnement abstrait et donne une vue un peu rigide de la réalité. Style peu « démocratique », dit Terry Shinn, mais qui convient bien aux hautes instances administratives et directoriales. *(Cliché Weiss, Rapho.)*

montre qu'elles oscillent presque continuellement entre la polyvalence et la spécialisation. Durcissant cette appréciation, Terry Shinn va jusqu'à écrire que, en fait, *« cela a abouti à une inflation de la polyvalence liée à une sorte de spécialisation myope et superficielle »*... De ces institutions sortent bien sûr des professeurs et des chercheurs, mais aussi beaucoup de diplômés qui occupent des postes très variés (et plutôt modestes) dans des secteurs professionnels dépourvus de lien direct avec la formation scientifique reçue.

Il serait possible d'opposer maintes exceptions et de nuancer sensiblement ce tableau général. Terry Shinn lui-même reconnaît que « les frontières entre catégories ne sont pas toujours précises et stables ». Cette schématisation, en tout cas, lui permet de faire un pas de plus en caractérisant le style épistémologique de chaque catégorie. La tâche, là aussi, est assez malaisée. Considérons en effet le cas de la physique. Elle est enseignée dans toutes ces institutions ; et il va de soi que, entre les divers enseignements auxquels elle donne lieu, il y a des analogies, des recoupements. Mais Terry Shinn, précisément parce qu'il donne un grand poids à la notion de *style*, se sent autorisé à discerner d'importantes différences dans la manière de présenter les idées et de traiter les problèmes. Même en physique, comme l'a montré Dominique Pestre, les « philosophies » peuvent diverger[4]. Par exemple, on ne fait pas toujours le même usage des critères « rationnels », des modèles et des hypothèses, et les rapports entre théorie et expérience peuvent être conçus de plusieurs façons. Dans l'enseignement, qui se prête aisément aux systématisations simplificatrices, il se pourrait d'ailleurs que les différences soient encore plus marquées que dans la recherche. Terry Shinn est donc amené à distinguer quatre styles épistémologiques. Signalons que, pour effectuer cette analyse, il s'est appuyé non seulement sur des documents historiques, mais sur des interviews et sur des conversations avec les diplômés.

De la déduction et de l'induction...

Dans les Grandes écoles, c'est la *déduction* qui est dominante. Il s'agit avant tout de tirer des conséquences à partir d'énoncés fondamentaux pris comme point de départ. Les mathématiques

4. Voir l'étude de D. Pestre sur le style particulier de la physique française entre les deux guerres mondiales parue dans *La Recherche*, n° 169, septembre 1985.

(dont le rôle est capital dans les concours de recrutement de ces Écoles) illustrent bien cette démarche : certains axiomes étant admis, il faut opérer des « déductions » en obéissant aux lois d'une syntaxe rigoureuse. (Certains épistémologues préfèrent dire que les théorèmes sont « construits » plutôt que « déduits » ; mais dans le cas présent, cela ne change pratiquement rien à l'analyse.) Les démarches déductives, notons-le, peuvent s'étendre à des disciplines très variées. Elles sont spécialement visibles en mathématiques, mais peuvent « colorer » (comme le dit Terry Shinn lui-même) l'enseignement du droit, de l'économie, de la sociologie et même de l'histoire. Ce qui revient à dire, concrètement, qu'il ne suffit pas d'élargir et de modifier les programmes de Polytechnique, par exemple, pour en modifier l'orientation profonde. La déduction va de pair avec une attitude générale, avec une certaine manière de regarder les hommes et les événements. Dans les Grandes écoles, écrit Terry Shinn, *« professeurs et élèves scrutent tout le monde à travers un filtre rigide et bien réglé dont la structure garantit une image des êtres et des choses claire et parfaitement intégrée »*. Telle est la tendance propre à la formation « déductive » : elle conduit à utiliser des savoirs considérés comme certains pour formuler en toutes circonstances des jugements fermes et assurés.

Dans les comportements professionnels et dans la vie sociale, il est dès lors assez facile de voir quels sont les effets de ce style « déductif ». Terry Shinn fait une comparaison avec la Pythie de Delphes, qui était censée proférer des oracles directement inspirés par le dieu Apollon. Il veut ainsi signifier que, forts de leurs connaissances théoriques et confiants en quelques « principes généraux et normatifs », les experts de la première catégorie se conduisent comme si la réalité devait suivre... La vérité, si l'on peut dire, vient d'en haut et elle s'impose à la vie quotidienne, à la politique, etc. La déduction, dit encore Terry Shinn, correspond à l'épistémologie du *contrôle* (et elle semble être fréquemment « associée au conservatisme politique »). Cet aspect épistémologique, dans la pratique professionnelle, joue un rôle important. Car, toujours selon notre auteur, il ne suffit pas de sortir d'une Grande école pour avoir un poste élevé ; il faut encore que l'individu concerné ait « le style approprié », c'est-à-dire cette attitude déductive qui fonde un exercice strict de l'autorité.

À l'opposé se situe le style *inductif*. Comme le savent tous ceux qui s'intéressent à l'épistémologie, la notion d'induction soulève diverses difficultés. Dans le contexte où s'est placé Terry Shinn, il convient surtout de souligner que la pensée inductive se fonde sur l'expérience ; elle est plus proche des faits, plus attentive à la diversité des situations concrètes. Moins fasciné par la théorie pure, moins tenté par l'esprit de système, l'esprit inductif raisonne avec plus de souplesse que l'esprit déductif. D'après Terry Shinn, ce sont les « petites » Grandes écoles qui favorisent le développement de l'attitude inductive. Dans leurs cursus, la théorie a un rôle secondaire (l'auteur n'hésite pas à écrire que l'enseignement de la théorie sert plutôt à « sauver les apparences »...). La formation s'appuie sur un « petit éventail de sous-disciplines ». Le but visé est de « comprendre un groupe restreint de phénomènes », d'« acquérir les outils expérimentaux et la compétence technique capables d'introduire le savoir acquis dans des contextes industriels concrets ». Plus empirique, plus proche des activités productives, l'induction serait plus « démocratique » dans la mesure même où elle évite le dogmatisme théorique et fait place à des confrontations « sur le tas ». Alors que les déductifs ont une confiance inébranlable dans la théorie, les inductifs sont prêts à discuter, à écouter les autres...

S'il en est ainsi, on comprend que la filière « inductive » ne soit pas particulièrement destinée, du moins dans un pays comme la France, à produire de grands technocrates, des planificateurs de haut niveau. Par rapport aux normes très « théoricistes » qui président chez nous au recrutement des « élites » directoriales et administratives, l'enseignement des « petites » Grandes écoles est trop souple, trop concret, trop axé sur des finalités « locales ». Terry Shinn (et c'est bien dommage) s'est limité aux enseignements scientifiques et n'a donc pas examiné le cas de l'École nationale d'administration. Il apparaîtrait vraisemblablement que l'enseignement y est plutôt de type « déductif ». Les polytechniciens qui complètent leur formation à l'E.N.A. ne devraient donc pas s'y trouver dépaysés, si différents que puissent être les programmes...

... à la rétroduction et au raisonnement en rhizome

Reste à caractériser les styles des deux autres catégories retenues (Grandes écoles de sciences appliquées et Facultés des sciences). Pour ce faire, Terry Shinn recourt d'abord à la notion de *rétroduction*, qui n'est pas encore passée dans l'usage courant mais qu'on peut sommairement définir ainsi : c'est une démarche mixte qui, partant d'une hypothèse « comprenant à la fois des axiomes et des données empiriques spécifiques », s'efforce de réaliser des observations plus précises et plus pertinentes, lesquelles seront à leur tour réintroduites dans l'hypothèse initiale en vue de nouvelles comparaisons et de nouvelles observations. Ce qui caractérise ce processus, c'est l'idée que l'induction est « aussi essentielle à la pensée que la déduction ». L'épistémologie de la méthode hypothético-déductive, telle qu'on la présente traditionnellement et comme son nom l'indique, définit l'activité scientifique en mettant l'accent sur le rôle de la déduction : une hypothèse est formulée, de laquelle on déduit des conséquences expérimentales testables. En parlant de rétroduction, au contraire, on valorise le va-et-vient de la pensée entre fait et théorie, ainsi que la complémentarité de la déduction et de l'induction. La stratégie effective d'un bon nombre de chercheurs peut sûrement être caractérisée comme « rétroductive », et c'est elle, selon Terry Shinn, qui constitue le modèle épistémologique principal des Grandes écoles de sciences appliquées. Traduisons : les diplômés de ces Écoles seraient moins empiristes que ceux des « petites » Grandes écoles, mais raisonneraient de façon moins rigide que ceux de Polytechnique, des Mines, etc. Cela leur permet de réussir dans la recherche fondamentale et dans l'ingénierie industrielle avancée « tout en obtenant des places de choix dans la société contemporaine ». Terry Shinn signale que Paul Langevin (devenu directeur de l'École supérieure de physique et de chimie en 1926) a fortement contribué au développement du style « rétroductif » dans des établissements où l'on pratiquait surtout l'induction. Mais d'autres causes, d'après lui, ont joué, et en particulier la nécessité de faire face aux exigences d'une ingénierie de plus en plus complexe et de plus en plus liée aux progrès des théories scientifiques.

Les Facultés des sciences, enfin, utiliseraient ce que Terry Shinn appelle le *raisonnement en rhizome*. Cette désignation quelque peu sibylline recouvre en fait toute une gamme de procédures difficiles à résumer en deux mots. L'idée principale, c'est que le problème à traiter est comme un rhizome d'où partent plusieurs racines ; la recherche, alors, consiste à repérer et à étudier les diverses « racines », à explorer toutes les applications possibles. Bien sûr, l'enseignement scientifique des universités recourt aux démarches théoriques et expérimentales usuelles ; comme l'écrit Terry Shinn, « l'essentiel des programmes repose sur une approche phénoménologique des questions scientifiques soit souvent par le travail expérimental, soit par des méthodes faisant appel au discours et à la discussion ». Mais ce sociologue semble avoir été très sensible à la diversité des perspectives adoptées. Les Facultés des sciences auraient en quelque sorte une épistémologie au coup par coup. Les stratégies, d'une part, sont très différentes selon les sujets étudiés ; et les cursus, d'autre part, ont tendance à être « hétérogènes ». Il arrive même, note Terry Shinn, qu'on puisse leur reprocher « un certain désordre ».

La situation des Facultés des sciences ne doit pourtant pas être simplifiée à l'excès. D'un côté, il règne ce qu'on pourrait appeler un certain individualisme, chacun essayant d'approfondir son sujet grâce aux méthodes qu'il juge adéquates ; mais, d'un autre côté, l'hétérogénéité est limitée par un consensus large et solide sur tout un ensemble de notions, de techniques et d'instruments. Dans son étude, Terry Shinn insiste sur le premier aspect. D'après lui, les diplômés des Facultés des sciences s'habituent à étudier dans le dernier détail des problèmes très particuliers ; mais ils ont du mal à parvenir « à une réflexion globale et synthétique ». Cela contribuerait à expliquer que beaucoup d'entre eux trouvent difficilement des emplois correspondant vraiment à leur formation. Socialement, ils sont plutôt portés vers « les relations humaines » que vers un travail collectif et socialement bien intégré.

Une recherche de ce genre, comme Terry Shinn en est conscient, se heurte à de nombreux obstacles. Qu'il existe divers styles épistémologiques, ce n'est guère contestable. Mais chacun de ces styles est seulement « dominant » dans le secteur concerné, déclare Terry Shinn ; il n'exclut pas totalement les autres formes de pensée. Où faut-il donc tracer exactement les frontières ? Et, pour étudier les « trajectoires sociales » des diplômés, comment évaluer l'importance respective des diverses variables susceptibles d'être prises en compte : origine sociale des étudiants, nature des enseignements, « emplois réservés », etc. ? Sur plusieurs points, l'analyse pourra être affinée. La notion de raisonnement en rhizome, par exemple, paraît quelque peu fluide ; bien que Terry Shinn l'ait présentée avec soin (et en donnant des détails techniques que nous n'avons pu évoquer ici), il semble que ce « style »

Un ingénieur, nous dit le dictionnaire, est « une personne que ses connaissances rendent apte à occuper des fonctions scientifiques ou techniques actives, en vue de créer, organiser ou diriger des travaux qui en découlent, ainsi qu'à y tenir un rôle de cadre ». Définition qui fait entrevoir la complexité de ce personnage ; et qui conduit directement à cette question plus simple à formuler qu'à résoudre : comment conjuguer, dans les écoles d'ingénieurs, la formation théorique et la formation pratique ?
D'un côté, la tradition du tableau noir ; de l'autre, celle des travaux pratiques, ici illustrée grâce à la salle des machines de l'ancienne École supérieure d'électricité. Une déviation « théoriciste » est pos-

sible, qui conduit à multiplier les cours magistraux au détriment de la formation « sur le tas ». Mais la déviation « empiriste » est également menaçante : pour reprendre le mot de certains experts, on enseigne alors la « quincaillerie », c'est-à-dire un ensemble hétéroclite de recettes avec lesquelles le futur praticien risque de ne pas aller très loin... Selon Terry Shinn, il est possible de distinguer quelques grands « styles » caractérisant les diverses catégories d'enseignements scientifiques et techniques. Ces styles ne concernent pas seulement la pédagogie, mais ont des implications professionnelles et sociales. *(Clichés Roger Viollet.)*

propre aux Facultés des sciences ne se laisse pas définir de façon simple et nette. Cette question est d'ailleurs liée au choix des quatre catégories d'enseignement. D'autres typologies seraient possibles. Terry Shinn semble avoir fait une option largement inspirée par des considérations pratiques : se plaçant résolument dans une perspective sociale et politique, il a adopté une classification qui « parle » immédiatement aux responsables politiques, aux parents d'élèves et à tous les acteurs sociaux. Mais cet auteur le sait bien : les traditions pédagogiques des Grandes écoles présentent des nuances parfois très subtiles[5]. L'École polytechnique, pour évoquer un point précis et souvent oublié, a longtemps défendu les baccalauréats classiques (latin, grec, philosophie). On pourra donc discuter pour savoir si les catégories choisies sont suffisamment homogènes (est-ce que Polytechnique et Centrale, par exemple, doivent nécessairement être classées ensemble ?) ; du moins perçoit-on clairement la nature des problèmes soulevés et des intérêts en jeu.

Une épistémologie qui n'est pas sans épines...

Ainsi apparaît un autre genre d'obstacles. À savoir que les intéressés risquent de manifester un certain mécontentement devant l'image d'eux-mêmes qui leur est ici renvoyée ! Les universitaires ne sont pas présentés sous un jour très flatteur. Le raisonnement en rhizome, selon notre sociologue, relève en effet « plutôt de l'essai ou du bricolage » ; les cursus des Facultés des sciences souffrent sans doute d'un « certain manque de coordination » et favorisent une « spécialisation myope ». L'épistémologie devient en la circonstance assez corrosive... Cela tient vraisemblablement à la perspective pratique mentionnée un peu plus haut : l'auteur n'a pas cherché à établir un bilan purement scientifique (comptabilisant entre autres les succès remportés en « recherche pure »), mais à mettre en évidence les *aspects sociaux* de la formation. Bien que cet objectif soit explicitement affirmé, il peut être bon d'insister afin d'éviter les malentendus. Pour le dire autrement, tout se passe comme si l'épistémologie était ici subordonnée à la sociologie. Le problème essentiel à résoudre, dans ce contexte, n'est pas strictement d'ordre intellectuel, mais relatif à l'insertion sociale et professionnelle des étudiants.

5. Voir T. Shinn, « Reactionary technologists : the struggle over the École polytechnique, 1880-1914 », *Minerva*, XXII, 3-4 (1984), pp. 329-345.

Les Grandes écoles, à vrai dire, ne sont pas traitées avec des égards excessifs. Il est assez évident que, dans l'esprit de Terry Shinn, le mode de pensée « déductif » n'a pas que des qualités. Il risque en effet d'engendrer un certain dogmatisme, une certaine rigidité mentale. Aux yeux de beaucoup de Français, la « déduction » chère à l'École polytechnique apparaît comme le critère suprême de l'intelligence. Le chercheur américain, lui, a pris un net recul et, manifestement, il éprouve plus de sympathie pour des Écoles moins prestigieuses, mais qui (selon lui) donnent une formation plus ouverte. Ouverte à la diversité du concret, et aussi au dialogue avec les autres acteurs sociaux.

Que la discussion soit possible, là encore, il faut l'admettre ; on voit en tout cas comment la critique « épistémologique » peut préparer une critique plus profonde portant sur un aspect essentiel de la société française. Car les fameuses Écoles, avec leurs concours de recrutement et leurs « filières » institutionnelles, jouent un rôle clé dans la formation des « élites dirigeantes ». Comme l'histoire le montre, l'enjeu politique est assez important pour que des controverses éclatent de temps à autre.

En 1900, quand Polytechnique était sur la sellette...

Terry Shinn, en effet, nous rappelle que les Grandes écoles scientifiques et techniques ont été violemment critiquées à la fin du XIXe siècle et au début du XXe par « la nouvelle classe politique de la Troisième République ». Elle y voyait des « repaires de la réaction antirépublicaine ». Des universitaires, des scientifiques et de nombreux industriels firent chorus : « Ils s'attaquaient principalement à l'enseignement de ces écoles qui, d'après leurs arguments, avaient bien un demi-siècle de retard et rendaient les élèves formés au mode épistémologique déductif inefficaces aussi bien pour la recherche scientifique que pour l'*engineering* industriel et le rôle d'administrateur. » L'École polytechnique, tout spécialement, était visée. En 1904 et 1905, appuyés par le gouvernement, les « réformateurs » précisèrent leurs griefs. L'internat obligatoire, selon eux, isolait les polytechniciens du reste de la société et permettait aux autorités pédagogiques de développer chez eux une mentalité antidémocratique. Autre conséquence de cet isolement : il empêchait les élèves d'être correctement informés « sur les découvertes scientifiques récentes, sur l'essor industriel et sur les besoins sociaux ».

Terry Shinn, qui a publié naguère un ouvrage très documenté sur l'École polytechnique, a décrit en détail les affrontements de cette période[6]. En 1905, la Chambre des députés nomma une commission d'enquête qui confirma que l'enseignement de l'X était inadapté ; aussi bien dans le secteur public que dans le secteur privé, la présence des polytechniciens constituait un blocage scientifique et technique. C'était d'autant plus regrettable que ces diplômés avaient des carrières privilégiées et jouissaient d'un véritable monopole dans les divers corps de l'État, civils et militaires[7]. Des scientifiques réputés expliquèrent pourquoi des réformes s'imposaient : les programmes faisaient une trop grande place aux mathématiques alors que les sciences physiques et appliquées étaient à la portion congrue et que les disciplines nouvelles étaient pratiquement ignorées. Quelques années plus tard, certaines modifications seront apportées au contenu et même au style de l'enseignement de Polytechnique, mais de façon assez timide. Parmi les anciens élèves de cette École, les opinions étaient divergentes ; les uns étaient franchement favorables au *statu quo*, d'autres souhaitaient quelques efforts de modernisation. Mais tous étaient d'accord pour défendre les intérêts de leur institution. En 1908, ils fondèrent la Société des amis de l'École polytechnique. L'un de ses premiers projets fut d'organiser une campagne contre les Facultés des sciences...

Il est à noter que les universités, depuis les années 1870 et 1880, avaient connu une période de développement : le personnel enseignant avait été sensiblement accru, des bourses avaient été offertes aux étudiants et des relations nouvelles avaient été établies avec les entreprises privées. « Les dépenses du gouvernement pour les Facultés des sciences tripleront au cours des années

6. T. Shinn, *Savoir scientifique et pouvoir social. L'École polytechnique, 1794-1914*, préface de F. Furet, Presses de la Fondation nationale des sciences politiques, 1980 ; voir le chapitre IV.

7. Même ouvrage, p. 132.

Selon Terry Shinn, on peut distinguer quatre variétés principales dans les institutions du haut enseignement scientifique français : les Grandes écoles (comme Polytechnique et l'École des mines, ici représentée), les Grandes écoles de sciences appliquées (comme l'École supérieure d'électricité ou l'École supérieure de physique et de chimie industrielles de la ville de Paris), les « petites » Grandes écoles (comme les Écoles nationales des arts et métiers) et les départements scientifiques des universités.
Chaque type d'institution a son propre style d'enseignement, c'est-à-dire sa manière d'utiliser la « théorie » ou l'« expérience » pour définir les problèmes, conduire les raisonnements et interpréter les

situations concrètes. Cela signifie entre autres que les programmes, malgré leur importance, ne suffisent pas à révéler la spécificité d'une formation. Il faut également prendre en compte les habitudes mentales des diplômés et, plus généralement, les comportements qu'on leur a inculqués. Dans le cas des Grandes écoles, c'est assez net. L'École des mines, malgré son nom, ne forme pas essentiellement des spécialistes qui s'occuperont des mines ; bien plutôt, elle fournit à la société un certain type de cadres supérieurs susceptibles d'être employés dans des domaines variés. *(Cliché Ciccione, Rapho.)*

1870 et 1880. Quant à l'industrie, elle leur consacrera plus de 20 millions de francs. » Cet essor universitaire correspondait aux vœux de nombreux républicains ; ils voyaient là un moyen de rendre plus démocratique le recrutement des « élites ». En tenant compte de cet arrière-plan, on mesure mieux la signification des débats relatifs à l'École polytechnique[8].

L'existence d'un problème de concurrence est confirmée par l'intervention de la Société des ingénieurs civils de France (qui regroupait « plusieurs milliers d'ingénieurs, diplômés essentiellement des Facultés des sciences, de l'École centrale et des Écoles des arts et métiers »). Autour de 1900, soucieuse de « neutraliser les ambitions polytechniciennes », elle fera diverses propositions destinées à protéger les intérêts professionnels de ses adhérents. Il lui fallait en particulier affronter cette menace : les polytechniciens faisaient de plus en plus fréquemment carrière dans l'industrie et la haute réputation de leur École constituait pour eux un grand avantage. La Société des ingénieurs civils (dont Terry Shinn présente l'attaque comme « décisive ») demandait donc que les diplômes d'ingénieurs ne portent plus la mention de l'institution d'origine. Leur raisonnement était le suivant : puisqu'un ingénieur en vaut un autre, pourquoi accepter une sorte de discrimination qui accroissait les avantages des uns et faisait tort aux autres ? Les polytechniciens étaient opposés à ce projet et le débat, écrit Terry Shinn, « finira par s'enliser ». L'importance de la compétition entre « filières », néanmoins, était devenue tout à fait évidente.

Du laboratoire à l'usine – et à l'Administration...

À travers cette compétition était posé le problème général des relations entre science, technique et industrie. Problème essentiel du point de vue économique, surtout dans un monde où les « mutations technologiques » se multipliaient à un rythme accéléré. *Du laboratoire à l'usine*, tel était le titre d'un ouvrage publié en 1904 par Louis Houllevigue, professeur à l'université de Caen. Se préoccupant de « l'avenir de notre économie », il proclamait « le caractère scientifique et industriel de la société moderne ». Selon lui, il fallait non seulement faire de nouveaux programmes,

8. Sur « l'attitude des professeurs des Facultés des sciences face à l'industrialisation en France entre 1850 et 1914 », voir l'étude de R. Fox dans l'ouvrage mentionné à la note (1), p. 135 du livre de T. Shinn sur *L'École polytechnique*.

mais « infuser à l'enseignement un esprit tout nouveau » et donc « quitter l'abstraction à outrance, rêve de nos prédécesseurs, pour aller de plus en plus vers le concret, pour montrer les lois naturelles en acte dans la nature même ». Daniel Bellet, professeur à l'École des sciences politiques, développait en 1914 des idées analogues dans son *Évolution de l'industrie*. Thèmes épistémologiques et thèmes sociopolitiques étaient étroitement associés : par « l'alliance de la science et de l'industrie », on réussirait à « augmenter la force de la production et (à) rapprocher les hommes de l'égalité par l'universalité du bien-être ». Henry Le Chatelier, en 1925, revenait sur le sujet dans *Science et industrie*. Il reconnaissait la haute qualité des ingénieurs français, mais regrettait qu'ils négligent trop la science dans l'exercice de leur profession : « Ils n'ont pas la foi dans la Science, ils ne sont pas suffisamment convaincus de son importance. » Ce qui l'amenait entre autres choses à critiquer l'enseignement technologique de l'École des mines, qui selon lui était inefficace et fastidieux[9].

Depuis cette époque, il y a eu des changements, des réformes. Les programmes se sont transformés, ainsi que l'organisation des concours d'entrée ; certaines Grandes écoles ont changé de nom et l'Université elle-même a innové (par exemple en créant des instituts universitaires de technologie ou des universités à vocation technologique). Mais il serait bien imprudent de croire que toutes les questions sont résolues – et que les traditions de l'enseignement peuvent se modifier du jour au lendemain. En 1974, la Société chimique de France, la Société française de physique et l'Union des physiciens ont enquêté sur l'enseignement français de la technologie[10]. Et ils ont découvert *« un surprenant mélange de "quincaillerie" et de formalisme pseudo-mathématique très peu révélateur des grands traits de la réalité technique »*... Ce jugement est sévère, et certains le trouveront exagéré. Il est tout de même significatif que Le Chatelier ait formulé cinquante ans plus tôt des appréciations tout à fait semblables (d'autant plus que c'était un esprit ouvert, passionné aussi bien par la pratique que par la théorie). Pour y regarder de plus près, la notion de « style épistémologique » serait certainement très utile. Elle peut rendre service non seulement aux historiens, mais à tous ceux qui veulent

---

9. Sur Le Chatelier, Bellet et Houllevigue, voir P. Thuillier, *L'Aventure industrielle et ses mythes. Savoirs, techniques et mentalités*, Complexe, 1982, pp. 69 et suivantes.

10. Voir *Le Monde* du 22 mars 1974 et P. Thuillier, même ouvrage, p. 66.

savoir où nous en sommes aujourd'hui. L'un de ses avantages, c'est qu'elle fournit un cadre général permettant d'étudier de façon cohérente plusieurs problèmes apparemment disparates.

Car les activités proprement techniques et industrielles ne sont pas seules concernées. Ne serait-ce qu'à cause des grands « corps » tels que les Mines et les Ponts et Chaussées, la gestion et la direction des affaires publiques (au sens le plus large de l'expression) sont en cause. Le fait est d'autant plus net que les « grandes filières » dites scientifiques et techniques conduisent à des postes qui se situent souvent au plus haut niveau, là où s'articulent pouvoir administratif et pouvoir politique. En outre, comme chacun sait, nombreux sont les « ingénieurs », en France, dans les cabinets ministériels. Il faudrait le vérifier, mais on peut penser que les diplômés de style « déductif » sont largement représentés. En ce qui concerne le fonctionnement même de l'administration, la grille d'interprétation proposée par Terry Shinn semble être opératoire. On peut s'en rendre compte en lisant un ouvrage (pourtant écrit dans une perspective différente) consacré à la *Sociologie de l'administration française*[11]. Étudiant le « phénomène des Corps », les deux auteurs (F. Dupuy et J.C. Thoenig) déclarent, par exemple, que *« la logique de l'organisation l'emporte de très loin sur celle de la mission »*. Une affirmation de ce genre se laisserait aisément interpréter, semble-t-il, dans le schéma proposé par Terry Shinn. Il suffirait d'admettre que ce primat de l'*organisation* dans le système administratif français va de pair avec le primat du mode de pensée *déductif* ; la pensée *inductive*, qui est plus empirique et plus pragmatique, serait au contraire plutôt axée sur la *mission*.

Entre la théorie et la pratique, l'art de l'ingénieur

Des problèmes plus généraux et touchant à la philosophie se posent également dans ce contexte. Ainsi Auguste Comte, vers 1840, considérait que *« le projet d'une philosophie générale dominée par les conceptions mathématiques (était) une vicieuse utopie métaphysique »* ; et il dénonçait « l'esprit mathématique » de son temps comme *« impropre à diriger convenablement les*

11. F. Dupuy et J.C. Thoenig, *Sociologie de l'administration française*, A. Colin, 1983. Voir en particulier le chapitre II : « Rigidité bureaucratique et souplesse administrative ».

opérations industrielles[12] ». À diverses reprises, critiquant « l'usage routinier de la déduction », il a affirmé qu'il ne fallait pas laisser aux « géomètres » le soin de diriger la société. Car, séduits par l'efficacité des mathématiques et de la physique, ils tendent à utiliser les méthodes de ces disciplines dans le domaine de la « science sociale ». Ce qui conduit, selon Comte, à des résultats catastrophiques, dus en particulier à une excessive abstraction et à une réflexion historique tout à fait insuffisante. Encore une fois, le rapport avec les analyses de Terry Shinn est patent. Quand on entend Comte tonner contre « ce vice radical, l'abus de la logique déductive », on pourrait se croire en 1900, lors des débats sur l'École polytechnique[13]... Et on mesure avec quelle acuité se pose depuis deux siècles cette question bien mise en évidence par Comte : comment former les *ingénieurs*, ces personnages-charnières situés à la jonction de la pratique et de la théorie ?

Si les réponses divergent, comme le montre Terry Shinn, ce n'est pas seulement parce que la pédagogie est un art difficile ; mais parce qu'il est pratiquement impossible de définir de façon neutre les « vrais » rapports du savoir et du pouvoir. Au Moyen Âge, alors que dominait la religion catholique, se posait le problème des relations entre le spirituel et le temporel : jusqu'où les clercs avaient-ils le droit d'étendre leurs expertises et leur pouvoir ? Dans les sociétés industrielles, c'est-à-dire à l'âge de la science, le problème se trouve transposé mais ne perd rien de son importance culturelle et politique : qu'en est-il des pouvoirs des experts scientifiques et techniques ? Et comment leur formation doit-elle être conçue et « encadrée » ? Bon gré mal gré, directement ou indirectement, toute réponse précise implique une philosophie politique particulière.

Sur le plan de la théorie, il est légitime de se demander si les notions et les schémas mis en œuvre par Terry Shinn sont valables pour toutes les cultures et tous les pays. Même si on se limite aux sociétés dites « industrielles », la réponse ne va pas de soi. En France, on l'a vu, « l'épistémologie déductive est associée au conservatisme politique, et l'induction, au contraire, à l'émancipation politique ». L'auteur lui-même soulève le problème : faut-il considérer ces corrélations comme universellement vérifiées ? Ou

---

12. A. Comte, *Cours de philosophie positive*, tome VI, 5e éd., 1894, réimprimé par Anthropos, 1969, p. 609, p. 627.

13. A. Comte, *Système de politique positive,* tome I, 5e éd., 1929, Société positiviste, p. 47, p. 51.

bien faut-il admettre que, en fonction des lieux et des époques, l'induction et la déduction ont un « fonctionnement social » différent ? Un chercheur britannique, Barry Barnes, a proposé un autre schéma dans un travail concernant les *British mechanical institutes*. Il en arrive à la conclusion que « l'induction, associée à une conception plus empirique de l'univers matériel et social, avait été utilisée au XIXe siècle par l'élite au pouvoir pour renforcer son contrôle sur les classes inférieures ». Les différents « styles » pédagogiques, autrement dit, pourraient se prêter à des utilisations sociales variables en fonction des contextes socioculturels. Mais l'étude de Barry Barnes, d'après Terry Shinn, ne saurait autoriser aucune conclusion générale. Elle a été conduite dans un autre cadre théorique et n'a pas examiné de façon précise les questions d'appartenance épistémologique. Il faudrait d'autres études historiques et comparatives pour savoir si les relations concernées sont « déterministes ou contingentes », c'est-à-dire universelles ou non.

Une analyse comme celle de Terry Shinn porte sur un sujet trop vaste et trop complexe pour pouvoir être « définitive ». Elle s'appuie sur certains choix, recourt délibérément à certaines simplifications ; sur plusieurs points, la discussion est à la fois possible et souhaitable. Mais, grâce à l'organisation systématique des idées, l'enquête s'avère féconde et stimulante. George Bernard Shaw, un jour, a dirigé contre les enseignants cette petite méchanceté : *« Celui qui peut agit. Celui qui ne peut pas enseigne. »* Une telle boutade risque surtout de dissimuler que l'enseignement lui-même est une très efficace (et parfois redoutable) forme d'action. Lieu commun, assurément ; mais que Terry Shinn a réussi à rajeunir et à enrichir. Tous les acteurs sociaux concernés, même s'ils ne partagent pas tous ses présupposés, pourront tirer profit de son travail.

CHAPITRE VIII

Psychologie et politique : le déclin de l'Occident selon Skinner

C'est l'Allemand Oswald Spengler qui a lancé grâce à un livre retentissant cette expression : *Le Déclin de l'Occident* (1918-1922). En mai 1986, un psychologue américain de réputation mondiale a pris le relais : Burrhus Frederic Skinner[1]. Le ton est assurément bien différent. Alors que Spengler, philosophe et historien, proposait une vaste vision pas toujours très « scientifique », Skinner, lui, se montre sobre. Le titre qu'il a choisi est presque familier : « Qu'est-ce qui va mal dans la vie quotidienne du monde occidendal ? » Mais le problème de fond est le même : Où va l'Occident ? Pourquoi donne-t-il des signes d'essoufflement ? Et le message, cette fois, est présenté comme *scientifique*. Non seulement l'article de Skinner est paru dans l'*American psychologist*, une revue spécialisée de haut niveau, mais l'auteur appartient à l'université Harvard et nous livre une synthèse fondée sur « l'analyse expérimentale du comportement ». Grâce à l'application d'une théorie particulière de l'apprentissage, il décrit la situation de l'Occident puis esquisse un projet salvateur. De quelle maladie souffre donc notre civilisation ?

Malaises dans notre civilisation

Skinner, tout d'abord, prend du recul. Surpopulation, misère, famines, pollution, gaspillage des ressources naturelles, menace d'une guerre nucléaire, voilà les grands maux, les grands problèmes qui se posent à l'échelle mondiale. À côté d'eux, la patho-

1. B.F. Skinner, « What is wrong with daily life in the Western world ? », *American psychologist*, mai 1986, pp. 568-574.

L'occident est-il victime d'un mal particulier qu'on pourrait appeler le « mal du progrès » ? Le psychologue américain Burrhus Frederic Skinner est enclin à le penser. Selon lui, les conquêtes de la civilisation n'ont pas réussi à rendre les Occidentaux heureux. Ils jouissent d'une grande liberté ; ils disposent de nombreux biens de consommation ; ils ont des loisirs, de nombreuses distractions. Mais ces facilités et ces plaisirs ont aux yeux de Skinner des effets pervers ; s'appuyant sur sa théorie de l'apprentissage, il croit pouvoir affirmer qu'une véritable formation à la vie devient pratiquement impossible. Les effets de *renforcement* sont maintenant insuffisants ; autrement dit, les gens n'ont plus à affronter les conséquences de leurs actes. À cause d'une division du travail très poussée, les travailleurs subissent diverses frustrations. La multiplication des jeux ne conduit pas à un authentique développement de la personnalité. De plus, Skinner estime que les Occidentaux sont trop protégés par

A

B

leurs institutions. Pour ces raisons et quelques autres, l'épanouissement personnel est devenu très difficile. Et surtout, selon ce psychologue, l'Occident a perdu *le goût de l'action.* Si ce processus continuait, on assisterait à une sorte de décadence. *(Clichés A, Gamma ; B, Rapho.)*

logie de l'Occident peut sembler bénigne. Au fond, suggère Skinner, nous sommes des enfants gâtés ; et nos maladies, en elles-mêmes, n'ont rien de bien passionnant. Mais l'Occident joue un certain rôle ; et les pays moins développés se réfèrent bon gré mal gré à son style de vie. Aussi est-il bon de procéder à un examen des causes de notre affaiblissement, de nos frustrations, des difficultés que nous éprouvons à vivre de façon dynamique. Déjà, il y a une quinzaine d'années, Skinner avait exposé ses conceptions culturelles et politiques dans un livre au titre assez provocant : *Par-delà la liberté et la dignité*[2]. Dans sa récente étude, il part de ce qu'il considère comme un fait : l'Occident, malgré les privilèges dont il jouit, manque pour ainsi dire d'appétit devant la vie. Trop d'hommes et de femmes, dans les démocraties occidentales, ne réussissent pas à vivre heureux. Ils produisent beaucoup, ont des loisirs et des distractions ; mais tout se passe comme si un ressort vital était cassé.

Spécialisé dans la psychologie du comportement, Skinner mène son analyse en s'appuyant prioritairement sur la notion de *« renforcement »*. En deux mots, un comportement est humainement satisfaisant lorsqu'il est « renforcé » grâce à des conditions favorables, lorsque le sujet agissant est instruit, motivé, dynamisé par les *conséquences* de son action. La thèse principale de Skinner, c'est que l'Occident a créé des conditions de vie qui rendent difficile (voire impossible) cette sorte d'épanouissement psychologique.

Skinner distingue cinq « pratiques culturelles » qui ont contribué à cette « érosion » des conditions propres à renforcer nos comportements. Tout d'abord, les travailleurs sont « aliénés ». L'expression est tirée de Marx, comme le rappelle Skinner lui-même ; elle ne signifie pas seulement que le travailleur est *privé* des avantages concrets que devrait lui valoir son travail, mais surtout qu'il est devenu *étranger*, en quelque sorte *extérieur* aux conséquences de son travail. L'artisan, lui, bénéficie des effets de « renforcement ». Il peut contempler le résultat de son travail ; il sait pour qui et pour quoi il a œuvré. Bien sûr, il existe toujours des métiers et des professions où le « renforcement » se fait sentir. Mais nos sociétés sont organisées de telle sorte que les aliénations et les frustrations se multiplient, aussi bien du côté des entrepreneurs capitalistes eux-mêmes que du côté des travailleurs des États socialistes.

L'argent lui-même ne permet qu'un renforcement *conditionné* :

---

2. B. F. Skinner, *Beyond freedom and dignity*, 1971 ; *Par-delà la liberté et la dignité*, Heurtebise, 1972 (diff. Eska).

il donne accès à de nombreux biens et services, mais n'a pas les effets psychologiques immédiats qui caractérisent les situations authentiquement « gratifiantes ». Le travail, en outre, est rémunéré le plus souvent d'une manière assez « abstraite » : un salaire mensuel, selon Skinner, ne peut pas créer un lien vraiment fort entre le travailleur et sa tâche. Dans une société qui veut tirer parti de la spécialisation et de la division du travail, une telle aliénation est inévitable ; elle a d'ailleurs comme corrélat positif une appréciable abondance de biens. Mais le bilan est jugé négatif par Skinner.

Des citoyens trop protégés ?

Seconde pratique mise en cause : les sociétés modernes « aident ceux qui pourraient s'aider eux-mêmes ». Assurément, Skinner fait allusion au fait que les « démocraties occidentales » sont allées très loin (et même « trop loin ») dans les mesures destinées à assurer à tous la sécurité et l'accès aux biens. Mais il ne pense pas seulement aux aides multiples que certains États accordent aux chômeurs, aux vieillards et autres économiquement faibles ; il vise un certain style de vie qu'on peut appeler le style « presse-boutons ». Vous voulez regarder la télévision, appeler l'ascenseur, laver le linge : vous n'avez qu'à appuyer sur un bouton. Toujours selon Skinner, le recours de plus en plus général aux machines et aux robots accroît la crise de l'emploi ; mais, surtout, il empêche les individus d'avoir les expériences nécessaires à un bon « renforcement ». À tous les niveaux, des systèmes d'*assistance* sont mis en place. Les gens, parce qu'ils sont toujours aidés et toujours protégés, n'ont plus à penser aux conséquences de leurs actes, à orienter leurs comportements en fonction de leurs moyens, de leurs échecs, de leurs besoins réels, etc.

L'aspect positif, là encore, est indéniable : sécurité plus grande, contacts moins pénibles avec le monde extérieur. Skinner estime toutefois qu'il en résulte une sorte de maladie. Recourant à un vocabulaire savant, il parle d'*anorexia nervosa* ; c'est-à-dire d'un état où non seulement on manque d'« appétit », d'intérêt pour la vie, mais où l'on devient exagérément sensible et vulnérable aux moindres causes d'inconfort ou de déplaisir. Skinner parle aussi de *libertas nervosa* pour désigner cette situation ambiguë dans laquelle l'absence de difficultés et de contraintes va de pair avec une dévaluation des intérêts existentiels. Pour désigner les multiples aides sociales qui existent en Occident, il utilise enfin l'expression de *caritas nervosa* ; il veut ainsi suggérer qu'il y a quelque chose de pathologique dans cette tendance à prendre systématiquement en charge les citoyens dès qu'ils se heurtent à des difficultés. Il en résulte pour ainsi dire une « anesthésie » regrettable. Surprotégés, les gens ne sont plus vraiment en prise sur le réel et finissent par connaître un émoussement du vouloir-vivre.

En troisième lieu, Skinner estime que les cultures occidentales ont donné un rôle de plus en plus large aux avis et aux conseils. Au lieu de s'éduquer eux-mêmes en expérimentant, les individus bénéficient de leçons diverses. Skinner prend ses exemples dans la publicité, dans le domaine des modes culturelles ; et aussi du côté de la science. Cette dernière, grâce à l'accumulation de résultats bien contrôlés ou grâce à des « prédictions » purement théoriques, est capable de guider efficacement l'action. *« Les bénéfices sont grands*, écrit-il, *mais l'effet de renforcement est souvent absent. »*

Le quatrième aspect concerne le rôle des lois religieuses et civiles. D'une certaine façon, il s'agit de « règles » assez comparables aux « conseils » qui viennent d'être évoqués. Mais Skinner les considère de façon séparée et souligne leur caractère contraignant. Les religions et les autorités politiques imposent des normes diverses ; si l'on veut éviter les sanctions, il faut s'y conformer. Ainsi est assurée la permanence de certaines institutions majeures ; et les citoyens disposent d'une « règle du jeu » qui leur permet d'orienter en connaissance de cause leurs comportements sociaux. Mais Skinner pense que le « renforcement » psychologique est trop indirect ; car les conséquences des comportements sont « en général longuement différées ». De plus, les pratiques culturelles changent plus vite que les lois. Il en résulte que la « logique » de l'apprentissage perd de sa force.

C'est du côté des *« plaisirs »* que notre psychologue situe la dernière catégorie de pratiques défavorables à une éducation efficace. Bien qu'il utilise un langage plus nuancé, sa pensée peut se résumer ainsi : les sociétés occidentales se montrent très inventives dans le domaine des plaisirs sensoriels, des distractions, des jeux, de la lecture, etc. ; mais les « renforcements » ainsi produits sont dépourvus de véritable portée. Dans la vie quotidienne, la présence de ces stimuli est agréable ; mais, selon Skinner, ils n'apportent rien de décisif à la *survie* des individus, de la culture ou de l'espèce. Manifestement, il ne croit pas à l'existence d'une quelconque « civilisation des loisirs ».

« *L'Occident a perdu le goût de l'action* »

Le verdict est sévère : *« En triomphant dans la lutte pour la liberté et dans la recherche du bonheur, l'Occident a perdu son goût de l'action. »* Skinner s'exprime généralement de façon mesurée et prudente ; mais il est manifeste qu'il a voulu décrire une sorte de *décadence*. L'Occident n'est plus ce qu'il était ; il recherche avant tout le confort, le plaisir ; et cette frivolité, outre qu'elle le détourne de tâches plus importantes, ne lui assure même pas un réel bonheur de vivre... Le caractère proprement « réactionnaire » de certains thèmes est bien visible : il faut revenir aux mœurs d'antan, cesser de fournir une assistance sociale à ceux qui ne font rien pour s'aider eux-mêmes, restaurer certaines formes de compétition, etc. La question se pose donc : les mesures d'urgence préconisées par Skinner sont-elles le résultat d'une expertise « scientifique », « objective » ?

Avant d'aborder ce problème, précisons toutefois que le retour au passé souhaité par Skinner n'a rien à voir avec un certain traditionalisme bien-pensant. Loin de défendre l'ordre moral et politique incarné par les normes et les lois « officielles », il critique au passage la lourdeur et l'insuffisante adaptabilité des législations. De même, il s'en prend aux institutions punitives. Elles ont le tort, écrit-il, d'engendrer des réactions négatives chez les punis : ou bien ils se révoltent et tentent de se soustraire aux lois, ou bien ils contre-attaquent (vandalisme), ou bien ils font de la résistance passive (inaction). Dans l'industrie, le contrôle répressif des travailleurs a des effets analogues : ils essaient de fuir (absentéisme), de rendre coups pour coups (sabotage) ou d'en faire le moins possible. Skinner veut d'abord être un réaliste. Son seul but est de rétablir rationnellement des conditions pratiques favorables à des comportements *normaux* ; c'est-à-dire à des comportements qui ne soient pas pathologiques dans sa perspective behavioriste. La psychologie doit révéler ici son efficacité ; et, d'après Skinner, c'est une véritable chance. Bien que l'Occident ait créé un mauvais style de vie, il a en effet développé une *science* de haute qualité. À long terme, il faut espérer que les théories justes mèneront au Salut.

Mais que vaut la solution de Skinner ? Est-elle vraiment supérieure aux divers projets formulés par les philosophes ? Les épicuriens et les stoïciens, déclare-t-il, n'ont pas mieux réussi que les « mystiques orientaux » ou que les « rationalistes » ; tout au plus ont-ils expérimenté des modes de vie qui ont mal résisté au temps et ont engendré des « cultures fragmentaires ». Mieux vaut donc mettre en œuvre des « principes scientifiques » ; lesquels, bien sûr, sont tirés de la psychologie, mais aussi de la biologie. Skinner, en fait, n'explicite pas toutes ses « théories auxiliaires », c'est-à-dire les emprunts plus ou moins importants qu'il fait aux autres disciplines. Mais il est clair qu'il utilise des schémas évolutionnistes de type darwinien ou néo-darwinien. Aussi bien sur le plan scientifique que sur celui de l'action sociale, cette référence à la théorie de l'évolution donne une couleur particulière aux interprétations de Skinner.

La sélection naturelle ne peut plus s'exercer

Il fait tout d'abord allusion à l'évolution de notre espèce pour expliquer le rôle des sentiments et de l'affectivité dans notre vie ; il mentionne au passage l'étape évolutive « unique » qui a donné à l'homme le langage. Mais, surtout, il recourt au concept de « sélection naturelle ». Au fond, explique-t-il, l'évolution des pratiques culturelles est comparable à l'évolution des hommes dans le domaine de la santé. Dans les deux cas, la civilisation a faussé le développement normal (c'est-à-dire le développement qui aurait eu lieu si la *sélection naturelle* avait été seule à exercer son influence). Ce rapprochement est en lui-même fort intéressant ; il renvoie d'ailleurs à des idées explicitement développées par Darwin. Selon ce dernier, les « hommes civilisés » étaient moins vigoureux et moins résistants parce qu'ils avaient arrêté « la marche de l'élimination ». Autrement dit, beaucoup d'« infirmes » et de « malades » avaient survécu grâce à la médecine et à diverses assistances sociales, alors que, selon la logique de la sélection naturelle, ils auraient dû disparaître[3]. Ainsi s'est amorcé un processus de dégénérescence. Les éleveurs, notait Darwin, sont plus attentifs. Mais les hommes, eux, s'emploient à faire survivre beaucoup de « débiles ». Skinner reprend ce thème, qui explique la dégradation de notre état de santé ; et, conformément à certaines indications de Darwin, il l'utilise pour rendre compte de notre déclin socioculturel.

---

3. C. Darwin, *La Descendance de l'homme et la sélection sexuelle*, trad. d'après la seconde édition anglaise, Reinwald, 1881, pp. 144-145 (l'édition originale est de 1871). Réédité en deux volumes aux éditions Complexe, 1981.

Pour analyser le déclin de l'Occident et proposer des remèdes, Burrhus Skinner se sert non seulement de ses connaissances en psychologie, mais de concepts et de schémas empruntés à la théorie néo-darwinienne de l'évolution. Le thème principal de sa psychobiologie, c'est qu'il faut recréer les conditions d'une vie plus rude mais plus dynamique et plus gratifiante. Car la lutte contre les difficultés est tout à fait nécessaire, d'après Skinner, pour que les hommes et les femmes soient vraiment responsables, actifs et heureux. Le retour à une vie moins protégée est donc urgent. Parlant de la *survie* de l'espèce et du rôle positif de la *sélection naturelle*, Skinner fait l'éloge de la vie de nos ancêtres. Et, corrélativement, il dénonce les inconvénients de la « civilisation ». Car c'est celle-ci, concrètement, qui a causé la dégradation de nos conditions d'existence. De façon plus générale, Skinner ne fait pas grand crédit aux institutions politiques et socioculturelles. Une philosophie bien particulière oriente toutes ses analyses, même si elles sont présentées sous un jour « scientifique ». Il n'est pas du tout certain qu'il faille accepter comme une vérité absolue cette doctrine « néo-primitiviste ». *(Cliché Rapho.)*

Que se passe-t-il en effet quand les hommes n'ont plus à lutter contre un environnement hostile, à faire la preuve de leur aptitude à survivre ? Ils s'affaiblissent, prennent des habitudes de confort, tombent dans la facilité. Darwin, pour exprimer cette idée, disait que l'absence de compétition entraînait un *« état d'indolence »*. Et il écrivait : *« Il devrait y avoir concurrence ouverte pour tous les hommes, et on devrait faire disparaître toutes les lois et toutes les coutumes qui empêchent les plus capables de réussir*[4]. »

Skinner, quand il déplore que nos conditions de vie ne « renforcent » pas le goût de l'action, ne fait que donner à cette idée un habillage technique nouveau. Si l'on doutait encore de son darwinisme, il n'y aurait qu'à noter l'emploi répété qu'il fait de la notion de *survie*. Mieux encore, exactement comme Darwin, Skinner recourt à la notion de « variations ». Car la sélection s'exerce sur des variations, aussi bien dans le domaine physique que dans le domaine culturel. Le vrai problème, dans cette conception évolutionniste, est de rendre possible *le test des variations culturelles* en fonction de leur « valeur pour la survie » (survival value). Alors les hommes redeviendront vigoureux, inventifs, actifs et courageux. Et ils retrouveront leur joie de vivre.

Ce langage rappelle celui de certains théoriciens de la sociobiologie. Skinner, de ce point de vue, ne constitue pas un cas isolé. En donnant un grand poids aux notions de *sélection* et de *survie* dans ses analyses de notre société, il se rattache à un courant de pensée bien connu[5]. Mais c'est la notion psychologique de « renforcement », ici, qui fournit le point de départ. Pour désigner cette variante, on pourrait parler de *psychobiologie*. Ce terme a l'avantage de rappeler que la *sociologie*, chez Skinner, est presque totalement « court-circuitée ». Il lui arrive, certes, de parler de groupes, de sociétés, de cultures. Mais son argumentation principale est menée presque exclusivement en termes individualistes.

Car l'apprentissage et le renforcement dont il traite sont des phénomènes *individuels* ; et tout se passe à peu près comme si les savoirs et les expériences collectives étaient concrètement incommunicables aux sujets qui agissent. Les institutions, au fond, sont inutiles (et même nuisibles). Bien qu'il ne récuse pas toute éducation, Skinner est très méfiant à l'égard de tous ceux qui prétendent imposer des normes ou donner des leçons pratiques. Les « valeurs culturelles », dans l'univers qu'il souhaite, n'auraient guère de

---

4. Même ouvrage, p. 677.

5. Voir P. Thuillier, *Les biologistes vont-ils prendre le pouvoir ? La sociobiologie en question*, Complexe, 1981.

place. Pour mettre en évidence la cause de nos maux, il déclare que nous souffrons *des effets secondaires néfastes engendrés par la civilisation* (the damaging side effects of civilization). Les « démocraties occidentales », on l'a vu, sont mises en cause parce qu'elles protègent trop les individus. Skinner a des raccourcis tout à fait explicites : le monde où nous vivons est sorti de nos mains, mais ce n'est pas une réussite. *« A world man-made, but not well made... »* Pratiques culturelles, civilisation, démocratie, ces mots désignent des réalités qu'il faut critiquer et éventuellement détruire.

Même si Skinner s'exprime dans un langage assez discret et en quelque sorte « codé », il est patent qu'il a la nostalgie de la Belle Époque de notre histoire évolutive. Celle pendant laquelle la vie était totalement « naturelle », rude et tonique... Mais comment retourner en arrière et retrouver les conditions d'existence de nos ancêtres ? La science, on l'a vu, peut servir de guide. Mais Skinner ne croit pas aux « donneurs de conseils ». Pourquoi faudrait-il faire une exception au profit des hommes de science ? Et puis n'oublions pas : le retour au monde idéal ne saurait être organisé « par le gouvernement, par la religion ou par le système économique ». Un traitement behavioriste est toutefois facile à définir, dans le principe : il faut recréer des conditions où le jeu des *stimuli* et des *réponses* aura son plein rendement. Mais la mise en pratique n'est pas une affaire simple.

Plus important encore, il n'est aucunement évident que ce traitement soit « neutre ». Du seul point de vue de la science, il est difficile de croire que Skinner a fait le tour complet du problème. Il a négligé diverses variables, divers aspects de l'histoire des sociétés humaines. Ce qui veut dire, concrètement, qu'il a fait un *choix philosophique*. Choix qui consiste à définir l'Homme Idéal par référence à un mécanisme psychologique particulier, à une période particulière de l'évolution humaine, etc. Même si la théorie du renforcement est juste, la valeur de la synthèse spéculative ainsi proposée peut être mise en doute. Cela ne veut pas dire qu'elle est fausse de part en part et qu'il n'y a rien à en tirer ; mais qu'il serait prématuré de donner une valeur absolue à la thérapie du « retour en arrière ».

Chomsky : le behaviorisme a ses limites...

Dans le passé, certaines formes de behaviorisme ont été utilisées sur le plan politico-militaire. En principe, la méthode était efficace : le bâton pour les méchants, la carotte pour les bons...

Mais Noam Chomsky, le linguiste américain, a naguère souligné que ce robuste pragmatisme avait ses limites[6]. Pendant la guerre du Vietnam, certains experts en behaviorisme ont conseillé au gouvernement des États-Unis d'utiliser les bonnes vieilles recettes : bombarder le plus violemment possible les rebelles, donner du riz et des médicaments aux autres. Car il fallait agir « sur le *comportement* de la population plutôt que sur son état d'esprit ». Cela n'a pas suffi à régler la question. L'homme est un animal qu'on peut conditionner et manipuler ; mais il est aussi un animal qui pense, qui veut, qui a des convictions éthiques et politiques, – et qui invente. Skinner, concédons-le, formule un behaviorisme assez raffiné ; il ne croit pas à l'utilisation aveugle des punitions et des récompenses. Mais, comme l'indique le titre déjà cité d'un de ses ouvrages, il ne croit pas davantage à la *liberté* et à la *dignité* ; derrière ses discours se cache un mépris certain pour la « culture » et la « civilisation », pour les valeurs et les idéaux.

De nombreux faits, c'est vrai, sont là pour confirmer ce pessimisme ; « l'Occident » se comporte souvent de façon égoïste, il est gaspilleur, il a le goût de la domination... Mais la solution consiste-t-elle à nous « déciviliser », à revenir aux dures conditions d'un passé lointain ? Jusqu'où faudra-t-il aller dans ce néo-primitivisme ? L'appel aux « grands sentiments » n'est sûrement pas la panancée ; et les beaux discours sur l'Amour, la Foi, la Liberté ou le Progrès ne sont pas toujours purs, ni toujours efficaces... Mais si c'est une erreur de viser trop haut, c'est peut-être une autre erreur de prétexter des « principes scientifiques du renforcement » pour viser trop bas.

---

6. Voir « Objectivité et culture libérale » dans N. Chomsky, *L'Amérique et ses nouveaux mandarins* (trad. fr.), Le Seuil, 1969.

CHAPITRE IX

La tentation de l'eugénisme

L'idée d'améliorer artificiellement la « qualité » d'une population est ancienne. Mais c'est seulement dans les années 1880 qu'apparut la notion d'« eugénisme » ; l'Anglais Francis Galton, à qui était due cette innovation, souhaitait qu'on entreprenne une amélioration systématique des « races les plus douées ». Les qualités humaines, selon lui, étaient héréditaires. Pour élever le niveau d'une population donnée, il fallait donc procéder comme les éleveurs : favoriser la reproduction des « bons » sujets, ralentir (ou même stopper) la reproduction des « mauvais » sujets. À la fin du XIX*e siècle et au début du* XX*e, le programme général de l'eugénisme rencontra un réel succès ; en Europe et en Amérique, diverses sociétés eugénistes se constituèrent. Des mesures spectaculaires furent prises aux États-Unis (concernant par exemple la stérilisation des « débiles ») ; et l'Allemagne nazie, pour assurer le salut de la prétendue « race aryenne », alla jusqu'aux pires extrémités. Aujourd'hui, le militantisme eugéniste est en général plus discret. Mais la question se pose : les formidables progrès de la génétique ne rendent-ils pas possible une nouvelle forme d'eugénisme médical ?*

Francis Galton (1822-1911), fondateur de l'eugénisme moderne, a lui-même expliqué qu'il avait voulu appliquer à l'homme les méthodes pratiquées avec succès par les éleveurs et par les horticulteurs. Le principe est simple : il faut repérer les meilleurs sujets, c'est-à-dire ceux qui manifestent les « qualités » qu'on souhaite développer et fixer, puis les faire se reproduire entre eux. Corrélativement, il faut éliminer les sujets les moins conformes au modèle jugé idéal ; ou du moins éviter soigneusement que les sujets sélectionnés ne se reproduisent avec eux. On arrive par ce moyen à constituer artificiellement des variétés (des « races ») possédant certains caractères bien définis. Pourquoi donc n'agirait-on pas de la même manière avec les hommes ? Cette idée, en fait, avait déjà été formulée avant Galton. Le *Grand Dictionnaire universel* de Pierre Larousse (publié vers 1870-1880) signale par exemple l'existence de la « mégalanthropogénésie », une discipline visant à créer de « grands hommes » et des « hommes grands » en recourant aux procédés de la zootechnie... L'originalité de Galton a été de systématiser cette conception dans un esprit qu'il voulait « scientifique ». *(© BBC Hulton Picture Library.)*

A. GALTON ET LA NAISSANCE DE L'EUGÉNISME

C'est Francis Galton, un cousin de Darwin, qui a forgé vers la fin du XIXe siècle le mot « eugenics ». Voici la définition qu'il en donne dans son ouvrage *Inquiries into human faculty and its development*, paru en 1883 : c'est « la science de l'amélioration de la lignée, qui ne se borne nullement aux questions d'unions judicieuses, mais qui, particulièrement dans le cas de l'homme, s'occupe de toutes les influences susceptibles de donner aux races les mieux douées un plus grand nombre de chances de prévaloir sur les races moins bonnes[1] ».

Galton, précisons-le tout de suite pour éviter les malentendus, reconnaissait explicitement que le milieu jouait un rôle dans le développement des individus et des groupes humains. Mais, tout compte fait, il considérait « la race comme plus importante que le milieu ». Aussi mettait-il l'accent sur ce que nous appellerions aujourd'hui les facteurs génétiques. Le terme même d'eugénisme vient d'un mot grec qui désignait un individu « de bonne naissance, de noble origine, de bonne race ». Être eugéniste, dans le principe, c'est mettre en œuvre tous les moyens possibles qui permettront de faire naître des êtres humains de meilleure qualité, de plus en plus conformes à un modèle jugé idéal. L'objectif majeur que visait Galton, il convient de le souligner, n'était pas d'améliorer l'espèce humaine en général, mais d'assurer le développement (et en tout cas la survie) des « races les mieux douées ». D'emblée apparaît l'idée qu'il y a une *hiérarchie* des races et qu'il faut militer pour faire triompher les races jugées *« supérieures »*. Cette conception est fondée sur des présupposés tout à fait discutables du point de vue scientifique. Car la notion même de « race » est loin d'être transparente ; sur le plan de la génétique, en particulier, des objections très fortes ont été formulées contre ceux qui croient en l'existence de races « pures » et qui les classent de façon rigide c'est-à-dire comme si elles étaient des entités éternelles et radicalement différentes. De nombreux critiques, en outre, ont fait observer qu'il n'existe pas de mesure objective et absolue de la « supériorité » d'une population sur une autre[2].

---

1. Dans l'expression « the science of improving stock », j'ai traduit *stock* par lignée ; dans la suite de la définition, la notion de « race » est explicite (*« more suitable races »*, etc.).

2. Voici quelques textes parmi bien d'autres : M. Blanc, « L'histoire génétique de l'espèce humaine », *La Recherche*, n° 155, mai 1984 ; S.J. Gould, *La Mal-mesure de l'homme*, trad. fr., Ramsay, 1983 ; A. Jacquard, *Éloge de la différence*, Seuil, 1978.

Du point de vue de l'éthique, les projets eugénistes de Galton et de ses successeurs ont souvent été jugés non seulement dangereux mais inacceptables. L'aventure hitlérienne demeure tout à fait symbolique à cet égard et a montré où pouvait mener l'amélioration eugéniste de la prétendue « race aryenne ». Non seulement le régime nazi pratiqua ce que les spécialistes appellent l'*eugénique positive*, destinée à favoriser la reproduction des sujets réputés « supérieurs » (par exemple grâce à des unions soigneusement assorties) ; mais il développa sur une grande échelle l'*eugénique négative*, qui consistait en l'occurrence à éliminer les prétendues « races inférieures » (les Juifs et les Tziganes entre autres). Tout le monde sait ce qui en est résulté : des génocides ou des tentatives de génocides constituant des violations des droits de l'homme les plus élémentaires.

À cause de son caractère particulièrement monstrueux, cette manifestation historique de l'eugénisme peut apparaître comme un cas unique, comme une « exception » qui ne saurait se répéter. Peut-être est-il bon d'y regarder de plus près. Car il existe une tradition de l'eugénisme qui, aujourd'hui encore, est bien vivante. Il est donc important de comprendre pourquoi cette doctrine exerce une indéniable séduction sur beaucoup de gens ; et pourquoi elle peut facilement aboutir (et a souvent abouti) à des mesures autoritaires tout à fait discutables sur le plan de la morale et de la politique : ségrégation des individus ou des groupes jugés « inférieurs », discrimination entre « bons » et « mauvais » immigrés, stérilisation des « tarés » (c'est-à-dire d'une population englobant pêle-mêle les infirmes, les malades mentaux et les « asociaux »), etc. Disons-le aussi nettement que possible : il existe toute une catégorie de doctrinaires de l'eugénisme dont les intentions peuvent être jugées fort suspectes et dont les propositions vont ouvertement contre la Déclaration des droits de l'homme. Mais la dénonciation et la condamnation des formes immorales ou illégales de l'eugénisme ne suffisent pas. Il faut aussi s'efforcer de voir pourquoi beaucoup de citoyens ordinaires, dont la bonne foi paraît certaine, donnent volontiers leur adhésion à des mesures de type eugéniste qui leur paraissent tout à fait « raisonnables » ; et comment une sorte de logique insidieuse finit par entraîner des conséquences de plus en plus inacceptables, mais parfois bien difficiles à prévoir. Les meilleures intentions, en certains cas, peuvent donner lieu à un « effet boomerang » (ainsi qu'on le constatera plus loin à propos de l'anémie à hématies falciformes).

Eugénisme « dur » et eugénisme « mou »

En clair, cela signifie que la notion d'« eugénisme » recouvre une réalité multiforme et ne se laisse pas aisément circonscrire. Pour bien prendre la mesure de la situation, il importe de se rendre compte qu'il y a un eugénisme militant et conscient, mais aussi un eugénisme « mou » et inconscient. Le premier est sans doute le plus dangereux ; c'est lui, précisément, qui a engendré les chambres à gaz nazies. Mais ce serait une erreur, je pense, de considérer le second comme inoffensif. Car toute l'ambiguïté est là : *certaines pratiques (relatives par exemple au « dépistage » et à la « prévention » de certaines maladies héréditaires) constituent une forme larvée d'eugénisme qui n'avoue pas son nom et qui, avec d'excellents alibis, peut imposer petit à petit des systèmes de contrôle de plus en plus contraignants.* En guise de préliminaire, il est donc certainement utile de mettre en évidence l'*ambivalence fondamentale* qui explique pour une grande part les nombreux succès de l'eugénisme. Le plus simple est de s'appuyer sur la disctinction déjà évoquée entre « eugénisme positif » et « eugénisme négatif ».

L'eugénisme dit positif consiste en effet à entreprendre « l'amélioration » d'une population donnée en prenant des mesures pour favoriser la reproduction des « meilleurs ». Repérer ces derniers, les encourager à procréer grâce à diverses incitations, les aider à élever leur descendance, voilà les grands axes de cette entreprise qui (au moins à première vue) peut sembler louable et légitime à beaucoup de gens. Pourquoi n'essayerait-on pas de multiplier les individus les plus beaux, les plus forts, les plus sains, les plus intelligents ? Ce message, comme disent les spécialistes de la publicité, « passe » très bien : il flatte l'amour-propre du groupe concerné et laisse espérer des « progrès ». Mais il est pratiquement inévitable, comme l'expérience le confirme surabondamment, que cet eugénisme « positif » implique sous une forme ou sous une autre un eugénisme « négatif », qui vise, en quelque sorte par symétrie, à ralentir la reproduction des sujets jugés « inférieurs ». Pourquoi compromettrait-on l'amélioration générale de la population concernée en tolérant que les « débiles » et les « tarés » se reproduisent de façon incontrôlée ? De proche en proche, ce raisonnement conduit à imaginer des dispositions variées qui, dans les cas extrêmes, incluent l'élimination pure et simple de la sous-population réputée « inférieure ».

Toutes les entreprises eugénistes ne sont pas allées jusqu'au bout de cette logique. Diverses mesures intermédiaires sont possibles (internement, ségrégation ou stérilisation des individus désignés comme « tarés », etc.). Mais il est essentiel de voir la liaison intime qui existe entre l'eugénisme positif et l'eugénisme négatif. Dès lors qu'on est décidé à sélectionner de « bons individus », de « bonnes races » ou de « bons gènes », un contraste inéluctable fait apparaître de « mauvais individus », de « mauvaises races » ou de « mauvais gènes ». Si l'on ignore cette dialectique par insouciance ou naïveté, les pires égarements peuvent se produire. Deux points au moins méritent mention. *Primo*, l'aspect rassurant et « progressiste » de l'eugénisme positif est aisément utilisable pour justifier les aspects les plus durs de l'eugénisme négatif. *Secundo*, il arrive même que les objectifs « positifs » fassent en quelque sorte oublier toutes les conséquences « négatives » de l'ensemble du système mis en place. On retrouve ici le cas de ce que j'ai appelé l'eugénisme inconscient : faute d'une sensibilisation aux problèmes variés que suscite toute intervention systématique sur les populations humaines, les responsables ne perçoivent pas (ou pas suffisamment) les répercussions lointaines de leurs décisions.

Galton, père de l'eugénisme moderne

En examinant plus loin des situations précises, nous nous ferons une idée plus concrète des pièges et des difficultés qu'elles recèlent. Auparavant, afin de mieux saisir le sens de la tradition eugéniste de l'Occident moderne, précisons le statut et le contenu de la doctrine formulée par Sir Francis Galton il y a une centaine d'années. Il est à peine besoin de le dire : l'idée d'améliorer une population humaine grâce à des techniques de type biologique a un long passé. Les historiens ont repéré chez Platon, déjà, des thèmes eugénistes... Galton, toutefois, s'est montré original en élaborant une doctrine systématique. Son œuvre constitue une référence capitale si l'on veut analyser ce qui se passe aujourd'hui.

Selon Galton, l'« eugenics » dont il était le fondateur méritait le nom de *science*. Cette désignation, dans un milieu porté à valoriser tout ce qui était « scientifique », a vraisemblablement contribué (et contribue encore) à renforcer le prestige des idées galtoniennes. Sous un certain angle, il est exact que l'eugénisme a quelque chose de « scientifique » ; il recourt en effet à un certain nombre de théories et de résultats émanant de la biologie, de l'anthropologie, de la démographie, de la psychologie, etc. Il devrait toutefois être évident que le projet fondamental de l'« eugenics » est d'abord social et politique. Comme Galton lui-même en était parfaitement conscient, sa doctrine avait une finalité pratique (préserver les « races les mieux douées », multiplier les élites nationales, etc.). Pour atteindre ce *but*, des recherches scientifiques apparaissaient nécessaires ; grâce à elles, les eugénistes auraient les *moyens* de transformer efficacement la société. Dans la langue française, deux mots peuvent être utilisés pour traduire le terme anglais d'« eugenics » : *eugénisme* et *eugénique*. Cette dualité a l'intérêt de souligner le statut particulier de l'entreprise de Galton : le mot « eugénisme », qui évoque une doctrine morale ou une philosophie, attire l'attention sur les aspects militants – tandis que le mot « eugénique », plus neutre, est utile pour désigner les recherches scientifiques correspondantes.

Une fois cette distinction établie, il faut reconnaître que la doctrine sociale des eugénistes a joué dans divers secteurs de la recherche un rôle de stimulant, de catalyseur. Comme l'ont montré plusieurs historiens des sciences, Galton et maints scientifiques se situant dans sa tradition ont lancé et fait progresser certains thèmes de recherche originaux parce qu'ils désiraient confirmer scientifiquement les présupposés de leur doctrine. Non seulement ils étaient conduits à s'intéresser par exemple à la génétique et à toutes sortes d'enquêtes statistiques, mais, ainsi que le déclare Lindsay A. Farrall, la pensée eugénique faisait souvent partie intégrante de leurs conceptions et de leurs méthodes, au sens le plus technique de ces mots[3]. Ils ne se contentaient pas d'utiliser des résultats déjà acquis par la « science pure » ; ils voulaient édifier de nouvelles théories et trouver de nouveaux faits susceptibles d'être utilisés dans leur pratique sociale. Dans le cas de Galton, c'est très net.

Une urgence pratique : l'étude de l'hérédité

À la suite d'échecs scolaires subis à Cambridge, Galton a prêté une attention particulière (selon son propre témoignage) à ce problème : quelle est l'origine des individus les mieux doués[4] ? Cela l'amena à publier en 1864 un long article sur « le talent héréditaire », puis deux ouvrages qui eux aussi mettaient l'accent sur la transmission génétique des dons et des talents : *Hereditary genius* (1869) et *English men of science : their nature and nurture*

3. L.A. Farrall, « The history of eugenics : a bibliographical review », *Annals of science, 36* (mars 1979), pp. 114-115.

4. Voir par exemple D.W. Forrest, *Francis Galton. The life and work of a Victorian genius*, Paul Elek, 1974, p. 276.

(1874). À l'aide de statistiques, Galton s'efforçait de confirmer une hypothèse que lui suggéraient ses conceptions personnelles : les individus « les plus doués » sont très fréquemment de proches parents d'individus eux-mêmes très « doués ».

Le principe des enquêtes de Galton était simple : il étudiait une population de personnages appartenant à l'élite sociale (juges, hommes d'État, officiers, scientifiques, artistes, ecclésiastiques) et mettait en évidence le nombre relativement élevé de parents proches qui étaient eux-mêmes « éminents ». Les comparaisons étaient opérées de façon méthodique et tenaient compte des diverses relations de parenté : père, frère, fils, grand-père, oncle, neveu, petit-fils, arrière-grand-père, grand-oncle, etc. Les corrélations ainsi découvertes étaient évidemment variables et plus ou moins étroites. Mais Galton les trouvait tout à fait significatives et n'avait « aucun doute sur l'existence d'une loi de distribution des capacités dans les familles ». En fait, l'interprétation de ces statistiques au profit de la thèse de l'*hérédité biologique* (par opposition à l'hérédité culturelle) n'était aucunement évidente. Mais Galton lui-même était un membre de l'élite anglaise, un grand bourgeois apparenté à la lignée qui avait produit Erasmus et Charles Darwin. Psychologiquement, il lui était assez facile d'admettre l'hérédité du « génie »... Il est certain, en tout cas, que cette science-là était intimement liée à des spéculations de nature sociale.

Dans le domaine de la génétique, Galton a également manifesté une grande curiosité due à l'importance qu'il attribuait aux effets sociaux de l'hérédité. Comme l'a remarqué Ruth L. Schwartz Cowan, l'histoire de la biologie néglige parfois le rôle de Galton. Cela peut se comprendre. Car, effectivement, il n'était pas perçu comme un spécialiste ; les préoccupations biologiques étaient subordonnées chez lui à des préoccupations plus générales. Toujours est-il qu'il a été amené à « énoncer une décennie au moins avant Weismann ces deux principes » : il y a continuité de la lignée germinale – et, corrélativement, il n'y a pas d'hérédité des caractères acquis[5]. De telles idées, naturellement, avaient l'avantage de confirmer les opinions de Galton sur l'hérédité des talents et du « génie ». Beaucoup d'historiens des sciences en sont

5. L'article de Weismann sur la continuité de la lignée germinale est de 1885. Voir R.L. Schwartz Cowan : « Sir Francis Galton and the continuity of germplasm : a biological idea with political roots », *Actes du XXᵉ congrès international d'histoire des sciences*, Albert Blanchard, 1971, tome VIII, p. 182.

maintenant conscients : les controverses sur les modalités de l'hérédité ont souvent été « contaminées » par des préconceptions d'origine idéologique. Avec Galton, le fait semble patent. Le père de l'eugénisme a d'ailleurs eu d'autres occasions de faire des incursions dans la génétique, par exemple en montrant expérimentalement que les « gemmules » imaginées par Darwin dans son hypothèse de la pangenèse ne pouvaient pas être véhiculées par le sang[6]. Il se trouve que cette même hypothèse expliquait comment les caractères acquis pouvaient se transmettre aux descendants. Galton, en la critiquant sur un point précis, confirmait donc indirectement sa grande thèse : il y a primauté de l'inné sur l'acquis.

Par ses travaux statistiques sur la transmission des caractères physiques, Galton apparaît en outre comme l'un des fondateurs de la biométrie (et indirectement comme un « précurseur » de la génétique des populations). À la fin du XIXe siècle, Mendel n'avait pas encore été « redécouvert », selon la formule consacrée ; et on savait peu de chose sur l'hérédité. Galton, assurément, a apporté des contributions non négligeables, ne serait-ce qu'en affinant dans un sens opératoire (mesure précise des caractères) la notion alors assez floue d'hérédité. Cela confirme que la philosophie eugéniste était capable d'engendrer, de façon plus ou moins immédiate, des idées intéressantes et fécondes.

Eugénisme et génétique des populations : le cas de R.A. Fisher

Des remarques analogues pourraient être faites à propos de Karl Pearson (1857-1936). Comme Galton, « il était eugéniste et concentrait ses recherches sur les variations continues parce qu'il pensait que les caractères importants du point de vue de l'eugénisme devaient varier de cette manière ». L'historien B. Norton, auteur de cette déclaration, précise que le projet eugéniste n'explique pas tout ; mais il insiste à plusieurs reprises sur le rôle de ce dernier dans la préhistoire de la génétique des populations[7].

---

6. Darwin a exposé son « hypothèse provisoire » de la pangenèse dans son livre sur *La Variation chez les animaux et les plantes à l'état domestique* (1868).

7. B. Norton, « La situation intellectuelle au moment des débuts de Fisher en génétique des populations », *Revue de synthèse* (Actes du colloque R.A. Fisher), juillet-décembre 1981. La biographie écrite par la propre fille de Fisher donne de très nombreuses indications sur ce point : J. Fisher Box, *R.A. Fisher : the life of a scientifist,* Wiley, 1978.

Ronald A. Fisher, l'un des fondateurs de cette discipline, était un eugéniste militant : afin que les citoyens réputés « les plus doués » se reproduisent plus facilement, il souhaitait que l'État donnât aux riches des allocations familiales plus importantes qu'aux pauvres et milita en faveur d'une loi sur la stérilisation des « inaptes ». L'examen des textes en a convaincu B. Norton : « Lorsque Fisher entreprit sa première étude de biométrie et de mendélisme, ce fut pour résoudre un problème qu'il avait rencontré à propos de l'eugénisme. »

Essentiellement, il s'agissait de mettre en évidence une fois pour toutes la primauté des facteurs héréditaires sur les facteurs environnementaux. Ainsi que le rappelle Robert Olby, le grand ouvrage de Fisher publié en 1930 *(The genetical theory of natural selection)* était dédié au major Leonard Darwin (1894-1943), fils aîné de Charles Darwin et président de la Société pour l'éducation eugénique de 1911 à 1928. « Quarante pour cent du livre sont consacrés à la discussion des aspects socio-politiques de la vie de l'homme et de la société[8]. » À l'époque, la *Genetical theory* de Fisher était « la contribution la plus substantielle à la synthèse du mendélisme, du darwinisme et de la biométrie qui ait jamais été publiée[9] ». C'est dire son importance dans l'histoire des sciences biologiques. Il est d'autant plus remarquable que ce soit l'eugénisme qui ait servi à la fois de cadre intellectuel et de moteur. À l'origine même des recherches de Fisher se trouvent des convictions relatives à une action sociale. Convictions que Robert Olby résume ainsi : « 1 – *la peur de la dégénérescence raciale* ; 2 – *la nécessité de porter au plus haut degré possible la variation génétique dans les populations humaines afin d'accroître le degré d'adaptation* ; 3 – *la suprématie de la sélection naturelle comme fondement intellectuel pour tout programme de réforme eugénique.* »

La doctrine sociale des eugénistes, en tant que telle, n'est pas « scientifique »

Ces sortes d'analyses permettent de comprendre pourquoi et comment l'eugénisme a été fécond, en certains cas, du point de vue scientifique. Il ne faut toutefois pas en conclure que cette source d'inspiration a nécessairement des effets positifs. Les pré-

8. R. Olby, *Revue de synthèse*, numéro spécial déjà cité, p. 252.

9. W.B. Provine, *The origins of theoretical population genetics*, The University of Chicago Press, 1971, p. 154.

supposés eugénistes conduisent de façon générale à sous-estimer l'importance du milieu physique ou culturel ; dans l'étude du comportement, cette tendance à privilégier le rôle des gènes peut constituer une cause d'erreurs. En génétique proprement dite, par exemple à propos de l'*hétérosis* (avantage sélectif des hétérozygotes), il arrive que le « biais » dû à l'eugénisme soit nettement

Galton avait une grande affection pour les statistiques ; il y recourt souvent, en particulier pour mettre en évidence les effets de l'hérédité sur les populations humaines. Comme le déclarait Karl Pearson (1857-1936), directeur du Laboratoire d'eugénique, la science quantitative recourait jusqu'alors à la notion de cause ; désormais, elle avait la possibilité de penser « en termes de corrélation ». Dans une conférence de 1907, Galton affirma que les statistiques avaient un rôle fondamental à jouer dans le projet pratique de l'eugénisme. Ce qui signifiait, entre autres, qu'il fallait se débarrasser de tout « sentimentalisme » et raisonner globalement, sans donner trop d'importance aux injustices susceptibles d'être commises ici ou là. De façon générale (« on the whole »), selon Galton, il est exact que les enfants « doués » descendent de parents eux-mêmes « doués ». Il est donc rationnel d'agir socialement en conséquence ; et ce, bien que divers cas particuliers fassent exception (comme le reconnaît Galton). Parfois, les enquêtes statistiques réservèrent des surprises. Il apparut par exemple (Elderton et Pearson, 1910) que les enfants de parents alcooliques n'étaient pas moins intelligents et pas plus souvent malades que les autres... L'objectif principal de Galton, en tout cas, était bien défini : éviter que la prolifération des êtres « inférieurs » ne submerge et ne fasse « dégénérer » les élites bourgeoises. *(Une rue de Londres en 1908 ; cliché Edimedia.)*

perceptible : précisément parce que l'hétérosis peut servir d'argument contre certaines mesures de « purification » des gènes, l'interprétation habituelle de ce phénomène est contestée par certains eugénistes sans justification précise. Évidemment, l'utilisation de l'hétérosis comme argument anti-eugéniste n'est pas neutre non plus... Mais les débats de ce genre nous rappellent une fois de plus que les discours sur les gènes ne relèvent pas toujours de la « science pure », tant s'en faut. Et que *la doctrine eugéniste, en tant que telle, n'est pas d'essence scientifique.* Ce sont d'abord des motifs idéologiques et politiques qui fondent le projet d'améliorer « les races les plus douées » ; le fait que la génétique puisse *a posteriori* fournir des arguments aux eugénistes ne prouve absolument pas la « vérité » (ni la légitimité éthique) de ce projet. L'un des grands thèmes chers à Galton et à sa postérité, c'est que de nombreux problèmes pratiques (concernant par exemple la criminalité et les désordres sociaux en général) seront résolus seulement – ou essentiellement – par un contrôle serré de l'hérédité. Au jour d'aujourd'hui, on ne peut voir là qu'un article de foi, et non pas une conclusion imposée par « la science ».

Galton lui-même était convaincu de l'importance nationale de ses idées. Sujet de la reine Victoria, désireux de renforcer la puissance de l'Empire, il avait souvent eu l'occasion, au cours de ses multiples voyages, de réfléchir sur la « hiérarchie » des populations humaines. Selon lui, « les Nègres » se situaient « deux degrés » au-dessous des Blancs dans l'échelle des talents naturels. Dans *Hereditary genius*, il allait même jusqu'à déclarer que la « stupidité » si fréquemment manifestée par « les Nègres » l'avait parfois rendu « honteux de sa propre espèce ». Les conséquences pratiques de cette conviction pour la « préservation de la race » sont évidentes. Il ne suffisait pas, en tout cas, d'assurer la survie et le développement des sujets proprement britanniques ; il convenait aussi de multiplier au sein du Royaume-Uni les bons industriels, les bons scientifiques, les bons militaires et les bons hommes d'État. Pour qui voulait la prospérité nationale, l'urgence était d'autant plus grande que les groupes « les moins doués » risquaient de submerger les groupes « les plus doués ».

Traitant de la « lutte pour la vie », Galton faisait cette constatation cruciale : les élites sont souvent moins fécondes que les humains « inférieurs ». À partir des thèses relatives au « génie héréditaire », la transition vers l'eugénisme était donc aisée. D'une part, il fallait analyser la situation ; et Galton, par exemple, s'en prenait à l'Église parce qu'elle avait freiné la reproduction des « mieux doués » en imposant le célibat aux clercs... D'autre part, il était urgent de définir un programme d'action pour améliorer la « race » et, plus simplement encore, pour arrêter sa « dégénérescence » ; tel sera l'objet de l'eugénisme expressément formulé en 1883.

Une notion élastique : la « race »

Si l'on veut se faire une juste idée à la fois de l'unité et de la diversité de la pensée de Galton, il importe d'examiner comment il répondait à cette question apparemment simple : qu'est-ce qu'une *race* ? Cette notion, chez lui, est polyvalente. Tout d'abord, elle renvoie à l'idée courante de la « race » : les Blancs, les Noirs, les Jaunes, autant de races. (À l'heure actuelle, répétons-le, la validité de cette notion est contestée par de nombreux scientifiques.) Si on ne considère que cet emploi du mot, la distinction entre « races douées » et « races moins douées » aboutit à une pensée que l'on peut qualifier de racialiste ou de raciste. Mais cette même notion, d'autre part, est utilisée par Galton de façon beaucoup plus souple : une « race », en ce second sens, est constituée par toute population homogène (ou à peu près homogène) qui perpétue héréditairement certaines caractéristiques. Ainsi s'explique que Galton s'exprime souvent comme s'il y avait une « race » anglaise ou une « race » propre à la Grande-Bretagne. Une telle idée, certes, est éminemment discutable. Mais elle semble assez évidente à Galton ; il veut dire que, statistiquement, les populations concernées lui paraissent relativement homogènes et caractérisables par certains traits physiques, intellectuels ou moraux. Les critères d'une « bonne race » sont d'ailleurs eux-mêmes assez flous, mais incluent essentiellement des qualités comme l'intelligence, l'énergie, la force physique et la santé.

Ce n'est pas tout. La « race » peut aussi désigner un groupe social, une couche de la population d'un pays donné. Galton utilise par exemple le mot « race », parfois, comme un synonyme du mot « caste ». Selon un dictionnaire usuel, en effet, une caste est une « classe sociale héréditaire[10] ». Cela correspond tout à fait, semble-t-il, à ce que Galton a dans l'esprit lorsqu'il oppose l'élite aux diverses sous-populations de son pays. La préservation et l'amélioration de « la race » peuvent donc être comprises de plusieurs manières.

À un premier niveau, l'objectif est d'éviter que les « races mieux douées » (au sens courant du mot race) ne perdent leurs

10. *Dictionnaire usuel illustré*, Quillet Flammarion, 1982, p. 330.

qualités. Le Français Charles Richet, prix Nobel de physiologie et de médecine, a fort bien défini cet idéal : « *Avant tout, il faudra éviter tout mélange des races humaines supérieures avec les races humaines inférieures. (...) Je ne comprends pas par quelle aberration on peut assimiler un Nègre à un Blanc.* » Et encore : « *Nous créerons parmi les races qui peuplent la terre une véritable aristocratie, celle des Blancs, de race pure, non mélangés avec les détestables éléments ethniques que l'Afrique et l'Asie introduiraient parmi nous*[11]. » Mais le culte de la « race » peut aussi déboucher sur un eugénisme qui distingue, à l'intérieur même de la « race blanche », des nations ou des populations de valeurs diverses (par exemple les « nordiques » et les « méditerranéens ») ; ou encore sur un *eugénisme de classe*, si l'on peut dire, qui vise à constituer plusieurs catégories de citoyens dans un même pays.

Naguère, le prix Nobel de physiologie et de médecine Macfarlane Burnet a développé des vues très précises qui illustrent parfaitement cette conception. Grâce aux ressources de la génétique et de la médecine modernes, grâce aussi à une action sociale systématique, il est selon lui possible de sélectionner et d'isoler reproductivement des castes supérieures et inférieures. Idéalement, l'hypothèse d'une scission de l'humanité en plusieurs *espèces* est même envisageable[12]. Il y faudrait beaucoup de temps et de persévérance... Mais qui sait[13] ? Galton, de façon assez semblable, avait expliqué dans un récit utopique *(Kantsaywhere)* comment une société eugénique parfaite devrait s'y prendre pour constituer une « aristocratie intellectuelle » permanente : sélection des sujets

11. C. Richet, *La Sélection humaine*, Félix Alcan, 1919, pp. 58-59, p. 232.

12. Voir P. Thuillier, « La génétique et le pouvoir. Ou les rêves "fous" d'un prix Nobel », *La Recherche*, n° 119, février 1981. Reproduit dans *Darwin and C°*, Complexe, 1981.

13. Le livre de M. Burnet (*Endurance of life. The implications of genetics for human life*, Cambridge University Press, 1978) a été traduit en français : *Le Programme et l'erreur*, Albin Michel, 1982.

Au cœur du projet eugéniste se trouve l'idée de *sélection*. Il n'est donc pas étonnant que de nombreux eugénistes aient été (et soient aujourd'hui encore) des adeptes fervents de la théorie darwinienne (ou néo-darwinienne) de la sélection naturelle. Charles Darwin lui-même avait admis que le problème de la sélection se posait sérieusement dans le cas des hommes « civilisés ». Car, disait-il, les « sociétés civilisées » construisent des hôpitaux pour les « idiots » et les « infirmes », elles font des lois en faveur des indigents ; ce qui

permet aux « êtres débiles » de survivre et de se propager. Il en résulte, aujoutait Darwin, des « effets mauvais ». Les eugénistes militants ont prolongé le raisonnement et abouti à cette conclusion : il faut rétablir une forme de sélection biologique afin d'éviter la dégénérescence. Le biologiste anglais Julian Hexley, dont le nom est attaché à la « théorie synthétique de l'évolution » et qui fut le premier directeur général de l'UNESCO, a plusieurs fois exprimé des opinions eugénistes. On peut lire ceci, par exemple, dans les *Essais d'un biologiste* (trad. fr., Stock, 1946, p. 59) : « Quand l'eugénique sera devenue une pratique courante, son action (...) sera entièrement consacrée, au début, à cet exhaussement de la moyenne, en modifiant la proportion du bon et du mauvais lignage, et si possible en éliminant les couches les plus basses, dans une population génétiquement mélangée. » *(Clichés J.-L. Charmet et UNESCO.)*

aptes, reproduction efficace (par mariages précoces) de ces sujets, déportation ou ségrégation des inaptes, et ainsi de suite. On peut donc le constater : grâce à son élasticité, la notion galtonienne de « race » se prête à de multiples interprétations. Aucune de celles que nous avons mentionnées, en tout cas, n'est totalement étrangère à Galton lui-même.

Les « dégénérés héréditaires » peuvent devenir des « ennemis de l'État »

En 1873, Galton fit paraître un article sur « l'amélioration héréditaire » ; il y expliquait que c'était un devoir primordial pour l'humanité de contribuer volontairement au processus général de la « sélection naturelle ». Ce thème est au cœur de sa pensée et repose évidemment sur la grande idée développée en 1859 par son illustre parent, le naturaliste Charles Darwin, dans son livre sur l'*Origine des espèces*. Comme le dit plusieurs fois Galton, les hommes doivent faire consciemment, méthodiquement et rapidement ce que la nature fait aveuglément et lentement. A savoir : favoriser la survie des plus aptes et ralentir (ou interrompre) la reproduction des inaptes. Surtout si « la classe douée » *(the gifted class)* est menacée, c'est un impératif. Il est même possible qu'il faille considérer les citoyens les plus médiocres comme des *« ennemis de l'État »* ; c'est-à-dire, précise Galton, comme des êtres méritant d'être impitoyablement traités. De tels propos ont été complaisamment écoutés par de nombreux responsables politiques. Des chiffres impressionnants ont été cités[14]. Entre 1899 et 1912, aux États-Unis, 236 vasectomies auraient été effectuées sur les arriérés mentaux de l'État d'Indiana. Ce même État, en 1907, avait voté une loi prévoyant la stérilisation des « dégénérés héréditaires » ; puis la Californie en fit autant, ainsi que vingt-huit autres États. « En 1935, le total des stérilisations s'élèvera à 21 539, dont plus de la moitié en Californie. » On pourrait multiplier les statistiques de ce genre. Toutes les mesures eugénistes n'étaient pas aussi brutales. Pensons par exemple à l'*Immigration restriction act* de 1924, grâce auquel les États-Unis mirent en place un filtrage systématique des immigrants. Mais elles s'inspiraient toutes de la même philosophie sélectionniste.

Historiquement, il est possible de repérer une tradition continue qui a obstinément diffusé l'eugénisme jusqu'à nos jours. Comme

---

14. *Nouvelle École*, n° 14, janvier-février, 1971, p. 23.

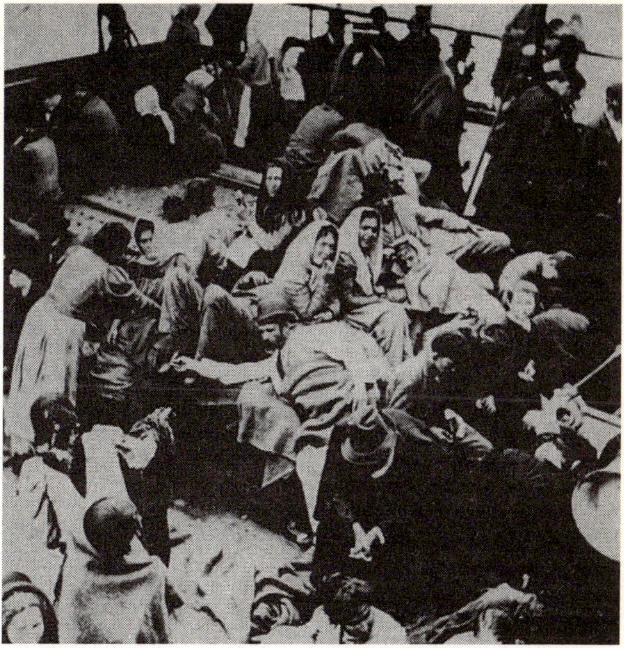

En 1923, le psychologue américain C.C. Brigham publia un livre sur « l'intelligence américaine » dont le bilan n'était guère encourageant. Selon ce spécialiste, « le déclin de l'intelligence (était) dû à deux facteurs, le changement des races migrant dans ce pays et l'envoi de représentants de chaque race de plus en plus inférieurs ». Toujours d'après Brigham, un grave problème était soulevé par « l'épisode le plus sinistre » de l'histoire du continent américain, à savoir « l'importation du Noir ». Comme le rappelle Stephen Jay Gould, « les eugénistes firent pression non seulement pour qu'on limite l'immigration, mais aussi pour qu'on en change la nature en imposant des quotas très sévères à l'encontre des pays de souche inférieure ». En 1924 fut voté l'*Immigration restriction act*, qui concrétisait cette volonté de « pureté » et abaissait les quotas antérieurement fixés. Les « Alpins » et les « Méditerranéens » étaient spécialement visés ; Brigham définissait d'ailleurs les Juifs comme des « Slaves alpins »... Les psychologues, dans les opérations de triage, jouèrent un grand rôle ; c'étaient leurs tests, en effet, qui servaient à déterminer le « niveau mental » des immigrants. Il était largement admis, dans ce contexte, que le « niveau mental » était génétiquement déterminé. *(Émigrants naviguant vers les États-Unis, 1902 ; cliché Édimedia.)*

on l'a vu avec Richet et Burnet, des hommes de science de grande réputation n'ont pas hésité à proposer des mesures très sévères. Le cas du Français Alexis Carrel, prix Nobel de physiologie et de médecine, est peut-être encore plus remarquable. En 1935, il a publié un ouvrage qui a connu un succès prodigieux (plusieurs centaines de milliers d'exemplaires vendus, traductions en dix-neuf langues) : *L'Homme, cet inconnu.* Il y expliquait que, à cause de l'affaiblissement de la sélection naturelle, il était nécessaire de reconstituer « une aristocratie biologique héréditaire ». Regrettant la naïveté dont les nations civilisées faisaient preuve en conservant des « êtres inutiles et nuisibles », il conseillait entre autres choses « le conditionnement des criminels les moins dangereux par le fouet ou par quelque autre moyen plus scientifique ». Quant aux autres, « ceux qui ont tué, qui ont volé à main armée, qui ont enlevé des enfants, qui ont dépouillé les pauvres, qui ont gravement trompé la confiance du public, un établissement euthanasique, pourvu de gaz appropriés, permettrait d'en disposer de façon humaine et économique[15] ».

Peter Medawar, un autre prix Nobel de physiologie et de médecine, a déclaré qu'il flottait sur l'eugénique « un intolérable relent de chambre à gaz » ; c'est une opinion qu'il n'est que trop facile de comprendre. Paradoxalement, Galton formulait ce rêve : l'eugénique pourrait bien devenir « un dogme religieux pour l'humanité » ! Il prévoyait d'ailleurs que, après la disparition de la religion traditionnelle, « une sorte de clergé scientifique prendrait le relais ». Étrange clergé et étrange religion...

En arrière-plan, la théorie darwinienne de la sélection naturelle

Puisque l'idée de sélection est essentielle à l'eugénisme, la question se pose : dans quelle mesure la théorie darwinienne de l'évolution a-t-elle pu contribuer à la naissance des idées de Galton ? On peut résumer la situation, me semble-t-il, en disant que Darwin n'a ni prévu ni voulu l'eugénisme doctrinal inventé par son cousin ; mais qu'il a émis plusieurs idées qui ont contribué à le rendre possible, voire inévitable. Assez souvent, afin de sauver l'image d'un Darwin « pur savant », cette question est esquivée. Mais, indépendamment de tout jugement sur les intentions du grand naturaliste, il est patent que son œuvre

15. A. Carrel, *L'Homme, cet inconnu*, Plon, rééd. de 1979, pp. 380, 397-398.

contient *toutes les prémisses fondamentales du raisonnement eugéniste*. Darwin a d'ailleurs repris à son compte diverses opinions de Galton relatives à l'hérédité des « qualités » et aux effets sociaux de la sélection. Dans son livre sur *L'Ascendance de l'homme* (1871), il cite favorablement, plusieurs fois, les idées que son cousin avait émises dans *Le Génie héréditaire* (1869). Dans son *Autobiographie*, en outre, il a déclaré : *« Je suis enclin à croire, comme Galton, que l'éducation et l'environnement produisent seulement un faible effet sur l'esprit d'un individu et que la plupart de nos qualités sont innées. »* Le fait important, c'est que la théorie de l'évolution par sélection naturelle, fondée sur une analogie avec la *sélection artificielle* pratiquée par les éleveurs, était évidemment applicable au cas de l'espèce humaine. Darwin lui-même, dans l'ouvrage volumineux qu'il a consacré à l'origine de l'homme, a trouvé normal d'aborder ces questions : la sélection a-t-elle des effets sur le développement de l'humanité ? La préservation des individus « débiles » peut-elle contribuer à la dégénérescence de certaines populations ?

Les réponses qu'il fournit sont positives. Faisant la distinction entre les « sauvages » et les « hommes civilisés », Darwin explique par exemple que, chez les sauvages, « les individus faibles de corps et d'esprit sont promptement éliminés ». Aussi « les survivants se font-ils ordinairement remarquer par leur vigoureux état de santé ». Tandis que *« nous, hommes civilisés, nous faisons (...) tous nos efforts pour arrêter la marche de l'élimination ; nous construisons des hôpitaux pour les idiots, les infirmes et les malades ; nous faisons des lois pour venir en aide aux indigents »*. Conclusion : *« Les membres débiles des sociétés civilisées peuvent donc se reproduire indéfiniment. »* Cela heurte le bon sens de Darwin ; car, remarque-t-il, tous ceux qui s'occupent de la reproduction des animaux domestiques savent *« combien cette perpétuation des êtres débiles doit être nuisible à la race humaine »*. Et Darwin insiste : *« À l'exception de l'homme lui-même, personne n'est assez ignorant ni assez maladroit pour permettre aux animaux débiles de se reproduire. »* À partir d'une telle constatation, c'est un jeu d'élaborer un système eugéniste[16].

---

16. C. Darwin, *La Descendance de l'homme et la sélection sexuelle*, trad. par E. Barbier de la seconde édition de *The descent of man*, réimprimé par les éditions Complexe, 1981, tome I, pp. 144-145. Traditionnellement, le titre de cet ouvrage est rendu en français par *La Descendance de l'homme,* mais c'est un contre-sens fait par le premier traducteur. Il ne s'agit pas des descendants de l'homme mais de ses ancêtres lointains.

Car la conséquence logique de ces affirmations, c'est qu'un moyen particulièrement efficace d'assurer la conservation de la « race » est de ralentir la propagation des êtres « débiles ». Dans certains cas, constate Darwin, la sélection a joué en faveur de tel ou tel groupe humain : *« Il y a certainement beaucoup de vrai dans l'hypothèse qui attribue à la sélection naturelle les merveilleux progrès des États-Unis. »* Hélas, il arrive aussi que les citoyens les moins « aptes » prolifèrent. Citons encore Darwin lui-même : *« Les membres insouciants, dégradés et souvent vicieux de la société tendent à s'accroître dans une proportion plus rapide que ceux qui sont plus prudents et ordinairement plus sages. »* Sous la plume des militants eugénistes les plus farouches, aujourd'hui, on retrouve des propos à peu près identiques. Darwin, lui, estimait qu'il fallait faire preuve de « compassion » de « sympathie » ; nous devons *« subir sans nous plaindre les effets incontestablement mauvais qui résultent de la persistance et de la propagation des êtres débiles*[17] *».* Mais justement, diront les experts doués d'une âme moins sensible, pourquoi accepter ces effets « mauvais » alors que des interventions sont possibles ?

Pour le moins, il y a une affinité très remarquable entre la pensée darwinienne et la pensée galtonienne ; et ce n'est certainement pas par hasard que la plupart des grands apôtres de l'eugénisme ont été et sont des darwiniens ou des néo-darwiniens convaincus. À leurs yeux, les découvertes de la génétique moderne n'ont fait que confirmer la nécessité d'une sélection de type eugénique : puisque les caractères acquis ne se transmettent pas, « l'amélioration de la race » n'est possible que par une sélection systématique (ou encore par une action directe sur le génome). C'est un raisonnement clair, simple, dont les implications sociales sont faciles à légitimer « scientifiquement ». Dans une société activiste, obsédée par l'efficacité, la sélection (ou la production) de *bons gènes* apparaît comme un idéal tout à fait normal. Bref, il y a dans la science moderne, considérée comme corpus de connaissances fondamentales, tous les éléments théoriques propres à « justifier » une politique eugéniste radicale. Peut-être aurait-il fallu y penser davantage lorsque a été constitué naguère, en France, un Comité consultatif national d'éthique pour les sciences de la vie et de la santé. Les scientifiques et les tech-

---

17. Même ouvrage, pp. 145, 150, 154. Voir l'intéressant article de J.C. Greene, « Darwin as a social evelutionist », *Journal of the history of biology*, vol. 10, n° 1, spring 1977, pp. 1-27 ; et P. Thuillier, « De Darwin à Konrad Lorenz » dans *Darwin and Co*, Complexe, 1981.

niciens y sont très nombreux ; s'il est exact que leur formation les prédispose dans une certaine mesure à accepter la « logique » des idées eugénistes, il y a donc un risque (si minime soit-il) de voir se développer un état d'esprit relativement favorable à des « manipulations » d'inspiration plus ou moins eugéniste.

À la différence du « darwinisme social », l'eugénisme est technocratique et autoritaire

Précisons à cette occasion une différence importante qui existe entre le *darwinisme social* et l'*eugénisme.* Les partisans du premier sont des « libéraux » qui prônent le laisser-faire ; ils estiment que la compétition est bonne et que, grâce à la « lutte pour la vie », la survie des meilleurs sera assurée. Il suffit donc de ne pas entraver les processus sélectifs spontanés. L'eugénisme, lui, a d'emblée quelque chose de technocratique et de policier : le but est de mettre en place un système autoritaire capable de produire « scientifiquement » les bons individus et les bons gènes dont la nation a besoin. Comme l'a montré Donald MacKenzie, l'idéologie eugéniste a exercé un attrait particulier, en Grande-Bretagne, sur les hommes de science, les universitaires, les médecins et, de façon générale, sur les classes moyennes. Il semble que beaucoup d'intellectuels aient vu là, entre autres, le moyen de promouvoir une sorte de « méritocratie ». Pour les petits-bourgeois, l'existence de talents héréditaires spéciaux était une idée séduisante, utilisable pour confirmer leur « supériorité » par rapport aux travailleurs ordinaires[18].

Il faut toutefois se garder de croire que les eugénistes ont tous des motivations strictement identiques. Suivant les pays, le style et les préoccupations varient. En Grande-Bretagne, les modérés semblent avoir prédominé. À la différence des Allemands et des Américains, selon D. MacKenzie, ils ont pratiqué un « eugénisme de classe » plutôt qu'un « eugénisme raciste ». En d'autres termes, ils ne se souciaient pas tant de se protéger contre les Juifs, les Noirs et autres immigrants que de trouver des solutions biomédicales aux problèmes sociaux et économiques. Il apparut assez vite que les « crises » exigeaient d'autres remèdes ; et le projet proposé en 1936 par E.W. MacBride dans la revue *Nature* fut sans lendemain. Il s'agissait tout simplement de stériliser les

18. D. MacKenzie, « Eugenics in Britain », *Social studies of science*, vol. 6, septembre 1976, pp. 499-532.

chômeurs[19]... On peut toujours voir là une aberration complètement marginale. Mais, même dans ce cas, il s'agirait d'une aberration exprimant une philosophie courante chez les eugénistes : *pour résoudre les problèmes sociaux et politiques, il suffit d'intervenir avec les armes de la biologie et surtout de la génétique.* Que certains adeptes de cette conception pèchent par candeur plutôt que par cynisme, c'est possible ; l'enfer, comme on sait, est pavé de bonnes intentions. Mais il est essentiel de voir où cela peut mener.

Car la pente est savonneuse : on commence par sélectionner à outrance (Galton fut un grand pionnier des tests), on établit des cartes d'identité génétique, on multiplie les contrôles relatifs aux mariages et à la santé, on coupe les canaux déférents aux « fous », aux « asociaux » et aux « tarés » – et apparaissent alors les solutions finales. Par exemple, l'euthanasie « humaine et économique » chère à Alexis Carrel. Le pire n'est jamais sûr ; mais peut se réaliser et s'est déjà réalisé. Les eugénistes de Grande-Bretagne en firent d'ailleurs l'amère expérience avant la Seconde Guerre mondiale. À l'exception de quelques sympathisants du fascisme, ils éprouvèrent un certain désarroi en découvrant dans les années 1930 ce que signifiait l'eugénique pratiquée par les Nazis (eugénique qu'ils finirent par condamner). D'autres eugénistes (tel Macfarlane Burnet) se montrent de nos jours beaucoup plus « compréhensifs » à l'égard de Hitler. L'eugénisme nazi, certes, avait des motivations extra-scientifiques. Mais, dans son livre *Mein Kampf* (rédigé à partir de 1924), Hitler se référait explicitement à la biologie de la reproduction et de l'évolution pour justifier son culte de la « pureté de la race ». Il est des idées dangereuses avec lesquelles il ne faut pas jouer ; et l'inconscience, aujourd'hui comme hier, n'est pas un bon alibi.

B. ÊTRE EUGÉNISTE AUJOURD'HUI

Depuis Galton et même depuis Alexis Carrel, la situation a beaucoup évolué. Sur le plan idéologique et social, à cause du nazisme, l'eugénisme a subi un très net recul ; il est en tout cas devenu plus discret. Mais les progrès énormes de la biologie et de l'ingénierie génétique, entre-temps, ont rendu *possible* un eugénisme perfectionné. Il en résulte une situation assez complexe ; quelques tendances néo-eugénistes se laissent percevoir, mais sans qu'on puisse prédire de façon certaine quels seront les grands

19. Même article, p. 518.

choix de l'avenir. Pour tenter d'y voir clair, partons de quelques constats relatifs aux nouveaux savoirs et aux nouveaux pouvoirs acquis par les biologistes.

Les formidables progrès du dépistage génétique

L'une des grandes innovations a été la mise au point de méthodes permettant la détection des « mauvais gènes », c'est-à-dire des gènes qui, directement ou indirectement, sont responsables de certaines maladies. Comme l'écrivaient J. Rifkin et T. Howard dès 1977, l'examen du génome des individus afin de repérer d'éventuelles anomalies génétiques est devenu « une pratique médicale courante »[20]. La phénylcétonurie fut la première maladie héréditaire pour laquelle fut mis au point un test de dépistage efficace pour les nouveau-nés. Cette maladie, due à l'absence d'une certaine enzyme, cause un grave retard mental chez les enfants qui en sont victimes. L'intérêt médical du test est donc clair : si le déficit génétique est détecté assez tôt, il est possible de mettre en œuvre un traitement qui assure le développement normal de l'enfant. De très nombreux États, en Amérique, promulguèrent des lois en faveur du dépistage de la phénylcétonurie. Mais d'ores et déjà existent des tests relatifs à plusieurs autres maladies héréditaires. Aux États-Unis, des campagnes de dépistage plus ou moins vastes ont été entreprises en ce qui concerne la maladie de Tay-Sachs, la leucinose (ou maladie du sirop d'érable), la galactosémie, l'homocysténurie, l'histidinémie, etc. De façon générale, on peut s'attendre à ce que le dépistage fasse de grands progrès dans les années à venir. Grâce aux techniques du génie génétique, il est désormais possible d'envisager la détection de n'importe quelle anomalie génétique.

Le dépistage des défauts génétiques peut intervenir à des stades différents. Ou bien on le pratique sur des gens qui souhaitent avoir des enfants ; il est ainsi possible de leur donner des informations sur les risques encourus (naissance d'enfants hémophiles, par exemple). Ou bien on pratique sur la femme enceinte une amniocentèse, opération qui consiste à enfoncer une aiguille à travers la membrane entourant l'embryon, à prélever du liquide amniotique et à analyser les cellules fœtales qu'il contient ; si les tests révèlent une anomalie grave, l'avortement peut être envisagé. Ou bien encore les tests sont effectués sur les nouveau-nés ; il suffit pour

20. J. Rifkin, T. Howard, *Les Apprentis sorciers*, Ramsay, 1979, p. 129 (édition originale : *Who should play God ?* Dell, 1977).

cela de prélever quelques gouttes de sang qui seront aussitôt analysées. Si une anomalie génétique est repérée, il est possible que le fonctionnement physiologique normal soit rétabli grâce à une intervention médicale (par exemple, comme dans les hémophilies, par l'apport d'une enzyme *ad hoc*). Naturellement, les mécanismes génétiques et physiologiques qui président à la transmission et au développement des maladies héréditaires sont très divers et parfois très complexes ; bien des points demandent encore à être précisés. Mais, quelles que soient les limites actuelles de la science médicale en matière de diagnostic et de thérapeutique, une situation nouvelle s'est créée : désormais, il est possible de concevoir à long terme une gigantesque entreprise de purification du capital génétique de l'humanité (ou de certaines populations). Ce qui soulève de nombreuses questions qui sont à la fois techniques et éthiques. Essayons d'en indiquer quelques-unes.

Jusqu'où aller dans le « triage » des gènes ?

Tout d'abord, comment définir en ce domaine les notions d'*anomalie* et de *risque* ? Où s'arrêter dans le « triage » des gènes ? On connaît actuellement des centaines et des centaines de maladies héréditaires ; c'est à peine une boutade de dire que les « mauvais gènes » sont partout... Dans leur livre, Rifkin et Howard signalaient que, selon l'Institute of general medical sciences, douze millions d'Américains étaient « porteurs de maladies génétiques entièrement ou en partie causées par des gènes ou des chromosomes défectueux[21] ». Même les individus en bonne santé sont le plus souvent porteurs de quelques « mauvais gènes » ; c'est-à-dire de gènes qui, dans certaines conditions d'environnement ou

21. Même ouvrage, p. 130.

Le médecin italien Cesaro Lombroso eut en 1870 la conviction d'avoir résolu « le problème de la nature du criminel ». Tout simplement, le criminel était « un être atavistique reproduisant dans sa personne les féroces instincts de l'humanité primitive et des animaux inférieurs ». La description du criminel-né que proposait Lombroso ne manque pas de pittoresque : mâchoires énormes, hautes pommettes, arcades sourcilières proéminentes, oreilles « en forme d'anse » semblables à celles des « sauvages » et des singes, insensibilité à la douleur, amour des orgies, désir de tuer et de boire le sang de la victime... C'était une théorie *héréditaire* ; mieux encore, une théorie *évolutionniste* qui expliquait le comportement criminel comme une régression

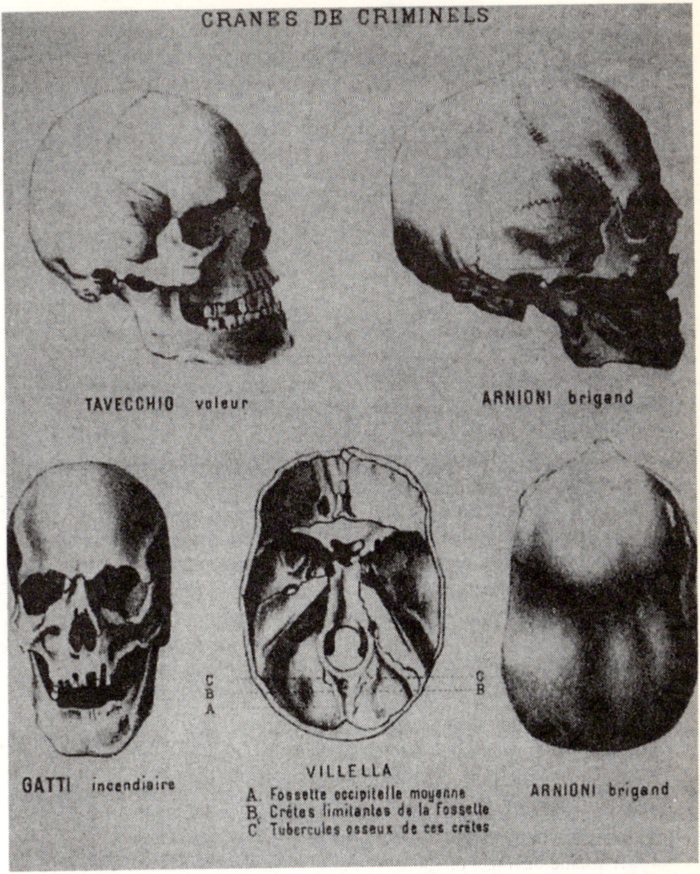

biologique. Cette illustration, tirée de Lombroso, montre des « crânes de criminel » qui, en principe, sont caractéristiques... Il y a une vingtaine d'années, des publications scientifiques « sérieuses » ont contribué à ranimer le mythe du criminel-né sous une nouvelle forme ; un chromosome supplémentaire, en effet, semblait déclencher chez les mâles humains des comportements spécialement agressifs. À partir de là, bien sûr, diverses mesures sociales pouvaient être envisagées ; et, pour commencer, le dépistage systématique du « chromosome du crime » ! Les bases scientifiques de ces spéculations, en fait, sont extrêmement faibles ; mais dans une perspective eugéniste, la « récupération » était tentante et facile. *(Gravure tirée de* L'Homme criminel *de Lombroso, cliché J.-L. Charmet.)*

en association avec d'autres gènes, pourraient engendrer une pathologie.

Aussi est-on amené à s'interroger sur la portée de certaines argumentations favorables à l'élimination des gènes réputés « mauvais ». À première vue, l'idée de léguer aux générations futures seulement de « bons gènes » est séduisante ; une foule de maladies, par là même, leur seraient évitées. D'ailleurs, ainsi que le remarquait Harry H. Laughlin dès 1914 dans une perspective eugéniste, ne devrait-on pas considérer que les cellules germinales appartiennent d'abord à la société et non pas aux individus porteurs ? Toutefois, si on accepte ce postulat, on est entraîné vers un *eugénisme médical* tout à fait radical.

Non seulement il faudrait faire disparaître tous les gènes susceptibles de causer des maladies graves bien caractérisées, mais le nombre des anomalies jugées « inacceptables » pourrait être indéfiniment élargi. Le Dr Cecil B. Jacobson, l'un des pionniers de la technique de l'amniocentèse, a par exemple admis que personne n'aimerait concevoir un enfant destiné à mourir du cancer à quarante ans ; et, conformément à la logique de la « purification », il en est arrivé à se déclarer en faveur de l'avortement toutes les fois qu'on détecterait dans un fœtus une anomalie annonçant la formation d'un cancer vers l'âge de quarante ou cinquante ans... En premier lieu, il faudrait être certain, du point de vue strictement biologique, que le pronostic est exact ; bien qu'il existe des « gènes de susceptibilité » et (comme on dit de façon simplifiée) des « prédispositions », il est souvent difficile d'apprécier rigoureusement les « risques ». En second lieu, des raisonnements comme celui de Jacobson montrent que la chasse aux « gènes délétères » risque de prendre des proportions démesurées et de devenir absolument impitoyable.

Pensons à cette déclaration de Francis Crick, prix Nobel de physiologie et de médecine : *« Aucun enfant nouveau-né ne devrait être reconnu humain avant d'avoir passé un certain nombre de tests portant sur sa dotation génétique. (...) S'il ne réussit pas ces tests, il perd son droit à la vie. »* Quant à Linus Pauling, prix Nobel de chimie et prix Nobel de la paix, il « a même suggéré qu'on devrait faire tatouer sur le front de toute jeune personne un symbole indiquant son génotype[22] ». Une idée revient assez souvent : tout individu désirant procréer devrait subir un examen génétique approfondi et obtenir en quelque sorte un

22. Même ouvrage, p. 77.

« permis de reproduire ». Les citoyens jugés génétiquement « défectueux » auraient interdiction d'engendrer.

Les mesures qui viennent d'être évoquées relèvent (ou relèveraient) en principe de la seule *médecine*, conçue comme entreprise destinée à assurer la santé des populations. Mais il est assez évident que des préoccupations sociales de type galtonien interviennent aussi à l'occasion. W. Shockley, prix Nobel de physique, a souhaité naguère que les individus ayant un faible Q.I. soient stérilisés[23]. La destruction des gènes « nuisibles », en clair, permettrait de favoriser la propagation des « gènes supérieurs » ; c'est-à-dire des gènes qui, selon certains, sont censés correspondre à un meilleur Q.I. et à diverses vertus socialement utiles. Du point de vue strictement scientifique, la valeur des raisonnements qui sous-tendent ces projets est à l'heure actuelle extrêmement faible, sinon nulle. D'une part, il est très difficile de définir l'intelligence de façon « objective » ; le Q.I., si utile qu'il puisse être en certaines circonstances bien définies, ne peut sûrement pas être considéré comme la mesure d'une qualité « absolue » grâce à laquelle on pourrait hiérarchiser les individus ou les populations. D'autre part, les spécialistes ne savent pas grand-chose sur sa base génétique. Mais les succès obtenus ailleurs par la génétique contemporaine frappent les imaginations, à tel point que les anciennes idées de Galton sur l'amélioration génétique des « races les mieux douées » pourraient fort bien recouvrer une nouvelle jeunesse.

Incertitudes et limites de la génétique des comportements

Comme cela s'est produit dans le passé, on voit se conjuguer projets politiques et thèmes plus ou moins « scientifiques ». C'est pourquoi il est nécessaire d'examiner de près la signification réelle des discours tenus par certains théoriciens sur le rôle des gènes. E.O. Wilson, dans ses spéculations sociobiologiques, a par exemple formulé avec insistance des hypothèses hardies sur la base génétique de divers « comportements sociaux ». La démarche, en son principe, est légitime : pourquoi n'y aurait-il pas des gènes spécifiques contrôlant de façon plus ou moins directe « l'agressivité » ou « l'altruisme » ? Encore faut-il que les textes destinés non seulement aux spécialistes mais au grand public per-

23. Voir The Ann Arbor science for the people editorial collective, *Biology as a social weapon*, Burgess, 1977, p. 53.

mettent de savoir où s'arrêtent les « faits » et où commencent les « hypothèses ».

Très souvent, il est facile de s'y tromper ; et les multiples références au *« gène de l'homosexualité »* ou au *« gène de la malveillance »* finissent par implanter l'idée que ces gènes ont une existence bien avérée et que leurs effets comportementaux sont bien connus. Or il n'en est rien. On ne saurait donc trop insister sur le caractère incertain de plusieurs notions utilisées ici ou là par quelques spécialistes. Bernard Davis, professeur de physiologie bactérienne à Harvard, a souhaité un programme d'eugénique susceptible de *« réduire la production d'individus incapables, étant donné leur génétique, de faire face à un environnement technologique complexe*[24] ». Bien qu'un tel texte puisse paraître fort savant, son contenu scientifique est pratiquement nul... Il faut s'en rendre compte ; et éviter que les pseudo-démonstrations de ce genre ne servent un de ces jours à élargir et à durcir un programme d'eugénique « médicale » déjà audacieux.

Les spéculations relatives à ce qu'on a appelé le « chromosome du crime » constituent un exemple très concret du processus qui mène de la biologie à la tentation eugéniste. En 1965 parut dans *Nature* un article où trois chercheuses envisageaient de façon à la fois explicite et prudente l'existence d'une relation significative entre le « comportement agressif » et la présence d'un chromosome mâle anormal XYY (« Aggressive behaviour, mental subnormality and the XYY male[25] »). Pour tester leur hypothèse, les auteurs avaient enquêté dans une institution écossaise où se trouvaient des « malades mâles mentalement inférieurs à la normale et ayant des tendances dangereuses, violentes ou criminelles ». Il en résultait que, dans la population examinée, la fréquence du XYY était de 3,5 % ; ce qui, par comparaison avec des groupes « normaux », paraissait tout à fait significatif. Le problème, ajoutaient Patricia A. Jacobs et ses collaboratrices, était de savoir si l'agressivité était directement liée à la présence du chromosome XYY ou à une déficience mentale (qui elle-même semblait significativement liée au XYY).

En 1967, toujours dans la revue *Nature*, parut un autre article au titre encore plus net : « Criminal behaviour and the XYY male ». Les auteurs, W.H. Price et P.B. Whatmore, estimaient « raisonnable de suggérer que le comportement antisocial est dû à un chromosome Y supplémentaire ». En 1969, des Danois appor-

24. Rifkin et Howard, p. 71.

25. *Nature*, vol. 208, 25th dec. 1965, p. 1351.

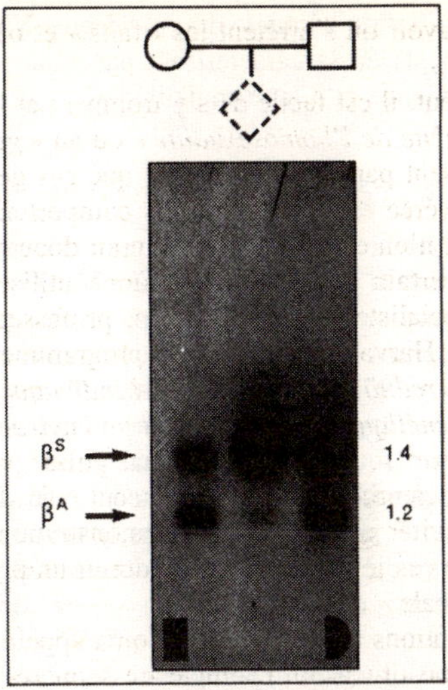

Les généticiens ont mis au point diverses techniques pour dépister les maladies héréditaires. Des diagnostics très précis peuvent être formulés, par exemple à propos de l'anémie à hématies falciformes (ou drépanocytose). Le cliché reproduit ici a été obtenu grâce à la technique dite du « Southern blot », qui permet d'analyser directement le gène responsable de la synthèse de la bêta-globuline. Les deux taches de gauche correspondent aux deux allèles de la mère, les deux taches de droite aux deux allèles du père ; il s'agit de deux sujets hétérozygotes, porteurs d'un gène normal et d'un gène délétère. Au centre, on voit une tache plus grosse que indique que le fœtus (examiné avant la dixième semaine de grossesse) est homozygote et plus précisément porteur de deux gènes délétères.
Il est donc possible de prévoir que, si la grossesse est menée à son terme, il naîtra un enfant atteint d'anémie à hématies falciformes. Un avortement dit thérapeutique peut alors être décidé sur proposition du médecin et avec l'accord des parents. Il est à peu près assuré que, dans les prochaines décennies, ces sortes de diagnostics se multiplieront ; ce qui peut conduire à envisager une « purification » générale et systématique du capital génétique commun. Idéalement, ce projet peut séduire. Mais divers problèmes surgissent. Comment évaluer les risques et les « seuils d'inacceptabilité » ? Jusqu'où faudrait-il aller dans cette chasse aux « mauvais gènes » ? *(Cliché de M. Goossens* et al., *tiré de* The New England Journal of Medicine, 309, *381-383,* 1983.*)*

Le lecteur aura de lui-même rectifié l'intervention en bas du schéma : la demi-lune doit passer à gauche et le rectangle à droite.

tèrent leur contribution à l'étude du « syndrome XYY » (c'est ainsi qu'ils l'appelaient) en le caractérisant par « une disposition prononcée à la déviance et à la criminalité[26] ».

Un mythe à succès : le « chromosome du crime »

La grande presse fit écho à cette « découverte » et, aux États-Unis, un roman à succès fut publié : *The XYY man.* Le héros, porteur du chromosome fatal, sort de prison pour travailler comme cambrioleur au profit des services d'espionnage britanniques... Un manuel publié en 1973 expliqua aux étudiants que les porteurs du XYY étaient « très agressifs ». Mais, dans la perspective eugéniste, le fait le plus remarquable fut sans doute celui-ci : Bentley Glass (un ancien président de l'American association for the advancement of science) évoqua en 1971, dans la revue *Science*, le jour futur où, grâce au diagnostic par amniocentèse et grâce à de judicieux avortements, il serait possible de se débarrasser « des déviants sexuels tels que ceux du type XYY ». En 1973, un cas illustrant ces propos a été rapporté : une mère, apprenant que son fœtus était porteur du XYY, préféra avorter[27].

Indéniablement, les hypothèses sur les effets du chromosome XYY ont fait boule de neige. Dans un milieu prêt à accueillir favorablement ces idées, il y a eu un effet de « rumeur ». Au départ, quelques statistiques servaient de base à des suppositions formulées avec précaution ; puis quelques travaux prétendirent apporter des « confirmations » ; et un large public adopta sans se faire prier l'idée d'un « chromosome du crime ». Un pas de plus, qui fut vite franchi, suffisait pour que soit suggérée l'application au tri des bons gènes. La majorité des spécialistes, en fait, semble s'accorder là-dessus : les études réalisées jusqu'ici n'aboutissent à aucune conclusion sûre, il n'est pas possible d'affirmer scientifiquement que les porteurs du chromosome XYY constituent globalement une sous-population dangereuse du point de vue social. Depuis 1965, de nombreuses critiques ont été adressées aux premiers travaux sur le XYY. Plusieurs portent sur le maniement des statistiques et sur les procédés employés pour comparer les populations « normales » et « anormales ». De plus, même dans le

26. J. Nielsen et T. Tsuboi, « Intelligence, E.E.G., personality deviation and criminality in patients with the XYY syndrome », *Bristish journal of psychiatry*, 115 (1969), p. 965.

27. Voir E.B. Hook, « Behavioral implications of the human XYY genotype », *Science*, 179 (1973), p. 150.

cas où certains écarts vraiment significatifs pourraient être mis en évidence, il faudrait savoir comment les interpréter. En suggérant l'existence d'un *lien causal strict* entre une donnée génétique et un comportement social pathologique, on risque d'égarer complètement le public et de lui faire croire que « le chromosome XYY produit des criminels ». En toute hypothèse, c'est une vue simpliste.

Car, pour le dire en termes simples, il est assuré que la plupart des porteurs XYY mènent la même vie sociale que les mâles « normaux » (XY) ; et rien ne permet d'affirmer qu'un porteur de XYY soit spécialement destiné à devenir un criminel, au sens strict du mot. Le seul fait qui semble avéré, c'est que les « XYY » sont *un peu plus nombreux*, relativement, que les « XY » dans les institutions réservées aux criminels souffrant de maladies mentales. Quelle que soit l'explication ultime de ce fait statistique, il serait aberrant d'y voir la justification d'un programme eugéniste général ayant pour cible le « chromosome du crime ». D'autant plus qu'à côté des variables génétiques il y a les variables sociales ; et que ces dernières, même si elles sont difficiles à apprécier et à mesurer, méritent assurément d'êtres prises en considération. Pour diverses raisons, certains esprits sont satisfaits d'expliquer les comportements humains en termes *purement* génétiques. Mais, sur le plan de la théorie comme sur celui de la pratique, ce réductionnisme paraît à la fois arbitraire et paresseux.

Effets sociaux du dépistage : le cas de l'anémie falciforme

L'exemple du chromosome XYY peut être jugé marginal, caricatural, et donc peu significatif. Mais il n'est pas isolé, comme le montre l'histoire récente des sciences bio-médicales. Le cas du dépistage de l'anémie à hématies falciformes, entre autres, est bien connu de tous ceux qui réfléchissent sur le problème de la discrimination génétique. Il s'agit d'une maladie qui affecte essentiellement les Noirs ; elle doit son nom au fait que les globules rouges de ceux qui en sont atteints deviennent rigides et prennent la forme d'une faux. Il en résulte des troubles divers, en particulier un appauvrissement du sang en oxygène. Cette maladie est très grave et, à l'heure actuelle, on ne connaît pas de traitement efficace. L'une de ses caractéristiques, c'est qu'elle se transmet génétiquement, mais que le gène responsable est récessif : seuls les sujets homozygotes, possédant deux gènes pathogènes pour le locus concerné, sont malades. Les sujets hétérozygotes, porteurs d'un seul allèle « négatif », sont légèrement anémiés mais mènent une vie normale ; aux États-Unis, un Noir sur douze environ est porteur d'un gène « dormant » de l'anémie falciforme. Autre caractéristique : la présence de ce gène assure aux porteurs une défense contre la malaria. Mais, dans le contexte américain, les responsables de la santé ont surtout été sensibles aux redoutables effets du gène de l'anémie falciforme ; en 1972, 115 millions de dollars furent destinés à la lutte contre cette maladie. Très logiquement, l'accent fut mis sur le rôle de la prévention et sur la nécessité d'une bonne information ; les porteurs du « mauvais » gène, une fois avertis, pourraient aviser (puisque deux parents hétérozygotes, évidemment, risquent d'avoir un enfant homozygote et donc malade).

Si pures qu'aient été les intentions initiales, il apparut assez vite que ce projet ne présentait pas que des avantages pour les Noirs. Tout d'abord, comme le signalent Rifkin et Howard, il s'est produit une « culpabilisation ». En effet, même des sujets bien portants mais possesseurs du fameux gène se sentirent « anormaux ». Et, surtout, ils furent perçus comme tels dans leur vie sociale ; car la confusion était facile à faire entre un sujet « malade » et un sujet « porteur d'un gène pathogène ». Concrètement, cela eut pour conséquence que des Noirs en parfaite santé durent payer des primes d'assurances plus élevées. Ou encore, six compagnies d'aviation décidèrent de ne pas transporter cette catégorie de Noirs[28]. Petit à petit, on vit donc apparaître des formes de ségrégation qui n'avaient pas été prévues par les promoteurs du dépistage génétique. L'un des effets les plus spectaculaires se manifesta dans le domaine de l'emploi.

Car le docteur Alston Meade, président de l'Association des employés noirs de la firme Du Pont, demanda dès 1972 que le test de détection soit pratiqué systématiquement dans l'intérêt même de ces employés. « L'ennui, comme l'écrit Jean-Pierre Rogel, c'est

28. Rifkin et Howard, ouvrage cité, p. 136.

Il existe des relations nombreuses, mais pas toujours immédiatement visibles, entre les mesures médicales et les divers aspects de la vie socio-économique. Ce qui s'est passé récemment aux États-Unis à propos de l'anémie à hématies falciformes est, de ce point de vue, très révélateur. Cette forme d'anémie, qui se manifeste par des troubles graves, ne se rencontre que chez les Noirs : elle est liée à

la présence simultanée de deux allèles bien définis. Afin d'éviter la naissance d'enfants porteurs de ces deux gènes, les instances médicales ont entrepris des campagnes de dépistage : les sujets hétérozygotes (porteurs d'un seul gène de l'anémie falciforme) peuvent ainsi être informés des risques éventuellement courus par leur descendance. Il faut noter que certaines de ces mesures ont été clairement prises en vue de servir les intérêts de la population noire concernée. Mais des conséquences inattendues se sont manifestées. En effet, les sujets hétérozygotes, bien qu'ils mènent une vie tout à fait normale, peuvent souffrir d'une anémie bénigne. Non seulement ces sujets furent perçus comme potentiellement « dangereux », mais ils furent soumis à diverses mesures restrictives dans le domaine de l'emploi (industries chimiques et transports aériens, entre autres) ; et leurs primes d'assurances furent augmentées... Le dépistage génétique, on le voit, peut avoir des implications variées (et pas toujours innocentes). *(New York, Chinatown ; cliché Roger Viollet.)*

que l'histoire ne s'arrête pas là[29]. » Avec les mois et les années, en effet, le problème de l'*adaptation aux conditions de travail* se posa sous des formes de plus en plus précises. Les hétérozygotes, quoique tout à fait valides, sont un peu anémiés ; aussi paraissait-il donc « rationnel », médicalement parlant, de ne pas les admettre à des postes où étaient manipulés des composés azotés ou animés. Un processus de tri génétique était donc déclenché, qui avait des conséquences directes sur les emplois des Noirs. Bien qu'on ne soit pas capable de prévoir toutes les répercussions de l'affaire, il est évident, dès maintenant, qu'elle soulève des difficultés aussi bien morales que juridiques. « Ainsi, en 1980, un jeune Noir contesta devant les tribunaux un règlement de l'U.S. Air force qui lui interdisait d'entreprendre une carrière de pilote parce qu'il était porteur du gène de l'hématie falciforme. Quelques mois plus tard, l'Air force supprimait ce règlement qui a tout de même été en vigueur dix ans[30]. »

En 1983, on ne comptait que six firmes américaines pratiquant les tests génétiques (Du Pont et Dow Chemical entre autres) ; mais un rapport de l'Office of technology assessment publié la même année révélait que cinquante-neuf grandes compagnies envisageaient sérieusement d'y recourir. D'autres pays que les États-Unis connaîtront ces sortes de problèmes dans un proche avenir ; et sans doute faut-il déjà réfléchir au bon usage des mesures de dépistage. Sous l'action conjuguée de l'État, des médecins et des industriels, c'est une technocratie pesante et même inquiétante qui risque de se mettre en place. Les exigences de la santé, évidemment, doivent être reconnues ; mais il faut voir que, en diverses circonstances, la carte d'identité génétique pourrait bien servir d'alibi à des opérations plus ou moins suspectes. La générosité des intentions ne suffit pas, de toute façon, à garantir que l'esprit de la *Déclaration des droits de l'homme* sera toujours respectée.

De l'eugénisme à la « biologie sociale »...

Bien sûr, la philosophie qui sous-tend les campagnes de dépistage n'est pas aussi « dure » que celle des Galton, des Carrel et des Burnet ; le mot même d'*eugénisme* est habituellement évité. Cela,

---

29. J.P. Rogel, « La sélection génétique à l'embauche », dans *L'État des sciences et des techniques* (sous la dir. de M. Blanc), La Découverte/Maspero, 1983, pp. 144-147.

30. J.P. Rogel, même ouvrage, p. 146.

toutefois, ne doit pas faire illusion. La Société américaine d'eugénique, en 1972, a décidé de changer de nom et s'appelle désormais Société pour l'étude de la biologie sociale *(Society for the study of social biology)*. On peut voir là une renonciation aux idéaux eugénistes ; mais c'est peut-être aussi un signe annonçant que la « biologie sociale » est aujourd'hui le lieu privilégié de l'eugénisme...

Car que peut bien signifier, en l'occurrence, la dénomination assez floue de « biologie sociale » ? Cette discipline aurait comme objectif *théorique* l'étude des comportements sociaux à la lumière des sciences biologiques (génétique et éthologie en particulier) ; elle serait aussi en mesure d'évaluer les effets des « facteurs sociaux » sur le développement biologique de l'humanité. Les recherches de ce type sont sûrement dignes d'intérêt ; mais il se pourrait que, *du point de vue de la pratique*, le succès de la « biologie sociale » (et de la sociobiologie par la même occasion) ne soit pas neutre[31]. Le risque, en deux mots, c'est que certains spécialistes se sentent de plus en plus habilités à *évaluer les activités sociales selon des « normes » biologiques.* Progressivement, surtout si les responsables politiques sont séduits par cette forme de réductionisme, des conséquences plus ou moins eugénistes pourraient en résulter. L'eugénisme lui-même, en fait, est une forme spécifique de « biologie sociale » ; c'est au nom de la biologie qu'il intervient de façon parfois brutale dans la vie publique et essaye de justifier certaines atteintes aux droits des personnes. Évitons les procès d'intention ; mais en prenant conscience des problèmes tout à fait concrets soulevés par cette biologie-là.

Même la santé des populations, qui constitue l'objectif majeur de la médecine, ne suffit sans doute pas à légitimer *toutes* les mesures qui paraissent techniquement réalisables et souhaitables. Plusieurs détails, là encore, devraient retenir l'attention. S'il est vrai, comme le signalent Rifkin et Howard pour les États-Unis, que les nouveau-nés sont soumis aux tests génétiques presque toujours à l'insu des parents et sans leur consentement, il en découle qu'un « fichage » général est possible ; lequel « fichage » pourrait bénéficier de tous les progrès de l'informatique et receler des renseignements que les sujets concernés ne connaîtraient même pas. Quant à la « carte d'identité génétique », il n'est que trop facile de voir comment son usage pourrait être socialement perverti.

---

31. Voir *Biology as a social weapon*, déjà cité ; et P. Thuillier, *Les biologistes vont-ils prendre le pouvoir ?*, Complexe, 1981.

Même du strict point de vue biologique, la « police des gènes » fait question...

Sur le plan proprement biologique, l'idéal de la sélection génétique à outrance peut d'ailleurs être contesté : ne risque-t-il pas de conduire à un appauvrissement du pool génétique humain ? Le rêve des eugénistes, c'est de pratiquer une anthropotechnie analogue à la zootechnie. Mais les éleveurs, justement, ont eu l'occasion de constater les limites de la sélection systématique : à force de « perfectionner » une variété ou une « race », il arrive qu'elle devienne fragile à l'excès. Avant d'organiser un contrôle général des gènes humains, il serait bon d'étudier très sérieusement ce dossier. Les experts peuvent commettre des erreurs ; et l'espèce de paranoïa du gène qui se manifeste dans certaines déclarations de spécialistes éminents n'est pas faite pour rassurer. Car il est exact, en un sens, que *« toutes les maladies et dégradations humaines »* impliquent les gènes, fût-ce très indirectement[32] ! Et tout, ou presque, est ou deviendra possible : activer des gènes « dormants », remplacer des gènes défectueux grâce à la chirurgie génétique, pour ne rien dire de toutes les manipulations sur les ovules, les spermatozoïdes et les embryons...

On a cru longtemps que tout cela relevait seulement de la science-fiction. Cette période est manifestement révolue. Les biotechniciens disposent d'ores et déjà de toute une panoplie qui leur permet des explorations et des interventions variées. Beaucoup de techniques en sont encore au stade expérimental (ou bien n'ont été utilisées que sur des animaux). Mais on peut s'attendre à une véritable « explosion » des biotechnologies dans les prochaines décennies. Le moment est donc venu d'y penser sérieusement : qu'adviendra-t-il des vœux souvent exprimés par des autorités médicales ou biologiques en faveur d'une application généralisée de ces techniques ? Donnons la parole à Sir Julian Huxley, l'illustre biologiste dont le nom est attaché à la « théorie synthétique de l'évolution » : *« Il est clair que, pour tout projet majeur au plan de l'efficacité nationale et internationale, nous ne pouvons nous en remettre à un bricolage hasardeux des facteurs sociaux et politiques, (...) ni même à une amélioration de l'éducation, mais que nous devons de plus en plus compter sur l'élévation du niveau génétique des capacités intellectuelles et manuelles de*

---

32. Voir les citations du Dr C.J. Epstein et du Dr W. Aposhian faites par Rifkin et Howard, ouvrage cité, p. 144.

l'homme[33]. » Coïncidence fort suggestive : ce même biologiste qui fut le premier directeur général de l'UNESCO (1946), était le frère d'Aldous Huxley, l'auteur du *Meilleur des mondes* (1932)...

La chirurgie génétique (genetherapy) fait ses débuts. Il y a quelque temps, une équipe de chercheurs médicaux de l'université de Californie (San Diego) et du Salk Institute se proposait d'insérer un gène humain cloné dans la moelle osseuse de malades atteints du syndrome de Lesch-Nyham[34]. Faut-il renforcer le contrôle de ces sortes d'expériences, et comment ? Les avis (et les intérêts) sont divergents. D'après le Dr Talbot, directeur du National institute of allergy and infectious diseases, une nouvelle procédure de contrôle sera vraisemblablement mise en place, aux termes de laquelle les expériences de thérapeutique génétique seront soumises à l'approbation simultanée du Recombinant advisory committee (RAC) et du National institute of health[35]. Mais les controverses ne cesseront pas définitivement pour autant et d'autres problèmes surgiront. Quelles que soient les mesures techniques et administratives adoptées, il est clair que les options fondamentales seront d'ordre philosophique.

Éthique et génétique : le camionneur et le gendarme

Pour simplifier, on peut admettre que deux grandes tendances s'affrontent. Dans un camp se rangent les « durs ». Le cas de Joshua Lederberg, prix Nobel de physiologie et de médecine, est assez typique : il est partisan du clonage humain, moyen efficace de produire des « individus supérieurs ». (Le clonage, comme on sait, est une technique qui permet de produire plusieurs individus génétiquement identiques.) Dans l'autre camp se trouvent ceux qui préfèrent le *statu quo*. George Wald, autre prix Nobel de physique et de médecine, peut leur servir de porte-parole ; dans les années 70, il demandait qu'on déclare inviolable le patrimoine génétique humain[36]. Il faut s'attendre à ce qu'une voie moyenne, en fait, soit suivie ; mais pour aller où exactement ?

Aux États-Unis, grâce à une initiative privée, la collecte et la

---

33. Cité par Rifkin et Howard, ouvrage cité, p. 71. Voir également le livre de Julian Huxley traduit en français : *Essai d'un biologiste*, Stock, 1946.

34. *New Scientist*, 19 janvier 1984, p. 7.

35. *New Scientist*, 12 janvier 1984, p. 7.

36. Voir M. Blanc, « Des biologistes partisans du "meilleur des mondes" », *La Recherche*, n° 121, avril 1981.

conservation du sperme de prix Nobel sont déjà soigneusement organisées. Par insémination artificielle, si l'on en croit les responsables, il est donc facile de procréer des enfants qui auraient des talents « supérieurs » et en particulier un Q.I. élevé. Rien, en fait, ne permet d'affirmer la validité scientifique d'un tel projet ; il faut surtout y voir une expression nouvelle du mythe du Surhomme. Le Dr Frankenstein fabriquait un être nouveau à partir de cadavres ; le Superman de notre époque, lui, naîtra de spermatozoïdes nobélisés. Si vaine que soit cette idée, elle a une signification sociale. N'oublions pas, en particulier, que le seul prix Nobel ayant reconnu avoir donné son sperme est W. Shockley. C'est-à-dire celui-là même qui a souhaité qu'on stérilise les individus de faible Q.I.

Encore une fois, ces petits faits demandent à être médités. Beaucoup d'indices montrent que diverses conditions favorables à une résurgence de l'eugénisme sont réunies. Les biotechnologies de la reproduction humaine (fécondation *in vitro*, banque de sperme, etc.) se développent et font déjà partie de la vie courante. La tendance à « techniciser » cette fonction essentielle ne peut que multiplier les occasions de procéder à des tests génétiques et de renforcer la « sélection » des gènes. Les avantages sont évidents ; mais en même temps apparaît la tentation de ce qu'on pourrait appeler un eugénisme doux, de type modéré et technocratique. Rappelons aussi que de 1941 à 1975, 13 000 personnes ont été stérilisées contre leur gré dans un pays en principe démocratique : la Suède. Et ce, au nom de *« l'hygiène sociale »* ou de *« l'hygiène raciale »*. Telle jeune fille a été stérilisée parce qu'elle était « coquette, crédule, minaudière et facile à mener » ; tel adolescent l'a été parce qu'il apparaissait comme « asocial ». Ainsi que l'a noté l'historien Pierre Darmon, plusieurs médecins français ont autrefois milité en faveur de l'eugénisme le plus radical, celui qui consiste à *castrer les dégénérés ou à les supprimer d'un seul coup*[37]. Sans doute ne faut-il pas s'alarmer : rien ne permet de croire que la France d'aujourd'hui, entre autres, est prête à ressusciter ces fantasmes anciens, du moins sous une forme aussi brutale. Mais sans doute aussi faut-il rester vigilant. Il y a quelques années, un auteur a fait rire les Américains en leur montrant au théâtre un généticien quelque peu exalté, le Dr Irving Slezak. Grâce à l'association d'un gène de camionneur et d'un gène de

37. Voir l'article d'Alain Debove, *Le Monde*, 19 novembre 1986, p. 13 ; et celui de P. Darmon : « La tentation eugénique », dans *L'Histoire*, n° 108, février 1988.

gendarme, cet homme de science espérait produire un être nouveau : « *un camionneur qui, dès qu'il aurait dépassé la limite de cent kilomètres à l'heure, s'arrêterait de lui-même pour s'infliger un contravention* ». Il n'est pas sûr que les mesures eugénistes ou crypto-eugénistes soient toujours aussi drôles.

Bibliographie :

F. Galton, *Essays in eugenics*, Eugenics Education Society (London), 1909.

D.W. Forrest, *Francis Galton, The life and work of a Victorian genius*, Paul Elek, 1974.

C. Richet, *La Sélection humaine*, Félix Alcan, 1919.

J. Rostand, *Peut-on modifier l'homme ?*, Gallimard, 1956.

S.J. Gould, *La Mal-mesure de l'homme*, trad. fr., Ramsay, 1983.

J. Rifkin, T. Howard, *Les Apprentis sorciers*, trad. fr., Ramsay, 1979.

The Ann Arbor science for the people editorial collective, *Biology as a social weapon*, Burgess, 1977.

P. Thuillier, *Les biologistes vont-ils prendre le pouvoir ?* Complexe, 1981.

CHAPITRE X

Le nazisme et la « science juive »

Le mathématicien David Hilbert était l'une des gloires de l'université de Göttingen. Pendant les années 1920, il souffrit d'une longue maladie ; à cette occasion, on lui transfusa du sang donné par Richard Courant, un autre mathématicien de la même université. Bientôt circula cette plaisanterie : le seul mathématicien « aryen » de Göttingen avait du sang juif dans les veines... Mais Hitler, au début de 1933, accéda au pouvoir ; et, ainsi que le note l'historien américain Alan D. Beyerchen, cette boutade cessa d'être drôle[1].

Les « Aryens » contre la « science juive »

Dès avril 1933, une loi était promulguée qui interdisait pratiquement aux Juifs d'être fonctionnaires (des exceptions étaient prévues, par exemple pour ceux qui avaient combattu au front dans l'armée allemande). À Göttingen, qui était l'un des grands centres de la mathématique et de la physique allemandes, la purge eut des effets dévastateurs. Quatorze membres des divers instituts de mathématiques et de physique durent abandonner leur poste, parmi lesquels plusieurs directeurs (Richard Courant, Edmund Landau, James Franck, Max Born). Toute l'Université allemande fut frappée par les mesures nazies. Entre 1933 et 1940, dix-neuf scientifiques ayant eu ou devant avoir un prix Nobel quittèrent le pays (Gustav Hertz perdit son poste mais resta en Allemagne et travailla chez Siemens). Parmi eux figuraient Einstein, Schrödinger, Born, Wigner, Bethe, Haber, Krebs. L'antisémitisme des dirigeants nazis, qui aboutit à l'anéantissement de plusieurs millions de Juifs, est connu de tous. Mais on a généralement une idée moins précise des conceptions de Hitler et de ses idéologues concernant le rôle des Juifs dans la science.

Le dogme central de cette épistémologie très particulière se résumait ainsi : il existe une « science juive », qui est inférieure à la « science aryenne » et menace de la corrompre. Si arbitraire qu'il fût, ce thème raciste rencontra un réel succès dans le grand public. David E. Rowe (Pace University, New York) a fourni dans la revue *Isis* d'intéressantes précisions sur l'origine de l'idée même de « science juive ». Bien avant l'avènement du nazisme, des scientifiques peu suspects d'antisémitisme avaient utilisé cette notion et essayé de lui donner des bases « objectives ». Contrairement à ce qu'on pourrait penser, le mythe d'une authentique

1. A. D. Beyerchen, *Scientists under Hitler*, Yale University Press, 1977, p. 33.

Dans l'histoire des mathématiques, l'Allemand Felix Klein (1849-1925) occupe une place importante. En présentant la géométrie comme l'étude des propriétés d'un espace qui sont invariantes sous un groupe donné de transformations (« programme d'Erlangen », 1872), il exerça une grande influence. Mais, bien qu'il ait laissé d'importants travaux de mathématiques « pures », Klein était opposé au purisme de certains de ses collègues. Il souhaitait que les mathématiques ne soient pas séparées de la physique ; et , en particulier grâce aux relations qu'il noua avec des industriels, il encouragea vigoureusement la recherche appliquée. Professeur à Göttingen à partir de 1886, il attira à lui de nombreux mathématiciens juifs. Pourtant, de façon assez paradoxale, il se trouve que Felix Klein a formulé des idées sur la « pensée juive » qui furent ensuite utilisées par les idéologues nazis. Selon lui il était possible que les diverses « races » engendrent des pratiques mathématiques différentes. En étudiant l'histoire de sa discipline, il crut découvrir à plusieurs reprises des travaux spécialement marqués par leur style « juif ». Nazi et antisémite militant, Hugo Dingler rédigea en 1933 un mémorandum dénonçant la mainmise des Juifs sur la mathématique et la physique allemandes. Ce faisant, il reprenait à sa manière des thèmes diffusés par Klein. Mais, de façon erronée, il croyait que Klein lui-même était juif par l'un de ses parents ; et il le présentait comme le grand responsable de cette subversion dirigée contre les « Aryens ». *(Cliché Bildarchiv Preussischer Kulturbesitz.)*

« science germanique » n'a donc pas été forgé de toutes pièces par les stratèges du Troisième Reich. Naturellement, de nombreux facteurs (religieux, culturels, politiques, etc.) ont contribué à la genèse des diverses variétés d'antisémitisme ; mais le cas étudié par D. E. Rowe apparaît comme très instructif. À savoir celui de Felix Klein, l'un des plus grands noms de la mathématique allemande[2].

Né en 1849 et mort en 1925, Felix Klein eut une longue carrière pendant laquelle il fit des contributions majeures en mathématiques « pures » aussi bien qu'« appliquées » et constitua à Göttingen un centre important de recherches mathématiques et physico-mathématiques. En 1872, alors qu'il n'avait que vingt-trois ans, il formula ce qu'on appelle le *Programme d'Erlangen*, dont l'objectif était d'opérer une large unification des mathématiques en s'appuyant sur la théorie des groupes. Peut-être parce qu'il avait d'abord envisagé une carrière de physicien, Klein n'aimait pas le purisme de l'école mathématique de Berlin. Et l'on touche ici à un problème épistémologique qui a des implications très vastes : est-il exact qu'il y ait plusieurs « styles » de pensée mathématique ? Plus précisément encore, est-il exact que des collectivités (ou des « races »...) différentes soient portées à pratiquer des méthodes mathématiques différentes ? Il semble que Klein, très tôt, ait été sensible à ces questions. S'opposant consciemment à l'esprit berlinois, il s'efforça de rapprocher les mathématiques « pures » de la physique et des sciences de l'ingénieur. Quand il fut nommé professeur à Göttingen en 1886, il constitua une école où les mathématiques étaient abordées de façon à la fois ouverte et « concrète » ; ainsi était renoué le fil d'une tradition de physique mathématique illustrée à Göttingen même par Gauss et Riemann. Des historiens des sciences ont par exemple souligné que Klein, dans ses travaux sur la surface de Riemann, « recourut délibérément à l'intuition spatiale et à des concepts empruntés à la physique, spécialement à la dynamique des fluides ». De façon générale, « il n'aimait pas le tour de plus en plus abstrait que prenaient les mathématiques contemporaines ». Et, conformément à cette

2. D. E. Rowe, « "Jewish mathematics" at Göttingen in the era of Felix Klein », *Isis*, september 1986, pp. 442-449. Voir aussi L. Poliakov, « Spéculations aryennes sur l'univers (1899-1945) », *Le Genre humain*, n° 12, Complexe, 1985, pp. 247-263.

philosophie, il usa de son influence pour faire créer à Göttingen un Institut de recherche aéronautique et hydrodynamique[3].

Les mathématiciens juifs de Göttingen

Dans les années 1890, avec la mort de Kronecker et la retraite de Weierstrass, la domination de l'école mathématique de Berlin prit fin. Le rayonnement de Göttingen, en revanche, devint de plus en plus grand. En 1895, David Hilbert accepta un poste dans cette université ; et, en 1899, il publia un travail sur les *Fondements de la géométrie* qui est devenu un classique. Un peu plus tard, en 1902, quand Berlin lui proposa une chaire, il refusa. C'était un événement ; car jamais, jusqu'alors, un mathématicien n'avait décliné une telle offre... Pour s'assurer que Hilbert resterait à Göttingen, Klein fit créer une chaire pour un Juif qui était un grand ami de ce dernier, Hermann Minkowski. Cette décision, elle aussi, constituait une sorte de petit scandale. Car elle violait la règle tacite qui, dans l'Allemagne de cette époque, exigeait que les Juifs ne deviennent pas trop nombreux dans une discipline donnée. Cette entorse était d'autant plus visible que Klein, l'année précédente, avait appuyé la nomination d'un autre homme de science juif, Karl Schwarzschild, dans la chaire autrefois occupée par Gauss.

Autour de Klein, en fait, nombreux étaient les « non-Aryens ». Parmi ceux qui l'aidaient à diriger les *Mathematischen Annalen* (une revue importante) se trouvaient deux Juifs, Gordan et Noether. En 1909, quand Minkowski mourut subitement et qu'il fallut lui trouver un successeur, trois noms juifs furent proposés aux instances officielles : Hurwitz, Blumenthal et Landau. Deux ans plus tard, un autre mathématicien juif fut nommé à Göttingen pour enseigner les statistiques et les mathématiques actuarielles : Felix Bernstein. Ces « Juifs » étaient d'authentiques Allemands ; mais plusieurs autres venaient de pays étrangers : Paul Bernays (Suisse), Alexander Ostrowski (Ukraine), Theodor von Kàrmàn et John von Neumann (Hongrie), Willy Feller (Yougoslavie).

C'est pendant la république de Weimar (1918-1934) que le nombre de Juifs occupant des chaires universitaires fut le plus grand. Mais le mouvement avait commencé au moins une décennie avant la Première Guerre mondiale. On peut penser que la forte représentation des Juifs dans l'université ne passa pas

---

3. W. Burau, B. Schoeneberg, article « Klein », *Dictionary of scientific biography* (C. C. Gillipsie ed.), Charles Scribner's sons, vol. 7, 1970.

inaperçue à Göttingen. Cette ville devait en effet devenir l'un des bastions du nazisme, comme en témoignent les prises de position du *Göttinger Tageblatt* (le principal journal) dans les années 1920 et les résultats des élections de juillet 1932 (majorité absolue pour les nazis, alors qu'ils avaient seulement 37 % des voix dans l'ensemble du pays).

La perception de l'espace chez les « Teutons » et les « Hébreux »

David Rowe, dans son article, met en évidence une sorte de paradoxe : Felix Klein, qui avait attiré à lui de nombreux mathématiciens juifs, fut l'un de ceux qui fournirent aux théoriciens nazis des arguments apparemment « objectifs » confirmant l'existence d'une « science juive ». Ainsi Ludwig Bieberbach, qui avait préparé son doctorat sous la direction de Klein, se référa à ce dernier dans une étude imprégnée d'antisémitisme qu'il publia en 1934 : « Structure de la personnalité et créativité mathématique[4] ». Avant même de devenir membre du parti nazi en 1937, Bieberbach anima la revue *Deutsche Mathematik (Mathématique allemande)*, expressément conçue dans un esprit nationaliste. L'un des textes qu'il citait à l'appui de ses thèses racistes était emprunté à une conférence de Klein : *« Il faut reconnaître que le degré d'exactitude de l'intuition de l'espace peut être différent chez des individus différents, peut-être même dans des races différentes. Il semblerait qu'une intuition spatiale forte et naïve soit un attribut par excellence de la race teutonique, alors que la tendance critique et purement logique est plus pleinement développée dans les races latine et hébraïque. Une investigation complète sur ce sujet, menée à peu près selon l'orientation suggérée par Francis Galton dans ses recherches sur l'hérédité, pourrait être intéressante[5]. »*

La référence à Galton, avec le recul, apparaît comme fâcheusement prémonitoire. Car Galton, un cousin de Darwin, était, nous l'avons vu, le fondateur de l'eugénisme, doctrine selon laquelle il faut prendre des mesures sévères pour éviter que ne dégénère l'espèce humaine (voir chapitre précédent). Klein, bien sûr, ne souhaitait aucunement justifier l'élimination de prétendues « races

4. L. Bieberbach, « Persönlichkeitsstruktur and mathematisches Denken », *Unterrichtsblätter fur Mathematik und Naturwissenschaften*, 1934, 40, pp. 236-243.

5. F. Klein, *The Evanston colloquium : lectures on mathematics*, American mathematical society (New York), 1911, p. 46.

inférieures ». Mais, comme on va le voir, plusieurs de ses analyses historiques étaient directement récupérables par les défenseurs du mythe de la « race aryenne ». Le psychologue nazi Erich Jaensch, en particulier, présenta Klein comme un précurseur de sa propre théorie raciale ; théorie dans laquelle il utilisait les notions de « type S » et de « type J » pour distinguer respectivement les mathématiciens « aryens » et les mathématiciens « non aryens ». Indiquons en passant que les Français Descartes, Laplace, Cauchy et Poincaré étaient eux aussi classés dans le « type J », à côté des Juifs qui étaient censés empoisonner la « mathématique allemande ».

Pendant la guerre de 1914-1918, Klein avait entrepris d'importantes recherches sur l'histoire des mathématiques dont les résultats furent publiés en 1926-1927 : *Vorlesungen über die Entwicklung der Mathematik im 19. Jahrhundert (Leçons sur le développement des mathématiques au* XIX*e siècle).* La question juive, manifestement, le préoccupait ; et ses appréciations, à plusieurs reprises, témoignent d'une certaine tendance à penser en termes « raciaux ». Par exemple, présentant le grand mathématicien anglais James Joseph Sylvester, il vantait l'acuité de son intelligence et affirmait que ce descendant « d'une famille purement juive » était par ses qualités *« un vrai représentant de sa race ».* Mais d'autres portraits, souligne David Rowe, étaient moins flatteurs, tel celui du mathématicien allemand Carl Gustav Jacobi : il était (selon Klein) d'une grande agilité d'esprit, bon pédagogue, mais moqueur, bagarreur et bruyant. Profitant de l'émancipation des Juifs en Prusse (1812), Jacobi avait été le premier Juif à occuper une place importante dans les mathématiques allemandes. Il en était résulté un *« renouvellement du sang »* (Bluterneuerung) que Klein attribuait à un phénomène d'*« infiltration nationale ».* Ce vocabulaire était utilisé sans intention antisémite. Mais enfin les notions d'« infiltration » et de « renouvellement du sang » pouvaient facilement prendre un sens raciste. Il est assez clair que, pour Klein, le « Juif » n'était pas seulement l'adepte d'une certaine religion, mais l'incarnation d'un certain type ethnique. S'il en était autrement, on ne comprendrait pas pourquoi Sylvester (qui était baptisé) devrait être considéré comme spécialement « juif ».

« Le style abstrait du Sémite »

Dans le cadre du séminaire de Klein sur l'histoire des mathématiques, il arriva que le problème des différences raciales fût abordé directement. Un certain Steckel, qui avait enseigné dans l'Europe de l'Est, avança en effet que Juifs et Germains concevaient les calculs de façons différentes. Analysant un exemple apparemment banal (comment soustraire 3/4 de 7 1/4 ?), il en concluait que les Juifs étaient très forts dans le raisonnement logique, tandis que les Allemands, eux, pensaient intuitivement. Ce stéréotype devait être repris par les théoriciens nazis et on le retrouve chez Felix Klein lui-même. Parlant de Kronecker, le très influent mathématicien de l'école berlinoise, Klein expliquait que ce dernier, s'occupant essentiellement d'arithmétique et d'algèbre, incarnait *« le talent spécifiquement juif »*. Un autre représentant de l'école de Berlin, Karl Weierstrass, avait formulé une appréciation analogue sur son collègue : Kronecker, comme cela est fréquent chez les grandes intelligences « de souche juive », manquait de fantaisie, d'intuition. Or, selon Weierstrass, un mathématicien complet devait avoir quelque chose d'un poète[6]. Pour illustrer son point de vue, Weierstrass citait plusieurs exemples de mathématiciens qui étaient à la fois juifs et dépourvus de sens poétique. Il est vrai que Gustav Kirchhoff, lui aussi, en manquait ; et pourtant, notait Weierstrass, il n'avait « pas une goutte de sang sémite »...

Des idées du même genre étaient répandues chez les physiciens. Arnold Sommerfeld, l'un des grands théoriciens de la mécanique quantique, estimait par exemple qu'il y avait quelque chose de « malsain » dans la théorie de la relativité d'Einstein[7]. Elle traduit un « dogmatisme allant contre l'intuition », écrivait-il à Lorentz en 1907. Et il ajoutait de façon très significative : *« Un Anglais aurait eu du mal à produire une telle théorie ; peut-être exprime-t-elle, comme celle de Cohn, le style conceptuel abstrait du Sémite. »* Point de vue d'autant plus intéressant, comme le souligne David Rowe, que l'Institut de Sommerfeld à Munich fut plus tard désigné par les nazis comme un des hauts lieux de la « conspiration juive » en physique. Johannes Stark, l'un des hérauts de la

6. Lettre de Weiertrass à Sonia Kovalevsky, 27 août 1883, citée par D. Rowe, p. 442.

7. A. Sommerfeld à H.A. Lorentz, 26 décembre 1907. Lorentz Nachlass, Rijksarchief, La Haye.

Philipp Lenard, prix Nobel de physique en 1905, fut l'un des grands promoteurs de la « physique aryenne » (photo ci-contre). En 1929, il publia un ouvrage sur les *Grands savants (Grosse Naturforscher)* où il vantait les succès des Nordiques et utilisait un vocabulaire délibérément racial. Chemin faisant, Lenard rencontrait cette difficulté : comment expliquer que des Juifs, malgré leur « infériorité », aient pu faire des découvertes intéressantes ? Cela ne l'empêchait pas de

proclamer la suprématie des « Aryens » ; et Alfred Rosenberg, le grand théoricien nazi, apprécia beaucoup cette œuvre. En 1936-1937, Lenard publia une *Physique allemande (Deutsche Physik)* qui était centrée sur le concept d'énergie et exaltait une nouvelle fois la science « aryenne ». Johannes Stark, autre prix Nobel de physique (1919) et autre militant nazi, contribua lui aussi à vulgariser une conception raciste de la science. D'après lui, les Juifs avaient corrompu la science germanique durant les premières décennies du XXe siècle. Il développa ses idées en particulier dans deux ouvrages aux titres tout à fait explicites : *Le National-socialisme et la science* (1934), *La Physique juive et la physique allemande* (1941). Grâce à l'intervention du chimiste Karl Freudenberg, Lenard échappa aux procès intentés après la guerre aux principaux Nazis ; il mourut le 20 mai 1947. Stark fut jugé et condamné à quatre ans de travaux forcés en tant que grand criminel nazi. Il fit appel et la sentence ne fut pas exécutée. Il mourut le 21 juin 1957. D'autres hommes de science allemands prirent parti contre la « science juive ». Mais la plupart s'efforcèrent avant tout de préserver la « neutralité » de la science. Comme l'écrit l'historien américain A. D. Beyerchen, ils ne furent ni « pro-nazis » ni « anti-nazis ». *(Cliché Roger Viollet.)*

« physique allemande », empêcha même Werner Heisenberg de succéder à Sommerfeld en le désignant comme un « Juif blanc »...

Il apparaît donc que, deux ou trois décennies avant l'avènement du national-socialisme, les principaux thèmes relatifs à la « science juive » étaient déjà présents. Les idéologues du nouveau régime n'eurent qu'à les durcir et à les systématiser. Le physicien Philipp Lenard (prix Nobel en 1905) fut en ce domaine spécialement actif. En 1936-1937, il publia quatre volumes intitulés *Deutsche Physik (La Physique allemande)* et expressément destinés à l'enseignement de la « physique aryenne ». Inscrit au parti nazi en 1937, Lenard avait dénoncé dès 1933 la mauvaise influence exercée par les Juifs sous la république de Weimar. Ces jours, selon lui, avaient été sombres pour la physique, en particulier à cause d'Einstein et de sa prétendue théorie de la relativité. Plus tard, dans ses *Souvenirs*, il qualifiera cette dernière de « fraude juive[8] ». Alfons Bühl, un élève de Lenard, dénonça en 1935 la prédilection exagérée d'Einstein et de ses semblables pour la spéculation théorique : *« Cette utilisation excessive des mathématiques dans l'étude des problèmes physiques était indubitablement due à l'esprit juif. »* C'était une « caractéristique raciale », d'après lui, et il en trouvait confirmation dans le fait que les Juifs étaient également d'habiles calculateurs dans les affaires commerciales.

Éliminer le matérialisme...

Johannes Stark publia en 1941 un texte sur *La Physique juive et la physique allemande*. Découvreur de l'effet qui porte son nom (« effet Stark », 1913) et lauréat du prix Nobel en 1919, Stark était un nazi de la première heure. Après avoir écrit un livre enthousiaste sur Hitler (1930), il publia une étude plus spécifique sur *Adolf Hitler et la recherche allemande* (1934). Comme Lenard, il regrettait que les Juifs aient nui à la « physique aryenne ». Il critiquait entre autres la mécanique quantique, qu'il considérait comme un formalisme stérile. Jugement assez surprenant, déclare David Rowe, vu la fécondité des voies de recherches qu'avait ouvertes cette théorie. Mais les penseurs du national-socialisme étaient convaincus qu'il fallait réorienter la physique moderne selon une autre philosophie. La première urgence était d'éliminer

---

8. Voir A. D. Beyerchen, ouvrage cité, p. 93. Ces *Souvenirs* sont une autobiographie que Lenard termina en 1943. Ils sont inédits et conservés à Stuttgart.

le « matérialisme » qui avait tout envahi et de faire revivre cette conviction : c'est l'Esprit qui anime la nature – et la tâche du physicien est de communier avec lui. Hitler lui-même, dans *Mein Kampf*, avait plaidé pour cette conception. Certaines « races » étaient particulièrement aptes à percevoir la nature, à formuler une synthèse englobant à la fois l'Esprit et la matière. Précisément pour lutter contre la « folie matérialiste », Lenard avait conçu une théorie de l'éther en principe destinée à remplacer la théorie de la relativité (et ce, bien que les expériences de Michelson-Morley menées dans les années 1880 aient été défavorables à l'idée d'un « vent d'éther »).

Selon l'épistémologie officielle du nazisme, les tréfonds de la nature étaient mystérieux et devaient le rester ; il fallait respecter ce mystère et reconnaître les limites de la connaissance humaine. Le tort des Juifs, en conséquence, était de se montrer beaucoup trop rationalistes, trop déductifs, trop dogmatiques. Les physiciens « aryens », au contraire, faisaient preuve de modestie et de pragmatisme ; ils raisonnaient inductivement, en partant de l'observation. C'est du moins ce que maintenait Stark dans un texte dont une version anglaise parut dans *Nature* : « L'esprit pragmatique et l'esprit dogmatique en physique » (1938). Houston Stewart Chamberlain, le célèbre théoricien du racisme et du pangermanisme, avait d'ailleurs soutenu la même idée dans son ouvrage sur *Les Fondements du XIXe siècle* (1899) : la « race germanique » se distinguait par la minutie, l'ardeur et l'honnêteté avec lesquelles elle recourait à l'expérience, aussi bien en philosophie qu'en chimie ou dans n'importe quel autre domaine.

Alan Beyerchen remarque opportunément que ces idéologues auraient sans doute eu intérêt à s'interroger sur leur propre dogmatisme, sur les aspects outrageusement « déductifs » de leurs théorisations raciales... Politiquement, en tout cas, celles-ci eurent une efficacité certaine. En ce qui concerne le développement des connaissances, le succès fut beaucoup moins évident. Sous prétexte de lutter contre l'arrogance de la « pensée juive », les Lenard et autres Stark se sentaient autorisés à disqualifier arbitrairement les théories qu'ils n'aimaient pas, même quand elles émanaient de scientifiques n'ayant rien à voir avec le judaïsme. Des théories « aryennes » firent leur apparition ; mais l'« atome axial » de Stark, entre autres, ne semble pas avoir laissé un souvenir impérissable. Même les physiciens « aryens », écrit Beyerchen, ont évité de s'y référer[9].

---

9. A. D. Beyerchen, même ouvrage, p. 129.

Pierre Duhem et la science « germanique »

Les conceptions partisanes de la science qui ont fleuri en Allemagne depuis la fin du XIXe siècle ont eu des implications tellement graves qu'elles retiennent aujourd'hui l'attention de façon toute spéciale. Mais en France aussi les activités scientifiques ont donné lieu à des interprétations plus ou moins nationalistes. Je me contenterai de citer un article publié pendant la Grande Guerre par Pierre Duhem (1861-1916), qui était physicien et historien des sciences. Comme le prouve le titre (« Quelques réflexions sur la science allemande »), l'idée même d'attribuer un style scientifique particulier à un pays paraissait tout à fait normale[10]. Duhem prenait quelques précautions : la Science doit en principe être « absolument impersonnelle » et tous les scientifiques d'une nation n'ont pas le même style. Mais les Allemands correspondaient toutefois, selon cet auteur, à un type bien définissable ; il était donc possible de « découvrir les marques propres aux doctrines de Mathématique ou de Physique fabriquées en Allemagne ».

Alors que les Français ont « l'esprit de finesse », écrivait Duhem, c'est « l'esprit géométrique » qui domine de l'autre côté du Rhin. Plus précisément, mieux vaudrait parler d'esprit « algébrique » ; ce qui signifie que les Allemands, épris de rigueur et de déduction, ont tendance à développer de façon dogmatique et rigide les conséquences de certains énoncés plus ou moins arbitrairement pris comme points de départ. La science allemande, concédait Duhem, a beaucoup apporté. Mais elle *« fait bon marché des exigences du sens commun »*; et *« la pensée germanique, parfois, semble prendre un malin plaisir à poser quelque affirmation qui, pour l'esprit de finesse, soit occasion de scandale, dût même cette affirmation contredire aux principes les plus assurés de la Logique »*.

Citant la « magnifique étude » d'Émile Boutroux sur *L'Allemagne et la guerre*, Duhem soulignait d'ailleurs le contraste entre le style abstrait et spéculatif des hommes de science germaniques et leur amour de la choucroute. Voyez ce savant allemand attablé dans une brasserie : *« Quelle vulgarité de goûts, de sentiments, de langage, quelle brutalité de procédés chez cet homme dont l'autorité est inviolable dans sa spécialité ! »* Les Allemands étaient attaqués au passage pour avoir inventé la théorie de la relativité. S'en prenant à Einstein, à Minkowski et à Max von Laue, Duhem déplorait que cette physique méprisât la conception ordinaire de

10. P. Duhem, *Revue des Deux Mondes*, 1915, pp. 657-686.

l'espace et du temps, soumettant l'un et l'autre « à des postulats qui sont des égalités algébriques arbitrairement disposées ». Soulignons-le : aux yeux de Duhem, Einstein et Minkowski étaient donc des représentants typiques de la pensée *« germanique »*. Mais les théoriciens nazis, eux, les définirent ensuite comme des esprits éminemment *« juifs »*... Ce point de vue avait d'ailleurs été exprimé en France entre les deux guerres. Christian Cornelissen, par exemple, avait critiqué sévèrement la théorie de la relativité[11]. À ses yeux, Einstein incarnait (comme Karl Marx) la *« brillante imagination judéo-orientale »*... Duhem, lui, s'en tenait à un strict nationalisme : la France devait maintenir « l'esprit de finesse » dans les sciences afin que fussent évités les « résultats désastreux » dus à « un impérialisme algébrique arbitraire et insensé ». Affirmant sans sourciller que la science française était « dans le monde la principale dépositaire du bon sens », Duhem concluait par une formule latine qui subordonnait la rigueur germanique à l'ingéniosité gauloise : *Scientia germanica ancilla scientiae gallicae...* (Mot à mot : la science germanique est la servante de la science gauloise.)

Une science, mais plusieurs styles

Du point de vue de l'histoire des sciences, le problème général que posent les analyses de Klein et de Duhem concerne la notion de *style scientifique*. Est-il légitime d'attribuer à un groupe de chercheurs donné certaines caractéristiques épistémologiques ? Si on admet qu'il n'y a qu'une « méthode scientifique » et si on la décrit en termes très généraux, il devient assez facile de montrer que tous les scientifiques, en fin de compte, s'y prennent de la même façon : ils formulent des théories, les soumettent à des tests observationnels ou expérimentaux, etc. Mais, concrètement, les différences peuvent être nombreuses et parfois importantes. Dans sa manière de poser les problèmes, dans l'élaboration de sa stratégie de recherche, un homme de science est tributaire de la formation qu'il a reçue, de l'outillage conceptuel ou mathématique dont il dispose, de la façon dont il perçoit les relations entre « théorie » et « expérience », etc. On peut donc repérer à l'intérieur d'une même discipline diverses « tournures d'esprit », diverses « écoles », diverses « méthodes d'approche ». Pierre Duhem a par exemple mis en évidence certaines traditions relatives à l'emploi

11. C. Cornelissen, *Les Hallucinations des einsteiniens*, A. Blanchard, 1923, p. 82.

des *modèles* en physique ou au rôle de la *déduction*[12]. Dominique Pestre, de son côté, a montré que les physiciens français de l'entre-deux-guerres avaient des habitudes (à la fois mentales et institutionnelles) qui donnaient à leurs activités un style caractéristique[13]. Sans entrer ici dans une véritable discussion, on peut donc admettre que, en elle-même, l'idée d'attribuer des traits distinctifs à diverses collectivités de chercheurs n'a rien d'excentrique ni de scandaleux.

Mais le problème particulier de la *« science juive »* n'est pas pour autant résolu. Pour que cette notion soit considérée comme valide, il faudrait qu'elle soit applicable à une collectivité bien définie (« les Juifs ») avec un bon degré d'exactitude. Et, pour commencer, il faudrait que les caractères attribués à cette « science » spéciale constituent un ensemble précis et cohérent. Or de nombreux détails font penser qu'on est loin du compte.

Même d'après le théoricien nazi Erich Jaensch, le type J incluait d'autres groupes que le groupe « juif ». Les Français, comme indiqué précédemment, étaient souvent associés aux Juifs dans une même réprobation épistémique (et un Duhem, inversement, faisait retomber sur des « Juifs » les péchés imputés à la « science allemande »...). Non seulement le label « juif » pouvait servir à désigner toute forme de science jugée inférieure, mais Lenard lui-même, malgré son antisémitisme frénétique, était parfois bien gêné pour expliquer certains faits. Car il était forcé de reconnaître les réussites de certains physiciens « juifs ». Comment rendre compte de cette anomalie ? Dans le cas de Heinrich Hertz (découvreur des ondes qui portent son nom), il s'en tirait en opérant un subtil partage : grâce au sang hérité de sa mère « aryenne », Hertz avait d'abord été un bon expérimentateur, puis, à cause du sang « juif » transmis par son père, il s'était égaré dans des spéculations théoriques... Mais comment Einstein, incarnation typique de l'esprit « juif », avait-il pu mettre au jour la relation $e = mc^2$, dont la validité paraissait bien établie ? Lenard n'eut d'autre ressource que de lui trouver un précurseur « aryen », à savoir l'Autrichien Friedrich Hasenöhrl...

12. Voir P. Duhem, *La Théorie physique, son but, sa structure* (2e éd. revue), Rivière, 1914 (réimprimé par Vrin, 1981) ; et article cité.

13. *La Recherche*, n° 188, septembre 1985.

Inconsistance de la notion de « science juive »

Comme en témoignent divers textes, c'étaient le libéralisme, le communisme et le pacifisme qui étaient fréquemment visés à travers les hommes de science juifs (ainsi Wilfrid Bade parlait du « communiste Einstein[14] »). Mais, même si l'on s'en tient au plan de l'épistémologie, la doctrine nazie ne semble pas très solide. L'une de ses idées principales, c'était que le « matérialisme » devait être écrasé. Or Pascual Jordan, l'un des premiers défenseurs de la mécanique quantique, avait précisément déclaré que cette théorie avait l'intérêt d'imposer des limites au déterminisme prôné par les « matérialistes ». Cela n'empêcha pas Philipp Lenard et ses semblables de s'opposer aussi bien à la mécanique quantique (« indéterministe ») qu'à la relativité (« déterministe »). Des incohérences de toutes sortes ont été relevées par Alan Beyerchen dans l'épistémologie nazie, et entre autres une contradiction concernant le rôle de l'expérience. D'un côté, la « physique aryenne » était caractérisée par sa soumission aux données de l'observation et de l'expérimentation ; d'autre part, elle était censée incarner la tradition romantique selon laquelle la Nature fait l'objet d'une « intuition », d'une sorte de « vision spirituelle ». Comment concilier l'empirisme et cette philosophie de type « mystique » ? Le problème était d'autant plus difficile à résoudre que la plupart des physiciens allemands étaient tout à fait extérieurs aux conceptions romantiques. Les idéologues nazis ont essayé d'harmoniser les thèses hétéroclites qu'ils soutenaient ; mais il ne semble pas qu'ils y soient parvenus[15]. Accorder la conception classique de la « science expérimentale » avec l'idée d'une « race » prédestinée à saisir les secrets de la Nature, c'était à coup sûr une tâche malaisée.

Chez les penseurs « aryens » eux-mêmes, les divergences étaient nettes sur cette question fondamentale : quelles relations faut-il établir entre la *science* et la *technique* ? Philipp Lenard et Rudolf Tomaschek voulaient que la science authentique garde sa pureté et se montraient très critiques à l'égard de la technique. *« Dominer la nature »*, c'était une ambition assez vulgaire et qui risquait d'appauvrir la véritable science, de la dépouiller de sa valeur spirituelle. Aussi Lenard regrettait-il que les Juifs aient trop favorisé (à leur profit) le développement technique et industriel en Allemagne. Mais Stark et quelques autres avaient une opinion

---

14. Voir A. D. Beyerchen, ouvrage cité, p. 134 (Hitler), p. 274 (Bade).
15. Voir A. D. Beyerchen, même ouvrage, p. 136, p. 140.

différente : les Allemands avaient grandement contribué au développement des techniques et, pour le Reich, ces dernières étaient une source de puissance. Quant à Hitler et à Alfred Rosenberg, ils accordaient une certaine valeur aux activités techniques mais n'admettaient pas sans réserve l'idéal de la « domination de la nature ». Dans *Mein Kampf*, Hitler soulignait que l'homme, malgré ses exploits, demeurait soumis à la Nature. Sans doute y avait-il un dualisme quasiment insurmontable au fond de la conception « aryenne » : la tendance « romantique » faisait mauvais ménage avec les exigences techniques d'une société industrielle. Il ne semble pas que les notions de *science aryenne* et de *science juive* aient jamais été définies de façon à la fois précise et conforme à la réalité historique.

Non seulement une faute, mais une erreur

Il est dès lors extrêmement difficile de prendre au sérieux les spéculations raciales ou racistes concernant le style « juif ». Certes, il existe des traditions diverses dans ce qu'on appelle « la science ». Mais, pour expliquer les différences observées, il semble plus réaliste d'évoquer des facteurs culturels et historiques. En prétendant définir des « types » rigides et en affirmant arbitrairement le rôle prépondérant du *sang* et de la *race* (selon les propres termes de Lenard), les nazis ont avant tout forgé une arme politique. Vu le succès que connaissaient déjà en Allemagne les stéréotypes antisémites, l'opération était apparemment facile ; et, concrètement, ces pseudo-théorisations « aryennes » ont servi d'alibi aux « épurations » menées dans l'Université. Que quelques hommes de science aient activement collaboré à cette mise en scène « épistémologique », cela soulève un problème éthique. Il est possible que certains aient vraiment cru qu'il existait une « science juive ». Mais, en de nombreux cas, on peut s'interroger sur la sincérité et l'honnêteté intellectuelle des scientifiques antisémites. Quand Edmund Landau fut chassé de son poste par les étudiants nazis, Bieberbach justifia leur comportement en disant qu'il constituait une saine réaction contre la « mathématique juive ». L'un de ses arguments, c'était que Landau, de façon typiquement « juive », avait osé définir le nombre *pi* par une série infinie... Comment croire à la pureté de cette rhétorique ?

Indépendamment de tout jugement moral, il apparaît que, du point de vue même des nazis, la dénonciation de la « physique juive » fut probablement une erreur. Erreur dont le résultat a été un affaiblissement grave du potentiel scientifique et technique du

Troisième Reich. Lorsque éclata la première bombe atomique, nombre d'Allemands furent amenés à réfléchir là-dessus. Diverses raisons peuvent expliquer que l'Allemagne n'ait pas réussi à fabriquer cette arme avant les États-Unis[16]. Selon Albert Speer, Hitler n'aurait pu disposer d'une bombe atomique, dans les conditions les plus favorables, qu'en 1947. La dénonciation de la « science juive », en tout cas, a certainement contribué à aggraver le retard. Hitler, convaincu par Lenard, qualifiait la physique nucléaire de « physique juive » ; et Rosenberg en fit autant. Ainsi que l'écrit Speer, cela « n'encouragea certainement pas le ministre de l'Éducation à soutenir la recherche nucléaire ».

16. Voir A. Speer, *Au cœur du Troisième Reich*, Fayard, 1971, pp. 324-325 ; et A. D. Beyerchen, ouvrage cité, pp. 195-197.

CHAPITRE XI

Les expérimentations nazies sur l'hypothermie

Pendant la Seconde Guerre mondiale, de nombreuses expérimentations biomédicales ont été effectuées dans les camps de concentration allemands. Environ trente « projets de recherche » sont connus. C'est principalement aux expériences sur l'hypothermie qu'est consacrée la présente étude. Effectuées à Dachau entre août 1942 et mai 1943 sous la direction du docteur Rascher, elles devaient permettre de mieux connaître les effets du froid sur les organismes humains. Après la guerre, elles ont suscité dans le milieu biomédical des discussions particulièrement vives ; et un « article spécial » de Robert L. Berger paru en 1990 dans le *New England journal of medicine* leur a donné un regain d'actualité[1]. Le cas du docteur Rascher est d'autant plus important que ce « chercheur » a participé activement à plusieurs autres « projets ».

Les rapports contenant les données brutes des expérimentations sur l'hypothermie ont été détruits par les Allemands avant l'arrivée des Alliés. Mais il reste quelques textes importants, en particulier des rapports de synthèse adressés à Heinrich Himmler, chef suprême des SS ; et, au cours du procès de Nuremberg, des témoignages précieux ont été recueillis. Leo Alexander, psychiatre et « consultant » des autorités américaines s'occupant des crimes de guerre, a d'ailleurs publié dès 1946 une étude de plus de deux cents pages sur ces expériences. Sans doute les informations sont-elles incomplètes et parfois imprécises. Mais d'une part, comme on le verra, cette imprécision est largement due à la manière même dont les recherches étaient conduites sur le plan proprement « scientifique » ; d'autre part on en sait assez pour se faire une idée de leur « style » et de la personnalité du principal responsable, le docteur Rascher déjà nommé.

Quelques centaines d'« expérimentations »

Initialement, le projet « hypothermie » avait été proposé par un aviateur, le maréchal Erhard Milch, avec l'approbation de

1. R. L. Berger, « Nazi science : the Dachau hypothermia experiments », *The New England journal of medicine*, 17 mai 1990, pp. 1435-1440.

Une trentaine de projets « scientifiques » furent réalisés dans les camps de concentration allemands pendant la Seconde Guerre mondiale. Les prisonniers de Dachau (dont le camp est représenté ci-contre) servirent de « cobayes » dans plusieurs séries d'expérimentations. L'une d'elles avait pour but de tester les effets d'un extrait de plante dans le traitement du cancer. Le professeur Blome, ministre

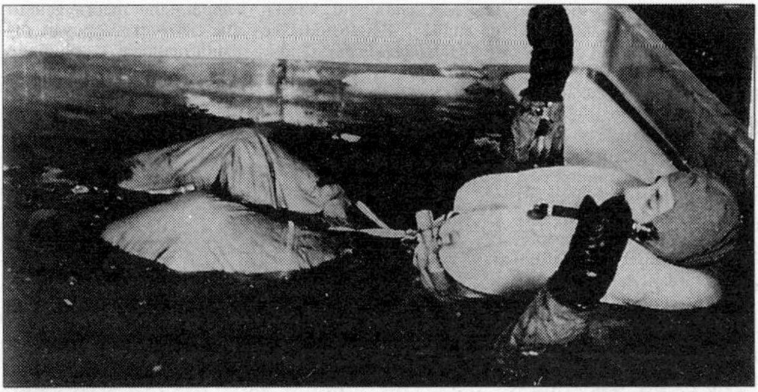

délégué à la Santé et superviseur de toutes les recherches sur le cancer, avait souhaité que, au moins en un premier temps, les expériences soient faites sur des souris. Mais le docteur Rascher insista pour qu'elles portent sur des êtres humains. Le Reichsführer Himmler, qui avait la haute main sur ces sortes de recherches, se rangea à cette opinion. Ainsi fut créé à Dachau un Centre d'expérimentation sur le cancer humain. Un autre projet important concernait les effets du froid sur l'organisme humain et fut également dirigé par Sigmund Rascher. Au moins deux cent quatre-vingts prisonniers de Dachau furent soumis aux expérimentations. Après un séjour plus ou moins prolongé dans de l'eau très froide, ils étaient réchauffés par diverses méthodes.

Quelques-uns furent jetés dans de l'eau bouillante. Il y eut au moins 80 ou 90 victimes. La photo du haut représente un prisonnier habillé en aviateur flottant dans un bac ; elle a été prise au début de septembre 1942 par le docteur Rascher. *(Clichés Bildarchiv Preussischer Kulturbesitz.)*

Himmler. Les équipages des avions militaires, en effet, étaient spécialement exposés au risque de passer plusieurs heures dans les eaux des mers et des océans. Il était donc médicalement utile de répondre à cette question : quelles sont les méthodes les plus appropriées pour « réchauffer » un homme qui a séjourné dans l'eau froide ? Bien qu'il ne fût pas particulièrement compétent en ce domaine, Sigmund Rascher se vit confier la direction de ce programme expérimental. Deux spécialistes furent désignés pour l'assister, les docteurs Holzloehner et Finke. D'après des estimations fondées sur les témoignages faits à Nuremberg, il y a eu quelques centaines d'expérimentations (entre 360 et 400) effectuées sur un peu moins de trois cents « sujets ». Les deux spécialistes n'ont travaillé sur ce projet que pendant deux mois (et n'ont donc participé qu'à quelques dizaines de tests au maximum). Rascher, ensuite, mena seul les expériences. Ce qui justifiait la poursuite de ces recherches, selon lui, c'était la rédaction d'une thèse susceptible de lui assurer un poste à l'université.

Né en 1909, Rascher était un militant de la première heure ; inscrit au parti nazi, il avait été membre des SA (« sections d'assaut »). L'université de Munich le frappa toutefois d'une mesure d'exclusion provisoire parce qu'elle le soupçonnait de sympathiser avec les communistes. En 1939, devenu docteur en médecine, il s'engagea dans les SS et occupa un poste dans la *Luftwaffe* (armée de l'air). Après avoir eu une liaison avec Nini Diehl, une veuve qui avait quinze ans de plus que lui, il l'avait épousée. Cet événement joua un rôle décisif dans sa carrière. Car cette Nini, qui avait été chanteuse de cabaret à une certaine époque, était devenue la secrétaire et peut-être la maîtresse de Himmler. Ainsi se nouèrent d'étranges relations, comme le note Robert Berger, entre le jeune médecin militaire et le Reichsführer de la SS. Dès qu'il eut rencontré Himmler en avril 1939, Rascher lui proposa son aide en écrivant un rapport expressément conçu pour résoudre les grands problèmes politiques de l'Allemagne nazie. Pendant quelques années, les deux hommes eurent des rapports privilégiés : Rascher flattait Himmler, lequel, en retour, protégeait Rascher. Cela explique que ce dernier, en particulier dans la conduite du projet « hypothermie », ait pu faire pratiquement tout ce qu'il voulait.

Cette sorte d'alliance fut d'autant plus « efficace » que Himmler lui-même, titulaire d'un diplôme d'agronomie, prétendait être compétent en matière de recherche biomédicale. Toutes les expérimentations effectuées sur les prisonniers des camps devaient être approuvées par lui ; et il contrôlait de très près leur organisation administrative et scientifique. Dans certains cas, il n'hésitait pas à conseiller et même à imposer certaines procédures expérimentales. Les recherches sur l'hypothermie l'intéressaient spécialement et il se rendit plusieurs fois au camp de Dachau pour assister aux expériences. Malgré cet appui, Rascher ne semble pas avoir été bien vu des autorités médicales. À diverses reprises, ses compétences de chercheur furent mises en doute. Le professeur Karl Gebhardt, général SS et médecin personnel de Himmler, alla jusqu'à déclarer que tel rapport de Rascher sur l'hypothermie était « non scientifique » : même un jeune étudiant aurait fait beaucoup mieux. Bien qu'il se soit plusieurs fois porté candidat, jamais Rascher ne put obtenir une chaire universitaire.

Dans l'eau froide, puis dans l'eau bouillante

Les expériences relatives à l'hypothermie furent réalisées sur des prisonniers civils (tous de sexe masculin). Robert Berger précise qu'ils étaient de diverses religions et de diverses nationalités, sans donner d'autres détails ; et que des prisonniers de guerre russes furent également utilisés comme cobayes. Généralement, les « sujets » participaient à ces opérations sous la contrainte, mais il est arrivé qu'il y ait des « volontaires » auxquels les Nazis avaient fait des promesses (libération ou commutation de la peine de mort). Ces promesses, écrit Berger, ont été rarement tenues. Les expérimentations se faisaient en deux temps. Les sujets étaient d'abord plongés pendant des durées variables dans un réservoir d'eau froide, les températures s'échelonnant de 2 à 12 degrés centigrades. Les uns étaient préalablement anesthésiés, les autres étaient conscients. Beaucoup étaient nus, mais certains étaient habillés. Ensuite, diverses méthodes de réchauffement étaient essayées (il y en a eu au moins sept). Deux témoins qui avaient participé à ces expérimentations comme assistants ont déclaré qu'il y avait eu au moins 80 ou 90 décès.

Concrètement, cela veut dire qu'au moins un sujet sur quatre y a laissé sa vie. On peut penser, en outre, que beaucoup de ces expériences ont laissé des séquelles graves. On ne connaît que deux victimes demeurées vivantes après la fin de la guerre ; elles terminèrent toutes deux en « cas psychiatriques ». Plusieurs des méthodes employées pour assurer le réchauffement ne sont pas définies avec précision dans les documents disponibles ; et beaucoup d'informations « scientifiques » essentielles manquent, concernant par exemple le temps écoulé entre la fin de la phase un et le début de la phase deux. Mais un assistant, A. Pacholegg, a déclaré que quelques prisonniers avaient été plongés dans de l'eau bouillante.

Certains hommes de science, après la guerre, ont considéré toutes ces recherches comme radicalement suspectes. Essentiellement à cause de leur caractère inhumain, mais aussi pour des raisons techniques, elles ne mériteraient même pas d'être étudiées et discutées sérieusement. Ainsi Arnold Relman, rédacteur en chef du *New England journal of medicine*, a déclaré que les expérimentations des Nazis « constituent de si énormes violations des règles humaines qu'on ne doit leur accorder aucun crédit ».

Mais tout le monde ne partage pas cette opinion. Robert Pozos, un physiologiste spécialisé dans l'hypothermie, estime par exemple que les résultats des Nazis doivent circuler librement et que, aussi bien du point de vue théorique que du point de vue de la pratique médicale, ils peuvent être utiles[2]. Entre ces deux opinions extrêmes, toutes les positions intermédiaires sont possibles. Le cas de Leo Alexander fait sentir la complexité de la question : ayant travaillé sur ce dossier à l'occasion du procès de Nuremberg, il a d'abord estimé que les expérimentations de Dachau étaient utilisables ; et plusieurs chercheurs, ces dernières années, les ont effectivement citées. Mais Alexander, par la suite, changea d'opinion, déclarant qu'elles étaient sans valeur. L'étude récente de Robert Berger a précisément pour objet d'établir que c'est bien le cas : indépendamment de tout débat sur la légitimité éthique de cette « science », il est à ses yeux très certain que les expériences sur l'hypothermie sont pratiquement inutilisables. Elles n'ont pas été réalisées avec assez de compétence et de soin ; faute d'une bonne conceptualisation théorique et d'une bonne méthodologie, faute de rigueur et de précision dans les mesures, les résultats sont dépourvus d'intérêt.

Les lacunes et les anomalies sont tellement nombreuses qu'il est très difficile de suivre correctement les démarches des « chercheurs ». Certaines obscurités peuvent s'expliquer par la disparition des « cahiers de laboratoire ». Mais les documents de synthèse devraient normalement fournir (fût-ce sous forme condensée) les informations les plus fondamentales. Or même le nombre global des expériences y est passé sous silence. Nulle part ne figurent des dénombrements précis indiquant combien de « sujets » ont été soumis à chaque type d'expérimentation ; combien étaient nus et

2. Voir R. Pozos, « Can scientists use information derived from concentration camps ? », *Conférence on the meaning of the Holocaust for bioethics*, Center for biomedical ethics, University of Minnesota, 1989, pp. 1-17.

combien étaient habillés ; combien étaient conscients et combien étaient anesthésiés. Les températures des bains froids, on l'a vu, allaient de 2 à 12 degrés ; mais il n'y a pas d'analyse détaillée des sous-groupes correspondant aux diverses températures. Non seulement des variables aussi importantes que l'âge et le « niveau de nutrition » ne font l'objet d'aucune description systématique, mais il en va de même pour la durée du séjour dans l'eau froide, les signes du décès, etc. La pression sanguine n'était pas mesurée ; et la surveillance cardiologique était limitée à des auscultations et à des électrocardiogrammes beaucoup trop rares. Aucun tracé n'a été enregistré au cours des immersions, par exemple. « *Donc,* écrit Robert Berger, *des arythmies dangereuses ou même fatales ont échappé à la détection.* »

Des résultats extrêmement suspects

Pour défendre à tout prix ces recherches, il est possible d'avancer cet argument : même si nous ne possédons pas autant de « données » qu'il faudrait, nous disposons de rapports de synthèse qui ont en principe été rédigés par des experts informés et sont donc potentiellement utiles. Mais plusieurs détails sont inquiétants. Le rapport le plus important adressé à Himmler déclare, par exemple, que la vitesse de refroidissement de l'organisme n'est pas influencée par la température du bain froid (dans les limites déjà indiquées de 2 à 12 degrés) ni par la présence ou l'absence d'anesthésie. Renvoyant à un ouvrage de W.R. Keatinge, Berger écrit que ces observations sont « surprenantes et contraires aux idées généralement acceptées » ; elles font naître de « graves doutes » sur la valeur de ces expériences[3]. Selon Keatinge, en effet, les hommes habillés supportent une immersion dans une eau à 5 degrés centigrades pendant une période allant de 40 à 60 minutes, tandis que dans une eau à 15 degrés la période de tolérance varie entre 4 et 5 heures. Étant donné que les documents originaux donnent des indications souvent vagues et incomplètes, les critiques elles-mêmes ne peuvent pas être vraiment précises. Mais plusieurs indices font penser que les chercheurs de Dachau manquaient en particulier de compétences en physiologie cardiaque.

3. W. R. Keatinge, *Survival in cold water : the physiology and treatment of immersion, hypothermia and drowning*, Blackwell, 1969.

À propos des arythmies, ils n'ont pas utilisé la nomenclature habituelle. La fibrillation ventriculaire, qui est reconnue comme une cause commune de la mort par hypothermie, n'est même pas mentionnée ; et la fibrillation auriculaire non plus, bien qu'elle soit un trouble très fréquent dans les cas d'hypothermie (la fibrillation est une trémulation désordonnée des fibres cardiaques). Certaines incohérences sont repérables. D'après le texte du rapport principal, les températures des organismes continuaient généralement à baisser après la sortie du bain froid ; et cette « chute après coup » (after drop) serait responsable des morts par hypothermie. Mais les courbes quantitatives qui accompagnent cette généralisation plus ou moins nette sont loin de la confirmer. Dans un passage, la durée de la réanimation par bain chaud est évaluée à dix minutes ; mais, sur le graphique correspondant, cette même durée est de vingt minutes. Selon Berger, il est également très difficile de considérer comme crédibles les conclusions formulées à propos de la « meilleure méthode » de traitement, qui serait l'immersion dans un bain chaud. Les taux de survie qui permettraient de fonder ce constat ne sont pas donnés. (À l'heure actuelle, d'ailleurs, la valeur de cette technique de « résurrection » est toujours discutée.)

À quelle température un organisme est-il inévitablement (ou à peu près inévitablement) condamné à mourir ? C'est le problème de la « température létale », scientifiquement très important. Mais, là encore, le flou est grand. Dans un « rapport intermédiaire », Rascher notait que tous les individus refroidis à 28 degrés mouraient. Mais d'autres sources font état d'une température inférieure (25 degrés) et un ajout au rapport principal indique que, « à peu d'exceptions près », la température létale se situait entre 26 et 27 degrés. Ce même rapport mentionne toutefois six expérimentations fatales qui se sont terminées à des températures allant de 24,2 à 25,7 degrés ; et, dans un tableau destiné en principe à confirmer cette conclusion, il était indiqué que la mort de ces « sujets » était survenue entre 25,7 et 29,2 degrés. Tout cela n'est guère consistant. De toute façon, la température atteinte par chacune des 80 ou 90 victimes au moment de leur mort n'est pas

---

Rudolf Hess (photo du haut) fut un très proche collaborateur de Hitler et l'un des grands personnages du régime nazi. En déclarant en 1934 que « le National-socialisme n'était rien d'autre que de la biologie appliquée », il jetait une vive lumière sur les aspects « scientifiques » de la politique hitlérienne. Il fallait protéger par tous les moyens la pureté de la « race aryenne » ; et donc éliminer les « races inférieures ». La médecine, la biologie et l'anthropologie, dans cette entreprise, avaient un rôle essentiel à jouer. L'étude de l'hérédité, en

particulier, devait permettre de rendre plus efficace cette entreprise politico-biologique ; et les docteurs en médecine, très significativement, finirent par être seuls compétents, dans les camps de concentration, pour désigner ceux qui devaient être tués immédiatement et ceux qui pourraient survivre. Dans ce contexte, les expérimentations biomédicales et les recherches anthropologiques se multiplièrent. Heinrich Himmler, Reichsführer de la SS et diplômé en agronomie (photo du bas), s'intéressa de très près aux divers *projets* expérimentaux conduits dans les camps. Il avait d'ailleurs des opinions très précises sur certaines questions de biologie. Il assista à plusieurs expérimentations du docteur Rascher sur l'hypothermie. *(Cliché Bildarchiv Preussischer Kulturbesitz.)*

connue. Vu l'état physiologique particulier des prisonniers des camps, il serait assez délicat d'extrapoler aux autres populations. Mais, même en s'en tenant aux « sujets » directement concernés, il ne semble pas que les chiffres rapportés aient une signification scientifique précise : la fourchette va de 24,2 à 29,2 degrés et rien ne permet de voir quels sont les paramètres et les variables qui expliqueraient les écarts observés entre les diverses températures létales.

Au bout de combien de temps l'immersion dans l'eau froide cause-t-elle la mort ? Le rapport principal note que sept victimes sont mortes après des immersions durant de 53 à 106 minutes. Mais un texte écrit par les deux autres médecins initialement associés à Rascher fait état de résultats différents : il a fallu de 80 minutes à six heures d'immersion pour tuer les sujets nus, et de six à sept heures pour tuer les sujets habillés. À propos des bains réchauffants, le rapport principal avance cette conclusion : ils n'ont pas d'effets secondaires indésirables. Mais les données recueillies ne suffisent pas à justifier une telle assertion. Selon Robert Berger (qui exerce lui-même dans un « Department of cardiothoracic surgery » et enseigne à la Harvard Medical School), les expérimentateurs n'étaient pas en mesure de détecter correctement les deux réactions négatives les plus vraisemblables : défaillances circulatoires et arythmies cardiaques.

Quels sont les effets de la haute altitude sur un organisme humain ? La question était importante pour les parachutistes et les aviateurs. Aussi des expérimentations furent-elles effectuées à Dachau en vue de déterminer comment les humains réagissaient aux variations de la pression atmosphérique. Le docteur Rascher fut l'un des principaux responsables de ce projet (qui coûta la vie à 70 ou 80 prisonniers). Parmi les nombreuses activités de ce « chercheur », les tests menés à propos du Polygal méritent une mention spéciale. Selon Rascher, ce médicament avait de multiples vertus : il favorisait la coagulation du sang et combattait efficacement les infections. Les expérimentations furent brutales : afin que soient mises en évidence les propriétés antihémorragiques du Polygal, des prisonniers furent amputés sans anesthésie ou blessés gravement par balles. Sans essais préliminaires d'aucune sorte, du Polygal fut administré à des « sujets » auxquels on avait inoculé du pus. Ces tests étaient très certainement truqués ; et, selon un autre médecin allemand, le « Polygal » était en fait une solution saline colorée avec un produit fluorescent. Aux yeux mêmes de nombreux Nazis, le docteur

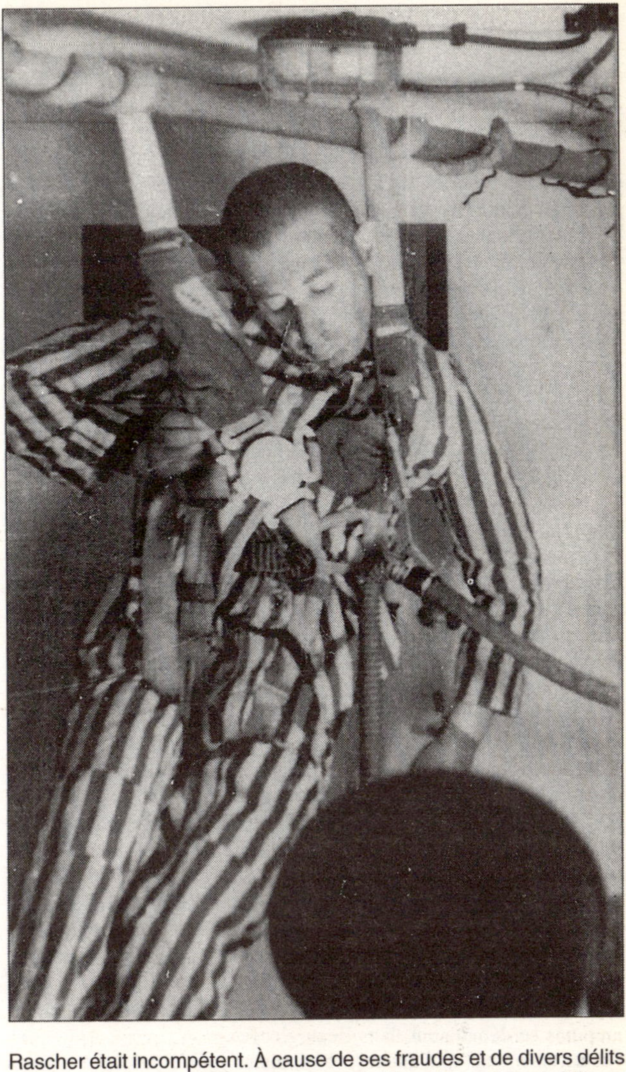

Rascher était incompétent. À cause de ses fraudes et de divers délits ou crimes (vols d'enfants, entre autres), Himmler, qui avait été son protecteur, fini par le faire exécuter. *(Prisonnier soumis à une expérimentation dans le projet « haute altitude », photographié par le docteur Rascher. Cliché Bildarchiv Preussischer Kulturbesitz.)*

Non seulement des erreurs, mais des fraudes

Diverses considérations paraissent franchement erronées. D'après les chercheurs de Dachau, le refroidissement entraînerait la mort en causant une défaillance cardiaque (vasoconstriction périphérique et dommages touchant le myocarde). Mais aucune confirmation clinique n'est donnée. Contrairement à ce qu'avance Rascher, la mort hypothermique est habituellement due à la fibrillation ventriculaire. Le refroidissement, au lieu de déstructurer le myocarde, le protège (et c'est pour cette raison que la chirurgie cardiaque recourt couramment à certaines techniques de refroidissement pour protéger le myocarde). Il est également difficile de croire, toujours selon Berger, que les victimes aient continué à respirer pendant vingt minutes après l'arrêt du cœur. Ou bien les experts du camp n'étaient pas capables de constater correctement l'arrêt cardiaque ; ou bien les observations concernant la respiration après l'arrêt du cœur ont été inventées et sont frauduleuses.

Cette dernière éventualité n'est pas à exclure, car il semble bien que d'énormes « biais » soient intervenus. Selon Himmler, par exemple, il fallait admettre que l'application locale de froid sur l'occiput et la nuque accélère notablement le refroidissement. Effectivement, le scalp est une surface qui permet un échange de chaleur efficace. Mais, selon Berger, les « données » obtenues à Dachau confirment trop bien la thèse défendue par Himmler ; et Rascher va trop loin quand il affirme que la mort survient seulement après l'immersion de la nuque et de l'occiput. A.P. Gagge et L.P. Herrington avaient déjà noté que les résultats de Dachau trahissaient peut-être un « coup de pouce » destiné à valider les idées biologiques de Himmler[4]. Berger pense qu'il y a probablement eu « fabrication » de pseudo-observations.

Citons une dernière affirmation qui paraît très douteuse à Robert Berger : le refroidissement aurait causé plusieurs œdèmes cérébraux et plusieurs hémorragies cérébrales. Cela va à l'encontre d'observations très bien confirmées par la pratique chirurgicale (où l'utilisation de l'hypothermie est courante). Les observations de Rascher et de son équipe ont sans doute été « fabriquées ». À moins que d'autres causes n'expliquent la présence des œdèmes (chocs divers survenus par exemple lorsque les victimes se débattaient dans l'eau glacée).

Peut-être les spécialistes, biologistes ou médecins, trouve-

4. A. P. Gagge et L. P. Herrington, « Physiological effects of heat and cold », *Annu. Rev. Physiol.*, 1947 (9), pp. 409-428.

ront-ils quelques failles dans l'argumentation minutieuse de Robert Berger (dont j'ai seulement donné un résumé). Mais il paraît difficile d'échapper à cette conclusion : les fameuses expérimentations sur l'hypothermie, du point de vue scientifique, n'ont été ni conçues, ni effectuées, ni interprétées, ni rapportées de façon satisfaisante. Compétences douteuses, observations insuffisantes en qualité et en quantité, généralisations mal fondées ou carrément arbitraires, biais divers, incohérences et même contradictions internes, le bilan semble indiscutablement négatif. Les « données », tout compte fait, s'avèrent très pauvres et très fragiles ; et on a du mal à imaginer qu'elles puissent être utilement exploitées pour le « progrès des connaissances ».

Un médicament imaginaire : le Polygal

Pour compléter le portrait « scientifique » du docteur Rascher, disons un mot de ses autres expérimentations. Certaines concernaient les effets de la haute altitude sur les êtres humains. Très brutales (et également menées à Dachau), elles ont fait beaucoup parler d'elles. Au moins soixante-dix prisonniers y ont laissé leur vie. Ce même chercheur collabora aussi à un programme destiné à tester les effets anti-cancéreux d'un extrait de plante et consacra beaucoup d'efforts à l'étude des effets anti-coagulants d'un médicament qu'il avait mis au point, le Polygal. Des prisonniers étaient délibérément amputés sans anesthésie, ou encore étaient gravement blessés par des balles tirées dans la nuque ou la poitrine. Ainsi pouvait être confirmée l'utilité du Polygal pour lutter contre les hémorragies survenant au combat ou pendant les opérations chirurgicales. Afin de produire ce médicament, Rascher avait créé une entreprise dans laquelle travaillaient des prisonniers. Il se passionna d'ailleurs pour l'étude des propriétés anti-infectieuses du Polygal, vraisemblablement parce que les Alliés disposaient de la pénicilline. En inventant un produit équivalent, il espérait assurer à l'Allemagne une gloire comparable à celle de Fleming. Le docteur Kurt Plotner, un rival de Rascher, apprit que les essais thérapeutiques avaient été complètement biaisés : les doses de pus inoculées aux sujets traités par le Polygal étaient faibles et administrées par des piqûres intracutanées, tandis que les doses injectées aux sujets témoins étaient plus importantes et administrées plus profondément sous la peau. Selon Plotner, le prétendu « Polygal » était en fait une solution saline colorée avec un produit fluorescent.

La collaboration de Sigmund Rascher et du Reichsführer Himmler se termina mal. Car le premier, décidément porté aux excès, finit par s'attirer les foudres du second. Qu'il ait fait fabriquer des selles et des sacs de dames avec de la peau humaine pour les vendre à ses collègues, cela pouvait passer ; mais Himmler ne supporta pas que le couple Rascher ait acheté ou kidnappé trois enfants pour faire croire qu'il pouvait accroître la population « aryenne ». Quand la femme de Rascher essaya de voler un quatrième enfant, elle fut arrêtée. Himmler, se jugeant trahi, arrêta également celui qu'il avait si longtemps soutenu. C'était en avril 1944. Le docteur Rascher fit l'objet de plusieurs accusations (irrégularités financières, meurtre d'un Allemand qui était l'un de ses assistants, fraude scientifique)[5]. En 1945, il fut exécuté en même temps que son épouse, sans doute sur l'ordre de Himmler. Ce dernier, comme on sait, s'empoisonna un peu plus tard.

La personnalité de Sigmund Rascher était assez singulière. La question se pose donc : comment ce médecin se situait-il exactement par rapport au système biomédical nazi ? Par certains

5. W. Benz, « Dr Med Sigmund Rascher. Eine Karriere : Medizine in NS-Staat », *Dachauer Hefte*, Heft 4, 1988, pp. 190-214.

Josef Mengele fut nommé en mai 1943 médecin du camp d'Auschwitz. Son premier geste, écrit Benno Müller-Hill, fut « d'envoyer en chambre à gaz plusieurs centaines de Tziganes soupçonnés d'avoir le typhus ». Ancien assistant du professeur von Verschuer (éminent spécialiste de l'anthropologie), il fut un grand fournisseur d'« échantillons » destinés à améliorer la connaissance des divers groupes humains. À cette époque, les recherches menées sur les « races inférieures » (Juifs et Tziganes) étaient nombreuses. On étudiait leur morphologie, leur sang, les empreintes de leurs mains, leurs yeux, etc. Mengele s'intéressait entre autres aux jumeaux. Il les recherchait et s'en occupait avec un soin spécial ; on estime qu'il a tué 15 % de ceux qu'il a étudiés. Il a accordé beaucoup d'attention à l'hétéchromie (c'est-à-dire aux sujets dont l'œil gauche n'avait pas la même couleur que l'œil droit). Par le témoignage du docteur Nyiszli, qui était prisonnier et fut l'assistant de Mengele à Auschwitz, on sait que ce dernier tua délibérément quelques jumeaux et une famille de huit personnes précisément pour que leurs yeux puissent être examinés par les experts. À la fin de la guerre, il s'enfuit en Amérique du Sud. La photo que nous reproduisons a été prise là-bas en 1966. Les autorités allemandes, ensuite, ne semblent pas l'avoir recherché très activement. Il est certainement mort en 1979. Le cliché ci-contre, qui date de 1937, montre comment les anthropologues déterminaient la couleur des yeux des sujets grâce à des « modèles » de diverses couleurs. *(Clichés Bildarchiv Preussischer Kulturbesitz.)*

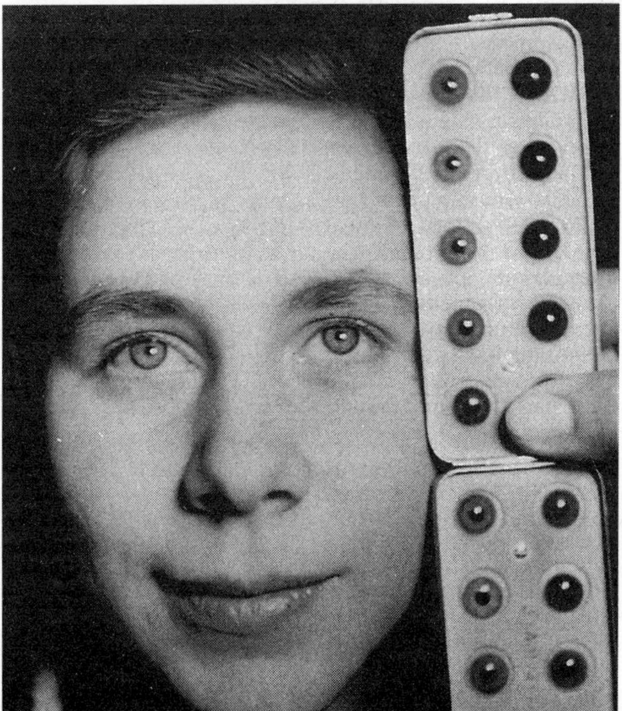

aspects, Rascher apparaît comme un maniaque incompétent auquel les hasards de l'histoire (c'est-à-dire ses rapports privilégiés avec Himmler) ont donné un pouvoir démesuré. Il constituerait donc une regrettable « exception » ; et cela serait confirmé par le fait que les autorités médicales de l'époque hitlérienne ont refusé de faciliter sa carrière et que Himmler lui-même, Nazi éminent, s'est débarrassé de lui. Mais cette interprétation est discutable et à tout le moins incomplète. En raisonnant ainsi, on risque d'oublier à quel point le régime nazi avait remodelé la biologie et la médecine et les avaient intégrées au projet sociopolitique d'où devait sortir une Allemagne « nouvelle ». Si caricaturales qu'aient pu être les « recherches » du docteur Rascher, elles s'inscrivaient directement dans un projet global qui avait une grande cohérence interne.

Le national-socialisme n'est rien d'autre que de la biologie appliquée

Rudolf Hess, qui a été l'un des plus importants collaborateurs de Hitler, a sans doute donné la clé de cette situation dès 1934 : *le national-socialisme n'est rien d'autre que de la biologie appliquée*[6]. Un examen de la littérature nazie, même superficiel, révèle en effet une incroyable prolifération de notions et de thèmes scientifiques empruntés à la biologie, à la médecine, à la psychiatrie, à l'anthropologie et à la démographie. Déjà dans *Mein Kampf* (écrit en 1924), Hitler utilisait beaucoup d'expressions « scientifiques ». La notion de *« race »*, tout spécialement, y a acquis une triste célébrité. Mais il était également question de la dégénérescence de l'individu ; de l'accroissement de la population ; de la sélection et de l'impitoyable lutte pour la vie ; de l'importance des facultés innées ; de l'instinct de conservation de l'espèce ; de la diversité des éléments ethniques qui compromettait l'homogénéité de la race allemande, etc. Hitler lui-même, pour justifier un programme politique fondamentalement eugéniste, esquissait des raisonnements « théoriques ». Par exemple : *« La nature ne s'attache pas tant à la conservation de l'être qu'à la croissance de sa descendance, support de l'espèce. »* Ou encore : *« L'instinct de conservation de l'espèce est la première cause de la formation de communautés humaines. »* Il en découlait entre autres cette consé-

6. N. Ascherson, « The death doctors », *The New York Review of Books*, 28 mai 1987, p. 29 ; R. J. Lifton, *The nazi doctors : medical killing and the psychology of genocide*, Basic Books, 1987.

quence : « *Le sacrifice de l'existence individuelle est nécessaire pour assurer la conservation de la race.* »

Le développement spectaculaire du nazisme à partir de 1933 ne fit que renforcer cette tendance biologisante, aussi bien sur le plan idéologique que sur celui des institutions. La médecine, la science de l'hérédité et l'anthropologie furent littéralement réquisitionnées au service de l'*hygiène raciale*. Les médecins, en tant que catégorie professionnelle, prenaient donc une nouvelle importance : s'appuyant sur les « lois de la biologie », ils étaient désormais de véritables « soldats », des acteurs historiques de première grandeur. Culturellement, ils acquéraient un statut privilégié : les ingénieurs travaillaient seulement sur la matière inerte, tandis qu'ils allaient engendrer, eux, une humanité nouvelle et un ordre nouveau. Comme le notent Robert Jay Lifton et Neal Ascherson, ils l'emportaient même sur les généraux. Car la guerre elle-même n'était jamais qu'une des facettes de cette entreprise biologique, une simple modalité du processus d'épuration qui était baptisé « *euthanasie* ».

La Grande Thérapeutique

Cette désignation, lorsqu'il s'agit d'évoquer les chambres à gaz et les injections de phénol, est insupportable. Mais elle a historiquement une grande signification. Les médecins d'Auschwitz, entre eux, n'hésitaient pas à faire cette plaisanterie : en tuant des milliers et des milliers de prisonniers, ils mettaient en œuvre la « grande thérapeutique » *(Therapia Magna Auschwitzensis)*. Tant et si bien que l'abréviation TM servit à désigner les chambres à gaz dans le langage familier. L'acte de tuer lui-même finit par être considéré dans le langage administratif comme un « traitement spécial » *(Sonderbehandlung)*. L'expression doit être prise au sérieux : « soigner » et « tuer », en de très nombreux cas, c'était la même chose. Ainsi, pour stopper une épidémie dans un camp, il arrivait qu'on éliminât tous les sujets atteints. Et cela avait commencé en 1939, lorsque Hitler avait autorisé deux parents de Leipzig, les Knauer, à faire tuer par des médecins leur enfant qui souffrait de graves malformations. Par la suite, une commission fut mise en place et présidée par les médecins personnels de Hitler. Elle était chargée de dire quels étaient les individus « indignes de vivre » et d'organiser leur exécution. Quand l'espèce ou la race est tout, l'individu peut être légalement sacrifié.

C'est cette même logique qui a légitimé les expérimentations scientifiques menées dans les camps de concentration. Le présupposé fondamental est bien connu : grâce au progrès scientifique, on pourra mieux maîtriser les problèmes biomédicaux. Pourquoi donc n'autoriserait-on pas certaines expériences sur certains êtres humains, même si elles sont dangereuses et susceptibles d'entraîner la mort ? Les chercheurs allemands, dans le contexte de l'époque, pouvaient assez facilement « justifier » leur participation à des programmes expérimentaux totalement contraires aux Droits de l'homme. D'une part, les prisonniers des camps leur apparaissaient comme des êtres ou « inférieurs » ou « coupables » (le simple fait d'être opposé au régime nazi était d'ailleurs souvent interprété comme un « symptôme » médicalement inquiétant ; et un communiste, par exemple, pouvait être considéré comme un « psychopathe asocial »). D'autre part, ainsi que l'a remarqué Robert Lifton, il est très vraisemblable que beaucoup d'hommes, de femmes et d'enfants internés dans les camps étaient perçus comme *virtuellement morts*, comme des êtres promis à une disparition plus ou moins proche.

Les sommités médicales les plus influentes, en outre, avaient fait des éloges massifs de « la science » et souligné l'importance de la mission politique et sociale que lui octroyait Hitler. Dans la *Deutsche Allgemeine Zeitung*, en 1943, le professeur Fischer avait ainsi commencé un article : *« C'est une chance rare et toute particulière, pour une recherche en soi théorique, que d'intervenir à une époque où l'idéologie la plus répandue l'accueille avec reconnaissance ; et mieux, où ses résultats pratiques sont immédiatement acceptés et utilisés comme fondement de mesures prises par l'État. »* Le professeur Rüdin tint des propos du même genre, félicitant Hitler d'avoir su utiliser la science pour réaliser « une action eugéniste géniale[7] ». La scène était prête pour qu'un Josef Mengele et toute une pléiade de médecins se mettent à « expérimenter » hardiment.

De stupéfiantes « recherches » en biologie et en anthropologie

Horst Schumann irradia les organes sexuels d'hommes et de femmes ; un programme concernant le typhus, réalisé en collaboration avec la firme Bayer, exigea le massacre de nombreux patients qui devaient être disséqués ; le professeur Clauberg, spé-

7. B. Müller-Hill, *Science nazie, science de mort. L'extermination des Juifs, des Tziganes et des malades mentaux de 1933 à 1945*, (trad. fr.) Ed. Odile Jacob, 1989 (éd. originale : 1984), p. 65, p. 208.

cialiste de réputation internationale, injecta des substances caustiques dans les trompes de Fallope de plusieurs centaines de femmes juives. Mengele, docteur ès lettres et docteur en médecine, était l'assistant du professeur von Verschuer, une haute personnalité de l'anthropologie ; il conduisit de nombreuses recherches et fut un grand fournisseur d'« échantillons » anthropologiques. Il s'intéressait à diverses maladies, au nanisme, à l'hétérochromie (c'est-à-dire aux sujets dont les deux yeux n'avaient pas la même couleur) ; plusieurs enfants tziganes furent précisément tués afin que leurs yeux pussent être envoyés aux experts dans des boîtes tristement célèbres. Mais sa grande passion concernait les jumeaux. Il les nourrissait avec un soin spécial et en tua un certain nombre afin de faire des observations. Ces recherches sur les jumeaux, en principe, devaient lui servir à rédiger une thèse qui lui ouvrirait les portes de l'Université (Rascher, on l'a vu, avait la même ambition).

Ces indications suffisent à montrer que le docteur Rascher ne peut pas être considéré comme une simple « exception ». Même si sa personnalité semble bizarre et même si ses travaux étaient spécialement médiocres du point de vue scientifique, ses comportements n'étaient pas fondamentalement différents de ceux de nombreux autres médecins-chercheurs. S'il a été sévèrement jugé par ses pairs, ce n'était pas essentiellement parce qu'il faisait preuve de cruauté et tuait des êtres humains ; mais parce qu'il était incompétent, arriviste et « excessif » dans tous les domaines.

Historiquement et politiquement, ce point mérite d'être fortement souligné : même après la fin de la guerre, la profession médicale allemande s'est souvent montrée d'une extrême indulgence à l'égard de médecins qui avaient activement collaboré à des entreprises criminelles. Sans doute la situation créée par le nazisme avait-elle été très difficile à affronter ; sans doute faut-il être prudent lorsqu'on se penche sur le cas de ces hommes embarqués dans des entreprises cauchemardesques. Mais rien ne contraignait les officiels à passer aussi complaisamment l'éponge et à « oublier » aussi vite les crimes passés. Comme le note Benno Müller-Hill, de l'université de Cologne, les experts ont rapidement redécouvert « les avantages liés à l'état de pur scientifique, objectif et apolitique[8] ». Le professeur von Verschuer, celui-là même qui supervisait les recherches de Mengele et recevait les boîtes remplies d'yeux d'enfants assassinés, redevint professeur à l'université de Münster. Les représentants officiels de la médecine

8. Même ouvrage, p. 91.

allemande, en 1955, refusèrent de retirer le titre de « docteur en médecine » au professeur Clauberg ; c'est-à-dire à l'homme qui avait stérilisé impitoyablement de très nombreuses femmes. Que signifie donc le serment d'Hippocrate ? Eugen Fischer put poursuivre tranquillement ses recherches anthropologiques ; et ainsi de suite. Benno Müller-Hill nous le rappelle : « Les tribunaux de la République fédérale ont décidé que le docteur Borm, responsable d'un centre de liquidation [Opération Euthanasie], n'avait commis que des crimes perscriptibles[9]. » Quant à Mengele, les autorités allemandes ne firent pas d'efforts excessifs (c'est le moins qu'on puisse dire) pour le retrouver. Il s'était enfui en Amérique du Sud et put y terminer ses jours après avoir fait un voyage en Suisse pour revoir son fils.

Si les recherches biomédicales nazies ont refait parler d'elles, c'est parce que le *New England journal of medicine*, en même temps qu'il publiait une étude sur le docteur Rascher, a annoncé qu'il ne publierait à l'avenir aucun article fondé sur des « recherches non conformes à l'éthique[10] ». Ce refus est catégorique et global : dans les cas non éthiques, les « mérites scientifiques » ne seront pas pris en compte, si grands qu'ils puissent être. Marcia Angell, dans l'article où était présentée cette décision, a clairement expliqué les raisons de la revue. En premier lieu, il s'agit de décourager les recherches qui ne respectent pas l'éthique ; cela paraît d'autant plus opportun que le fait d'échapper aux contrôles permet en certains cas de faire des recherches plus pointues et plus décisives. Tout laxisme risquerait de donner un avantage aux « tricheurs » dans la compétition scientifique. Deuxièmement, le respect des sujets humains constitue un principe fondamental : en tolérant des entorses mineures, on encouragerait des violations de plus en plus graves. Enfin, cette prise de position donne l'occasion d'affirmer publiquement que « la connaissance » n'est pas tout et ne donne pas tous les droits. Il est bon que la société le sache : même aux yeux des chercheurs, la science n'est pas le critère décisif qui permettrait d'évaluer la valeur d'une civilisation *(the primary measure of a civilization)*.

L'un des grands mérites de cette déclaration, c'est qu'elle va au-delà des proclamations habituelles concernant les Droits de l'homme (proclamations sur lesquelles tout le monde est en prin-

9. Même ouvrage, p. 116.

10. M. Angell, « The Nazi hypothermia experiments and unethical research today », *The New England journal of medicine*, 17 mai 1990, pp. 1462-1464.

cipe d'accord). Il est en effet dit explicitement que le non-respect de l'éthique peut parfois faciliter les recherches. Débarrassé de certaines contraintes gênantes, un expert peut par exemple concevoir des tests plus risqués mais plus probants. Il n'y a donc aucune convergence nécessaire entre les intérêts de « la science » et la défense des Droits de l'homme.

Science et éthique : le Code de Nuremberg

Il se trouve que le journal *Le Monde*, lorsqu'il a fait écho à la décision du *New England journal of medicine*, a interrogé le professeur Jean Bernard. Ce dernier, qui était alors président du Comité national d'éthique, a déclaré qu'il partageait « largement » le point de vue de la revue américaine. Et il a formulé cet aphorisme : *« Ce qui n'est pas scientifique n'est pas éthique*[11]*. »* Que faut-il comprendre ? À tout le moins, cette expression est ambiguë. Elle tend en effet à faire penser qu'une recherche, du moment qu'elle est correcte sur le plan scientifique, sera conforme aux exigences de l'éthique. Il y aurait en quelque sorte une ferme corrélation entre les deux aspects, tout se passant comme s'il suffisait qu'un « bon » scientifique s'appuie sur un « bon » protocole pour être en règle avec les principes éthiques. À la limite, les « comités d'éthique » pourraient être considérés comme inutiles : un simple examen scientifique suffirait à garantir que les dérapages éthiques sont impossibles.

Lorsqu'on laisse entendre, fût-ce involontairement, que « la science » elle-même a une fois pour toutes intériorisé les normes de l'éthique, on prend de très grosses responsabilités. Précisément pour cette raison, Marcia Angell a eu soin d'éviter toute obscurité dans ses propos. Adoptant une position tout à fait opposée à celle du professeur Jean Bernard, elle écrit : *« Il n'est pas garanti (...) que la mauvaise science et la mauvaise éthique vont de pair. »* Certes, de nombreuses expérimentations nazies ont été à la fois scientifiquement médiocres et éthiquement inadmissibles (et le cas de Rasher constitue une bonne illustration). Mais on ne saurait admettre pour autant que la « bonne science » est et sera toujours conforme à l'éthique.

Certains scientifiques, en réalité, font de la « mauvaise science » tout en restant conformes à l'éthique. Et, inversement, un excellent scientifique peut réussir de très bonnes expériences en se

11. *Le Monde*, 30 mai 1990, p. 20.

situant hors du cadre de l'éthique. D'après divers témoignages, il faudrait d'ailleurs admettre que c'était le cas pour certaines expérimentations nazies. Ainsi le professeur Muckermann, qui avait perdu son poste d'anthropologue avec la montée du nazisme, n'a pas craint d'écrire en 1952 dans un rapport officiel que la recherche sur les jumeaux devait de « grands progrès » à Otmar von Verschuer. Si les multiples recherches menées par ce dernier pendant la période nazie avaient été nulles, un tel jugement aurait-il pu être formulé ? Les expérimentations menées dans les camps, soulignons-le, ont souvent été citées dans les revues scientifiques. Robert Berger rappelle que les seules expérimentations de Dachau, à la date de 1984, avaient été mentionnées dans 45 publications. Et Benno Müller-Hill le déclare tout crûment : si les expériences des Clauberg, des Schneider et des Hirt (tous « scientifiques de premier ordre ») avaient été effectuées non pas sur des Juifs ou des Tziganes mais sur des souris, on n'aurait certainement pas eu l'idée de dire qu'elles relevaient de la « mauvaise science[12] ».

Si ce point n'est pas clairement perçu, les difficultés persisteront. Certains experts continueront à croire que la valeur scientifique de leurs projets suffit à assurer leur légitimité éthique ; et l'opinion publique, fascinée par les discours de « la science » et perdant de vue les enjeux humains, relâchera sa vigilance. Certes, le contexte a changé depuis les jours sombres de la Seconde Guerre mondiale. Mais la continuité est nette entre les problèmes soulevés par la science nazie et nos problèmes d'éthique. Ce qui est en cause, aujourd'hui comme hier, c'est le respect des personnes et de la vie humaine. A-t-on le droit d'expérimenter sur des « états végétatifs chroniques » ou sur des embryons ? Jusqu'où peut-on aller dans l'élimination des « anomalies génétiques » détectées sur des fœtus, et donc dans l'élimination des fœtus eux-mêmes ? Ces interrogations et bien d'autres sont devenues banales dans la civilisation scientifique et industrielle. Raison de plus pour percevoir fortement ce que signifie cette banalisation. De ce point de vue, la différence est moins grande qu'on ne pourrait croire entre nos comités d'éthique et la commission que Hitler avait créée en 1939 pour régler le sort des enfants victimes de malformations.

Il serait regrettable que le cas « monstrueux » du docteur Rascher détourne l'attention des questions de fond. Questions qui sont

12. B. Müller-Hill, ouvrage cité, pp. 111-112.

À la fin de la Seconde Guerre mondiale, les grands criminels de guerre furent jugés à Nuremberg par les Alliés. Les médecins comparurent devant un tribunal ad hoc. Dans les attendus du jugement figurait une liste de dix principes relatifs à l'expérimentation sur l'homme (« Code de Nuremberg », 1947). Autant dire qu'à travers les expérimentations des camps étaient abordées des questions qui demeurent tout à fait actuelles. Car le nazisme, en tant que tel, a bien sûr eu une influence décisive : s'il n'y avait pas eu Hitler et tout le formidable dispositif destiné à assurer « l'hygiène raciale », les expérimentations inhumaines et meurtrières des camps n'auraient pas eu lieu. Mais, même en dehors du nazisme et des autres idéologies totalitaires, les problèmes de l'éthique biomédicale demeurent posés de façon pressante. Aujourd'hui même, les démocraties s'interrogent : est-il légitime de procéder sur des êtres humains à des expérimentations dangereuses et éventuellement mortelles ? Est-il conforme aux Droits de l'homme de faire disparaître un nombre croissant de fœtus que les experts jugent atteints de malformations ? À cause du scientisme régnant, à cause de diverses pressions (culturelles, mais aussi économiques, corporatistes, etc.), ces interrogations se transforment en urgences. Et, malgré l'existence de certaines instances spécialisées, il n'est pas sûr que tout soit fait pour que les enjeux soient clairement perçus et pour qu'un véritable débat s'instaure. Signalons que plusieurs médecins des camps ont été traités avec une grande indulgence, après la guerre, par les autorités médicales de l'Allemagne fédérale. *(Les médecins nazis jugés par les États-Unis à Nuremberg, le 9 décembre 1946. Au milieu de la première rangée des accusés, derrière les avocats, se trouve le général K. Gebhardt, médecin personnel de Himmler. Cliché Archives du centre de documentation juive contemporaine.)*

toujours là, au cœur même des sociétés qui se réclament de la démocratie. Ce n'est absolument pas un hasard si le *Code de Nuremberg* (1947), né du procès des criminels nazis, constitue une référence majeure, aujourd'hui encore, pour l'éthique biomédicale.

CHAPITRE XII

Un débat fin de siècle : la « faillite de la science »

Ferdinand Brunetière (1849-1906), qui était un spécialiste de l'histoire littéraire et avait enseigné à l'École normale supérieure, publia en janvier 1895 un article retentissant dans *La Revue des Deux Mondes* dont il était le directeur. Le thème central, c'était que « la science » n'avait pas tenu les promesses qu'elle avait faites.

À l'époque, ce thème polémique n'était pas complètement original ; ici ou là, il s'était trouvé quelques mauvais esprits pour parler de la « banqueroute » de la science. Mais Brunetière était un polémiste efficace et jouissait d'un certain prestige dans les milieux intellectuels. Non seulement il avait publié plusieurs volumes d'*Études critiques sur l'histoire de la littérature française*, mais il donnait des conférences à l'Odéon, des cours à la Sorbonne, et avait à sa dispostion un organe de presse assez puissant. Ses propos avaient donc du poids. Et d'autant plus de poids, sans doute, qu'il faisait preuve d'une relative modération. Au sens strict, la science n'avait pas fait « banqueroute » ; car la banqueroute implique un effondrement total. Mais le « crédit de la science », selon Brunetière, était gravement affaibli par des *faillites partielles*[1]. Pour tous ceux qui attendaient de « la science » à la fois la prospérité, le bonheur et le progrès moral, de telles déclarations allaient déjà beaucoup trop loin. Aussi un grand banquet fut-il bientôt organisé et offert à celui qui était la vivante incarnation de tous les idéaux scientifiques : Marcelin Berthelot, grand chimiste et puissant personnage politique. De cette façon,

1. F. Brunetière, *La Science et la religion*, Perrin, 1916, p. 25

Ferdinand Brunetière (1849-1906) était un historien de la littérature française ; son œuvre n'est nullement négligeable. Mais c'est sans doute à un article plutôt mordant sur les « faillites » de la science qu'il doit d'avoir survécu dans la mémoire collective. « La science » a beaucoup promis, écrivait-il en 1895 ; mais elle n'a pu tenir ses promesses les plus importantes. Certes, la physique et la chimie avaient beaucoup progressé ; les trains roulaient plus vite que ne couraient les chevaux ; et la médecine était de plus en plus efficace. Mais « la science » avait promis de rendre l'humanité moralement meilleure ; elle avait promis d'édifier une éthique et même une politique fondées sur des principes scientifiques ; elle s'était engagée à révéler aux hommes leur véritable origine, leur véritable nature, leur véritable destinée. D'après Brunetière, on était loin du compte ; jamais les sciences (qu'elles soient physiques, biologiques ou sociales) ne réussiraient à résoudre objectivement les grandes énigmes auxquelles était confrontée l'humanité. Pour tous ceux qui voyaient au

contraire dans la science la source unique de toute connaissance et de tout progrès, ces propos étaient scandaleux. Une grande agitation s'ensuivit ; et les répliques fusèrent de tous côtés. *(Cliché Roger Viollet.)*

« la science » serait massivement défendue et célébrée. *« Tant de bruit pour un seul article »*, écrira Brunetière. Quels étaient donc les intérêts mis en cause ? De quelles erreurs et de quelles énormités l'article incriminé était-il entaché ? Et, plus simplement encore, quelle signification le mot « science » revêtait-il exactement dans ce débat ?

La science n'a pas tenu ses promesses

Dès le début de son article, Ferdinand Brunetière notait que l'époque n'était pas très éloignée « où l'incrédulité savante passait communément pour marque, ou pour preuve, de supériorité d'intelligence et de force d'esprit ». À preuve ces affirmations tranchantes formulées en 1892 par un certain André Lefèvre dans un livre sur *La Religion* : *« Les religions sont les résidus épurés des superstitions. (...) La valeur d'une civilisation est en raison inverse de la ferveur religieuse. (...) Tout progrès intellectuel correspond à une diminution du surnaturel dans le monde. (...) L'avenir est à la science. »* Parmi les grands promoteurs de cette conception, Brunetière citait Condorcet (1743-1793). Dans son *Esquisse d'un tableau des progrès de l'esprit humain*, ce dernier avait exalté le « progrès des lumières » et les merveilleux effets qu'il devait « infailliblement » produire dans tous les domaines. Ce message avait trouvé mille échos, soulevé mille espérances. Mais Brunetière, précisément, estimait que le moment était venu de dresser un bilan négatif. « La science », utopie des temps modernes, avait beaucoup promis ; mais, sur des points fondamentaux, elle se révélait décevante. Très explicitement, ce philosophe spiritualiste reconnaissait que les savoirs scientifiques avaient dans l'ensemble progressé. Il n'était pas question de contester systématiquement la physique et la chimie. *« Nos sciences ne sont nées que d'hier »*, soulignait-il. *« Laissons leur donc le temps de grandir ! »* Les succès des techniques ou de la médecine ne pouvait pas davantage être niés, tels « le téléphone » et « le vaccin du croup ». Plusieurs fois Brunetière y reviendra : il est évident que le chemin de fer va plus vite que la diligence. Mais, à ses yeux, ces progrès matériels ne confirment pas de façon décisive la valeur de ce que nous appelons la technoscience ; plusieurs raisons peuvent être évoquées, au contraire, pour étayer des jugements fort sévères.

Dans un autre article paru en 1895 et consacré à « la moralité de la doctrine évolutive », Brunetière résumera par exemple de façon assez brutale son opinion sur le rôle de la science dans les sociétés avancées : « *Les progrès de l'industrie, qui sont ceux de la science, (...) ont créé dans le monde entier des formes nouvelles de "misère" plus aiguës, plus intolérables*[2]. » Pour lui, cet aspect

2. Même ouvrage, p. 148.

Ernest Renan (1823-1892) se destinait à la prêtrise. Mais, après plusieurs années de séminaire, il s'écarta de la religion. Se tournant vers l'histoire et la philologie, il publia entre autres une *Histoire des origines du christianisme* et une *Vie de Jésus.* Ami de Marcelin Berthelot, il écrivit en 1848 (et fit paraître en 1890) un livre qui occupe une place importante dans l'histoire du scientisme français : *L'Avenir de la science.* Les déclarations enthousiastes y abondent ; la science, que Renan juge « indépendante de toute forme sociale », doit guider l'humanité et l'amener à la plus haute perfection. Il rêve d'une technocratie intégrale : « *L'idéal d'un gouvernement serait un gouvernement scientifique, où des hommes compétents et spéciaux traiteraient les questions gouvernementales comme des questions scientifiques et en chercheraient rationnellement la solution.* » Au passage, Renan se hasardait à faire de grandioses prophéties. Celle-ci par exemple : « *L'islamisme périra par l'influence seule de la science européenne, et ce sera notre siècle qui sera désigné par l'histoire comme celui où commencèrent à se poser les causes de cet immense événement...* » *(Cliché J.-L. Charmet.)*

était important ; et nous aurons l'occasion d'y revenir. Mais le vrai point de départ de sa réflexion critique était certainement ailleurs, dans des considérations plus proches de la philosophie traditionnelle. « La science » était présentée fréquemment comme une source de *vérités* ; mieux encore, comme capable de fournir des fondements solides à l'*éthique* et à la *politique*. C'était cela, essentiellement, que Brunetière se refusait à accepter.

Donnons tout de suite un exemple concret : celui du darwinisme. Non seulement il montre pourquoi Brunetière était amené à se transformer en épistémologue, mais il permet de mesurer d'emblée la complexité de la situation à laquelle étaient confrontés certains « intellectuels ». Dans les dernières décennies du XIXe siècle, en effet, la « théorie de la descendance » avait été vulgarisée de façon à la fois enthousiaste et hardie. Grâce aux schémas évolutionnistes, le grand public pouvait croire que toutes les énigmes relatives à l'Homme allaient être résolues... Dans cette floraison de spéculations, comment se retrouver ? Comment séparer le bon grain de l'ivraie ?

Un homme tel que Brunetière ne pouvait pas (et ne voulait pas) tout rejeter. Partisan des méthodes scientifiques, il reconnaissait l'immense intérêt de l'*Origine des espèces* (1859) : « *J'admire autant que personne les immortels travaux de Darwin ; et quand on compare l'influence de sa doctrine à celle des découvertes de Newton, j'y souscris volontiers*[3]. » Il admettait fort bien que singes et hommes aient des ancêtres communs. Mieux encore, il avait utilisé l'idée d'évolution dans ses propres travaux sur l'histoire des genres littéraires ; et il allait jusqu'à suggérer que la théorie darwinienne donnait « en quelque sorte une base physiologique au dogme du péché originel[4] » ! Mais les matérialistes et les libres penseurs avaient transformé cette même théorie en une arme redoutable. En tant que philosophe spiritualiste, Brunetière se sent alors obligé de réagir.

Quand les théories se transforment en systèmes

Afin de limiter les dégâts, il dénonce les glissements doctrinaux auxquels se prête facilement le darwinisme authentiquement scientifique. Les spéculations des évolutionnistes, dès qu'il s'agit de l'homme, sont souvent divergentes ; méfions-nous donc du dogmatisme qui se manifeste chez certains hommes de science et

3. Même ouvrage, p. 13.
4. Même ouvrage, p. 133.

chez leurs suiveurs. À partir de quelques résultats intéressants, ils finissent par élaborer des *systèmes* et par s'imaginer qu'ils détiennent des réponses définitives aux grandes questions que se pose

Marcelin Berthelot (1827-1907) fut un grand chimiste et un homme politique important. Sénateur inamovible, il fut ministre de l'Instruction publique (1886-1887) puis ministre des Affaires étrangères (1895-1896). Couvert d'honneurs et de titres, il fut membre de l'Académie de médecine, de l'Académie des sciences, puis de l'Académie française. Grand défenseur de « la Science », il proclamait que cette dernière était « la bienfaitrice de l'humanité » et devait partout être encouragée. *« Elle réclame aujourd'hui, à la fois, la direction matérielle, la direction intellectuelle et la direction morale des sociétés. »* Sans relâche, il affirma la primauté des connaissances et des activités scientifiques : *« La science domine tout : elle rend seule des services définitifs. Nul homme, nulle institution désormais n'aura d'autorité durable s'il ne se conforme à ses enseignements. »* Grâce à l'éducation scientifique, déclarait-il encore, la politique deviendra « expérimentale ». Il était bien normal que les savants et les hommes politiques offrissent un banquet à ce champion de « la science » lorsque Ferdinand Brunetière osa parler de certaines « faillites » de cette dernière. *(Cliché J.-L. Charmet.)*

l'humanité. Aussi convient-il de prendre du recul : *« La "science", qui n'est infaillible, malheureusement, ni dans l'observation des faits ni dans l'interprétation qu'elle en donne, l'est sans doute encore moins dans l'affirmation des conséquences qu'elle en tire. »* Tout bien pesé, « La Descendance de l'homme *de Darwin ou* L'Histoire naturelle de la création *du professeur Haeckel ne sont, de leur vrai nom, que des romans scientifiques*[5] *»*.

Si Brunetière s'exprime aussi énergiquement, c'est qu'il considère comme prioritaires les question d'éthique et de métaphysique, *« celles qui touchent à l'origine de l'homme, à la loi de sa conduite et à sa destinée future »*. Tant que les sciences se contentent de mettre au jour certaines relations entre phénomènes, il n'y a rien à dire. Mais, constate Brunetière, elles ont aussi *promis de supprimer le « mystère*[6] *»*. C'est là, selon lui, que tout bascule. Les hommes de science, en prétendant nous dévoiler les Grands Secrets, retombent lourdement dans la métaphysique à laquelle ils avaient en principe renoncé. Trop confiante en ses propres forces, « la science » a promis plus qu'elle ne pouvait tenir. Non sans malice, Brunetière cite cette affirmation d'un naturaliste anglais de grande envergure, Alfred Russel Wallace (1823-1913) : *« Les forces qui peuvent rendre compte de la transformation des espèces (sont) incapables d'expliquer le passage de l'animal à l'homme. »* Ce témoignage est d'autant plus intéressant que Wallace a failli devancer Darwin ; si ce dernier n'avait pas été habilement soutenu par de puissants collègues, nous parlerions aujourd'hui du « wallacisme » et non du « darwinisme[7] »...

Pour élargir la problématique, Brunetière renvoie ses lecteurs à *L'Avenir de la science*, ce grand manifeste du scientisme qu'Ernest Renan avait écrit en 1848 et publié en 1890. On y lisait ceci : *« Je suis convaincu qu'il y a une science des origines de l'humanité qui sera construite un jour non par la spéculation abstraite, mais par la recherche scientifique. Quelle est la vie humaine qui, dans l'état actuel des connaissances, suffirait à explorer tous les côtés de cet unique problème ! (...) Et si on ne l'a pas résolu, comment dire qu'on sait l'homme et l'humanité*[8] *? »* Outre qu'il croit l'entreprise irréalisable, Brunetière souligne qu'il est impossible à l'humanité d'attendre l'achèvement de

5. Même ouvrage, pp. 177-178.

6. Même ouvrage, p. 12.

7. Voir par exemple A. C. Brackman, *A delicate arrangement. The strange case of C. Darwin and A. R. Wallace*, Times Books, 1980.

8. E. Renan, *L'Avenir de la science*, Calmann Lévy, 1890, p. 163.

la synthèse scientifique annoncée par Renan. Même si on a foi en « la science », il est évident que beaucoup de temps s'écoulera avant que cette dernière ne résolve rationnellement tous les problèmes éthiques et politiques. Or, *« en attendant, il faut vivre d'une vie qui ne soit pas purement animale ; et la science, aucune science aujourd'hui ne saurait nous en donner les moyens*[9]. » Concrètement, puisque « la vie est action », les hommes ont besoin d'un code moral ; et ce code, seule la religion est en mesure de le fournir. Telle est en tout cas l'opinion de Brunetière. À cette époque, rappelons-le, il ne se présentait pas comme un authentique croyant ; c'est seulement en 1900 qu'il retournera dans le sein de l'Église catholique[10].

La science contre le christianisme

La référence à Renan avait l'intérêt de désigner un autre ennemi : les sciences que nous appelons aujourd'hui humaines ou sociales. Brunetière a pris conscience des nouvelles menaces que leur développement fait peser sur les antiques croyances. Il faut donc contre-attaquer sur tous les fronts, et pas seulement sur celui des « sciences physiques ou naturelles ». *« Ni l'anthropologie, ni l'ethnographie, ni la linguistique (ne répondront jamais) à la question de savoir ce que nous sommes*[11]. » Bien sûr, les historiens et les philologues fouillent le passé avec une certaine efficacité. Mais, selon Brunetière, les grands travaux d'érudition n'ont pas permis d'atteindre l'objectif visé par les partisans les plus ardents du rationalisme scientifique ; à savoir la destruction complète des bases historiques du christianisme.

De même que « la physique ne peut rien, même contre le miracle », les exégèses des philologues athées sont dans l'incapacité de prouver que les croyants ont tort de chercher dans la *Bible* leurs nourritures spirituelles. Il ne s'agit absolument pas de « sacrifier » la science, mais d'affirmer que la science ne pourra jamais « remplacer la religion » : il faut accepter une fois pour toutes *« la séparation du domaine respectif de la certitude "scientifique" et de la certitude "inspirée" »*.

Brunetière posait les problèmes à sa manière et insistait tout particulièrement sur cette idée : « la science » avait pris des enga-

9. F. Brunetière, ouvrage cité, p. 27.

10. Voir par exemple J. Clark, *La Pensée de F. Brunetière*, Nizet, 1954, chap. VII.

11. F. Brunetière, ouvrage cité, pp. 13-14.

gements qu'elle ne pouvait pas honorer. D'où l'objection évidente formulée par de nombreux scientifiques : « la science » n'était pas une personne morale qu'on puisse mettre en cause comme si elle était responsable de tous les propos tenus en son nom. L'Église catholique, elle, a une doctrine qui s'exprime officiellement par la voix du pape, par les décisions des conciles. Mais « la science » a un statut tout différent. Ce qui existe concrètement, c'est un ensemble de sciences spécialisées dont le but essentiel est désintéressé : l'acquisition de connaissances toujours plus précises et plus profondes. Brunetière, selon cette argumentation, avait donc

Il n'est pas toujours facile de savoir ce que recouvraient exactement, au XIXe siècle, les notions antithétiques de « science » et de « religion ». Mais il est certain que ces mots avaient de fortes résonances et éveillaient de multiples associations d'idées. Dès qu'il était question de « la science », beaucoup de républicains pensaient au « progrès », à la « prospérité », à la « liberté », etc. Dans le domaine de l'enseignement, « la science » allait de pair avec la *laïcité*. On le constate dans de nombreux textes : l'instituteur, c'était « la science », les « Lumières », tandis que le curé, c'était la « Foi » aveugle, l'« obscurantisme », l'« opium du peuple ». L'une des grandes urgences concernait donc l'élimination des écoles religieuses au profit des écoles laïques. Dès les années 1880, de nombreuses mesures furent prises par la République pour que le clergé (soupçonné d'être trop favorable aux royalistes) perde son emprise sur l'enseignement. Marcelin Berthelot, quand il célébrait la laïcité, n'hésitait pourtant pas à utiliser le vocabulaire des prêtres : les Facultés, selon lui, devaient devenir « les séminaires laïques des professeurs de l'enseignement secondaire. » *(Cliché J.-L. Charmet.)*

tort d'évoquer les responsabilités sociales et culturelles de « la science ».

Aujourd'hui encore, les propos de ce genre ne sont pas rares. Brunetière, en tout cas, affronte sereinement la difficulté. Il est exact, concède-t-il, que le culte de « la science » n'est pas entretenu de façon délibérée par l'ensemble des hommes de science. Mais enfin, écrit-il, « il faudrait tâcher d'être loyal ». Lorsque les Comte, les Littré, les Taine et les Renan ont largement et puissamment vanté les mérites et les vertus de « la science », est-ce que les représentants des diverses disciplines les ont récusés ? Est-ce qu'ils ont « repoussé l'alliance » qui leur était offerte ? Il est vraiment trop facile, lorsque vient l'heure des comptes, de « renier ses anciens alliés[12] ».

Marcelin Berthelot, pontife du scientisme républicain

Considérons le grand pontife du scientisme républicain, à savoir le chimiste Marcelin Berthelot : il est « professeur au Collège de France ; directeur et président de section à l'École des hautes études ; secrétaire perpétuel de l'Académie des sciences ; grand officier de la Légion d'honneur ; sénateur ; ancien ministre ; membre d'une foule de Conseils plus supérieurs les uns que les autres ; logé par l'État à la ville et à la campagne »... Méchamment, Brunetière commente : *« On ne peut évidemment pas dire que la science ait fait "banqueroute" à mon très cher et très éminent confrère M. Marcelin Berthelot*[13]*. »* À tout le moins, il apparaît qu'il y a une profonde complicité entre la science dite pure et les intérêts concrets de la Troisième République. Si M. Berthelot est tellement honoré et tellement écouté, si les manuels destinés aux écoliers reproduisent longuement ses éloges de « la science », c'est que ce personnage est représentatif ; et que les savants eux-mêmes, dans l'ensemble, sont à l'unisson. Berthelot n'est peut-être pas un pape ; mais, pour Brunetière, c'est un personnage institutionnel dont les « promesses » engagent indéniablement l'armée des chercheurs. Voici d'ailleurs comment Berthelot lui-même avait répliqué au philosophe dans *La Revue de Paris* du 1er février 1895 : *« Nous voyons chaque jour comment l'application des doctrines scientifiques à l'industrie accroît*

12. Même ouvrage, p. 11.
13. Même ouvrage, p. 67.

continuellement la richesse et la prospérité des nations. (...) L'histoire du siècle présent prouve également à quel point le sort de tous a été amélioré par les idées nouvelles. (...) Telles sont les conséquences de la méthode scientifique. C'est ainsi que le triomphe universel de la science arrivera à assurer aux hommes le maximum de bonheur et de moralité. »

Une telle réponse constituait une « défense et illustration » de la Science qui était sans doute efficace auprès du grand public. Mais, en même temps, elle confirmait l'une des thèses principales de Brunetière ; à savoir que la Science devait être perçue comme une force historique, comme l'expression d'un projet social global. Marcelin Berthelot n'était d'ailleurs qu'un maillon particulièrement visible dans une longue chaîne. Bien des « professionnels des lettres », selon l'expression de Brunetière, lui avaient ouvert la voie. L'un des plus importants était Auguste Comte (1798-1857). Il avait réussi à répandre l'idée que l'humanité, au cours de son histoire, traversait des « états » successifs ; et la bourgeoisie éclairée en avait gardé la conviction que « l'âge de la science », c'est-à-dire l'état le plus parfait, ne pourrait s'établir que grâce à la suppression de tous les vestiges de « l'âge théologique ». Dans Comte, en fait, il y avait bien d'autres idées ; pour satisfaire les besoins de la subjectivité, il fallait selon lui élaborer une nouvelle religion conforme aux thèses du positivisme. Mais cette partie de son œuvre était (et est encore) négligée. Seules les affirmations jugées « progressistes » et favorables à « la science » avaient eu un réel succès. Maximilien Paul Émile Littré (1801-1881), l'auteur du célèbre *Dictionnaire*, avait d'ailleurs contribué à éliminer de la doctrine positiviste tous les éléments par trop « mystiques » qui pouvaient y subsister.

Quand à Ernest Renan (1823-1892), il avait fourni dans *L'Avenir de la science* une sorte de Bible du scientisme où abondaient les proclamations fracassantes. Brunetière citait entre autres celle-ci : *« Organiser scientifiquement l'humanité, tel est donc le dernier mot de la science moderne, telle est son audacieuse mais légitime prétention*[14]. » Ce programme, remarquait Brunetière, allait « un peu plus loin que l'ambition du chimiste ou du physicien ! » Seul cet arrière-plan permet de comprendre les propos parfois assez brutaux tenus sur la « faillite » de la science. Au XIXe siècle et au début du XXe siècle, en outre, les polémistes et les

---

14. E. Renan, *L'Avenir* (...), déjà cité, p. 37. Sur ce thème, voir P. Thuillier, *Le Petit Savant illustré*, Seuil, 1980 (Postface : « Contre le scientisme »).

Léon XIII, pape de 1878 à 1903, fut très actif dans plusieurs domaines. En ce qui concerne les sciences, il se montra relativement ouvert ; il encouragea le mouvement, déjà amorcé, qui poussait les catholiques à affirmer davantage leur présence dans les activités scientifiques. Dans le domaine social également, il s'efforça de promouvoir des attitudes plus positives, une prise de conscience plus réaliste de la « question ouvrière ». Tout cela n'allait pas toujours très loin ; mais suffisamment pour que les catholiques les plus conservateurs manifestent de fortes réticences. En France, beaucoup de croyants n'appréciaient pas que ce pape demande avec insistance leur ralliement clair et net à la République. C'est précisément après une visite à Léon XIII en 1894 que Brunetière publia son article sur la « faillite » de la science. Pour les esprits progressistes, ce texte n'était qu'un petit pamphlet réactionnaire. Mais, d'une part, il faut noter que Brunetière était plutôt modéré à propos des sciences proprement dites ; ce qu'il contestait, c'était leurs prétentions métaphysiques et leur dogmatisme. D'autre part, il accordait une bonne place aux questions sociales et se déclarait partisan d'un christianisme généreux. *(Cliché J.-L. Charmet.)*

hommes politiques ne craignaient pas les formules violentes. La religion, spécialement, suscitait des déclarations aussi belliqueuses que tonitruantes.

En 1870, un membre du club « Solidarité » nommé Flers le disait tout net : *« Le véritable progrès humain ne commencera que lorsqu'il n'y aura plus en France ni un seul prêtre vivant ni une seule église debout*[15]*. »* Et en 1904, moins de dix ans après l'article de Brunetière, le socialiste Jaurès soutiendra sans nuances excessives la politique anticléricale d'Émile Combes, ancien théologien et Président du Conseil : *« Nous combattons l'Église et le christianisme parce qu'ils sont la négation du droit humain et renferment un principe d'asservissement intellectuel*[16]*. »* La lutte sera si allègrement menée que le ministre de l'Instruction publique, René Viviani, pourra déclarer en 1914 : *« Nous avons éteint dans le ciel des lumières que l'on ne rallumera plus*[17]*. »* Par rapport à ce fond sonore, les formules les plus vigoureuses de Brunetière ressemblent presque à de la musique de chambre... Mais la principale conclusion qu'on peut tirer de l'étude de cette littérature, c'est que les mots « science » et « religion » fonctionnaient largement comme des *signaux*, comme des *cris de ralliement*. Les intéressés auraient certainement eu du mal à définir avec précision ce qu'ils mettaient sous ces étiquettes. Mais elles déclenchaient des associations d'idées nombreuses, des réactions souvent très vives.

Le banquet offert à Marcelin Berthelot pour damer le pion à Brunetière, précisément, était l'une de ces réactions. Quels étaient les enjeux de cette contre-offensive ? Étaient invités des présidents et des ministres, des députés et des conseillers municipaux, des écrivains et des artistes, des médecins, des avocats, des professeurs. Et Brunetière ne manqua pas l'occasion d'annoncer que viendraient aussi « Homais et Charles Bovary, Bouvard et Pécuchet »... Où était donc le véritable danger ? Quelles valeurs nationales étaient donc menacées ? « La science », à coup sûr, n'évoquait pas les mêmes images et les mêmes intérêts chez tous. Mais quelque chose d'important était en cause ; quelque chose qui dépassait de beaucoup les questions de méthodologie et d'épistémologie. Pour Brunetière, qui semble avoir compris seulement à

15. Cité par H. Guillemin, *Histoire des catholiques français au XIX*e *siècle (1815-1905)*, Au milieu du monde, 1947, p. 287.

16. Même ouvrage, p. 389.

17. R. Aubert *et al.* (sous la dir. de), *Nouvelle Histoire de l'Église*, t. 5, Seuil, 1975, p. 90.

ce moment-là l'importance de son propre article, ce fut l'occasion d'évoquer plus concrètement le rôle social de « la science ». Le matin même du 4 avril 1895, quelques heures avant le banquet de Saint-Mandé, il posa dans *Le Figaro* trois questions[18].

Les savants, l'armée et le capitalisme

La première s'adressait à Marcelin Berthelot. En tant que chimiste, il avait beaucoup travaillé sur les explosifs. Comme le rappellera Jules Lemaître en le recevant à l'Académie française, il avait si bien contribué à améliorer les « substances explosives » que « l'art même de la guerre » en avait été renouvelé. Cela n'empêchait pas Berthelot, il est vrai, d'affirmer ingénument que la science contrariait le « développement de la guerre[19] ». Voici les premières lignes de la question : *« De combien, dans le monde entier, depuis quarante ou cinquante ans, les "progrès de la science" ont-ils enflé les budgets de la guerre ? Je ne parle pas ici des nouveaux engins de destruction dont les savants nous ont dotés ; et ni sur la dynamite ni sur la mélinite je ne commettrai l'indiscrétion d'interpeller le président du Comité des substances explosives. Je m'en tiens aux milliards que nous coûte ce genre de progrès. »*

La seconde question s'adressait à Clemenceau, qui dans son journal *L'Aurore* avait traité Brunetière de « pion grincheux ». Ce dernier commence par noter que, lorsqu'il était député radical, « le docteur Clemenceau descendait dans les mines » et avait pu voir de ses propres yeux dans quelles conditions extrêmement pénibles travaillaient les mineurs de fond. Puis il interroge : *« Je demande au docteur Clemenceau si ce spectacle, qui l'a si profondément ému, n'est pas l'œuvre des "progrès de la science", étant sans doute la création de la vapeur et de l'électricité ? Je lui demande s'il ne trouve pas qu'au prix de ce labeur contre nature de tant de milliers de nos semblables, les "progrès de la science" nous font payer un peu cher le splendide éclairage de l'Académie nationale de musique ? Je lui demande ce que répondraient, à ceux qui leur feraient ainsi toucher du doigt ce que leur coûtent les "progrès de la science", les mineurs de Carmaux et d'Anzin ? »* Question abrupte, qu'on peut trouver abusivement simplificatrice et donc injuste. Mais qui donnait du relief à un problème éthique et social important : les progrès de la techno-

18. F. Brunetière, ouvrage cité, pp. 68-72.
19. Voir A. Ranc, *La Pensée de M. Berthelot*, Bordas, 1948, p. 84.

Brunetière, pour critiquer les prétentions de la science, s'appuyait essentiellement sur des considérations philosophiques et éthiques qui pouvaient paraître assez abstraites. Mais il se rendait compte que « la science » jouait un rôle central dans ce qu'on appelle aujourd'hui le « complexe scientifico-militaro-industriel » ; et tout ce qui concernait concrètement la justice sociale et la dignité humaine le préoccupait. Aussi interrogea-t-il Clemenceau à propos des mines de charbon et des « progrès de la science ». Tout d'abord, il rappela que ce dernier, lorsqu'il était député, était descendu dans les mines et les avait décrites en termes émouvants : *« Là travaillaient des êtres humains, étendus sur le flanc, abattant le charbon qui leur tombait sur la tête. »* Un ingénieur avait jugé bon de faire cette remarque : *« Pourvu que le mineur ait son fromage blanc, il est heureux ! »* Et Clemenceau avait encore noté : *« Ce fromage blanc ne m'est jamais sorti de la mémoire. »* Brunetière posait donc en substance cette question : « la science » n'était-elle pas impliquée dans toute cette activité minière qui, par certains aspects, était tellement inhumaine ? *« Au prix de ce labeur contre nature de tant de milliers de nos semblables, les "progrès de la science" (ne nous font-ils pas) payer un peu cher le splendide éclairage de l'Académie nationale de musique ? » (Cliché Roger Viollet.)*

science n'avaient-ils pas été tellement rapides et tellement enivrants qu'ils avaient facilement fait oublier des valeurs humaines fondamentales ? L'ironie de l'histoire a d'ailleurs voulu que Clemenceau, en 1906, réprime durement des grèves de mineurs dans le Pas-de-Calais. L'existence d'un possible décalage entre « progrès scientifique » et « progrès moral » était en tout cas évoquée de façon pointue.

La troisième et dernière question était dédiée à Jean Jaurès, qui à cette époque était député socialiste de Carmaux. Monsieur Jaurès, écrivait Brunetière, *« éprouve pour les misérables, je ne veux pas dire une pitié, mais une compassion qui l'honore ; et nous l'éprouvons comme lui. Nous fera-t-il donc l'honneur de nous dire pour combien la science et ses progrès sont dans la formation de ce "capitalisme" qu'il dénonce quotidiennement à la colère de ses lecteurs ? Qui a créé tout autour de nous, dans les environs de nos grandes villes, – du côté de Saint-Ouen et de Saint-Denis, par exemple – cette misère ouvrière qui soulève tous les cœurs d'indignation, de honte et de dégoût de la civilisation ? Ce sont les "progrès de la science". Qui a dépeuplé les campagnes, poussé l'ouvrière à la prostitution, jeté l'enfance dans les usines ? Ce sont encore les "progrès de la science". Et qui a enfin dénaturé les rapports du travail et du capital ? élargi l'intervalle entre eux ? exaspéré leur hostilité ? semé le germe entre les classes de haines inexpiables ? Ce sont toujours les "progrès de la science". »*

Pendant le grand banquet du 4 avril 1895, l'élite progressiste française allait donc célébrer la Science. Laquelle Science avait certes remporté mille succès. Mais, demandait Brunetière, fallait-il les célébrer *« en bloc »* ? Ce qu'il voulait suggérer, c'était que la défense inconditionnelle de « la science », dans une société industrielle et capitaliste, n'allait pas sans ambiguïtés. Le mot *science* désignait bien sûr, entre autres choses, la quête pure et désintéressée du savoir. Mais, dans ce qu'on appelle maintenant le « complexe scientifico-militaro-industriel », les activités scientifiques étaient indissociables d'une multitude d'intérêts « spirituels » et souvent tout à fait « temporels ». Les banquets scientistes de la Troisième République n'avaient donc pas pour objectif historique majeur d'assurer un statut privilégié à la « méthode hypothético-déductive » ; mais d'affermir la foi des citoyens en un certain nombre de valeurs culturelles et de mots d'ordre politiques. Les dénonciations spiritualistes, symétriquement, ne concernaient que marginalement ou indirectement les faiblesses de la méthode expérimentale ; bien plutôt, elles visaient les perversions (réelles ou supposées) engendrées dans les sociétés industrielles par l'expansion d'un certain « matérialisme scientifique ».

La science, symbole culturel

Bref, *la science* fonctionnait pratiquement comme un *symbole culturel* où se condensaient tout un ensemble de valeurs plus ou moins solidement articulées les unes aux autres : Raison, Progrès, Puissance, Rendement, Profit, Prospérité, Modernité, Laïcité, Liberté de pensée, Lumières, etc. Durant les siècles qui avaient précédé la « révolution industrielle », c'était *la religion* qui dominait. *La science*, maintenant, prenait le relais. Il en résultait quelques gros malentendus et divers problèmes plus ou moins graves. Je mentionnerai seulement le cas des croyants qui respectaient sincèrement les idéaux de la « connaissance scientifique ». Pendant des décennies et des décennies, ils éprouveront le besoin de rappeler que la Foi la plus orthodoxe pouvait faire bon ménage avec la Science. D'où ces longues énumérations de « savants » qui, tout en allant à la messe, étaient des physiciens ou des biologistes tout à fait remarquables[20]... Il est douteux que ces touchants efforts aient convaincu ceux qui voyaient « la religion » comme une ennemie. Car, pour eux, « la science » ne méritait ce nom que si elle allait de pair avec toute une philosophie et en particulier avec une conception laïque de la liberté de pensée. Voici par exemple comment Émile Zola avait conclu le discours qu'il avait prononcé au banquet de Saint-Mandé : *« Messieurs, le simple écrivain que je suis remercie donc la Science, la bonne mère qui l'a rendu libre. Elle est l'éternelle, l'immortelle, et le mystère appartient à elle seule, puisqu'elle marche continuellement à sa conquête. »*

Compte tenu des clivages sociopolitiques auxquels renvoyaient les notions de « science » et de « religion », il n'est guère étonnant que Brunetière ait été sévèrement sanctionné dans sa carrière professionnelle. On ne s'attaquait pas impunément à un Marcelin Berthelot ! Charles Péguy, qui n'avait pourtant pas une sympathie particulière pour Brunetière, a raconté avec indignation l'« affaire scandaleuse du Collège de France[21] ». En 1904, cette institution préféra en effet à Brunetière un érudit de second plan, Abel Lefranc ; et Péguy, ne craignant pas l'outrance, a même écrit

20. Voir par exemple R. de Flers, *Le Sentiment religieux et la science. Enquête auprès de l'Académie des sciences*, Spes, 1928.

21. C. Péguy, *Œuvres en prose complètes*, t. II, Gallimard, 1988, p. 593.

qu'on ne savait pas si ce « zéro » assistait à ses propres cours... Vers 1900, dans ce monde intellectuel qui se disait si attaché à la liberté de pensée et d'expression, on ne pouvait pardonner à Brunetière d'avoir « trahi le monde moderne et la religion scientifique ». Tel était le paradoxe : Brunetière n'était pas scientiste ; peu importait, donc, la valeur proprement scientifique de son œuvre !

Il est à peine besoin de dire que les racines historiques de cet état de fait étaient profondes : les traumatismes de la Révolution de 1789 avaient laissé des traces et « la religion », pendant trop longtemps, s'était montrée obstinément conservatrice. Elle s'était coupée du prolétariat ; et beaucoup de possédants, même quand ils appartenaient par tradition au camp des prêtres, avaient vite compris qu'il fallait ruser : *« Le jeu allait consister, pour la bourgeoisie opulente, à se faire porter, pour sauver ses privilèges, par les masses exploitées elles-mêmes. Séparé désormais d'une Église où il voyait son ennemie, le prolétariat se laisserait docilement conduire par quiconque se déclarerait l'adversaire du catholicisme*[22]*. »* Le problème le plus grave, en un sens, se posait donc à l'intérieur du catholicisme français lui-même. Léon XIII, qui fut pape de 1878 à 1903, l'avait parfaitement compris. Désireux d'insuffler plus de générosité sociale à l'Église, il était en particulier navré de voir que les catholiques français étaient, « dans leur immense majorité, plus attentifs à leurs intérêts temporels qu'au destin même du christianisme et se (comportaient) comme des assiégés sociaux soucieux seulement de défendre des positions acquises mais minées[23] ».

Brunetière était tout à fait conscient de ce problème. Car, quant à lui, il acceptait d'écouter les appels lancés par Léon XIII aux catholiques français. C'est même après une visite au pape qu'il avait écrit le fameux article. Par la suite, le titre devint « La science et la religion » ; mais le titre original annonçait clairement la couleur : *Après une visite au Vatican*. À côté des développements sur « la science », une bonne partie du texte était consacrée à la question sociale. Brunetière, très significativement, citait ce passage tiré d'une lettre que Léon XIII avait adressée aux cardinaux français : *« Acceptez la République, c'est-à-dire le pouvoir constitué et existant parmi vous ; respectez-le ; soyez-lui soumis comme représentant le pouvoir venu de Dieu. »* Il est donc vraisemblable que Brunetière se sentait quelque peu en porte-à-faux.

22. H. Guillemin, ouvrage cité, p. 295.
23. Même ouvrage, p. 325.

Aux yeux des chrétiens les plus traditionalistes, qui refusaient à la fois « la science » et la République, il pouvait passer pour beaucoup trop ouvert aux réalités nouvelles. Les scientistes qui avaient le pouvoir, en revanche, le trouvaient trop tiède !

Quoi qu'il en soit, « la science » occupait dans cette situation historique assez complexe une position centrale. Fonctionnant comme un mythe fondateur, elle exprimait de façon assez confuse tout un ensemble de revendications politiquement importantes. Certes, les controverses se focalisaient d'abord sur Darwin, sur la machine à vapeur. Mais on voyait bientôt surgir les notions de Progrès, de Liberté, de Laïcité ; et les réactions des uns et des autres devenaient rapidement violentes. Tout le monde le sentait bien : c'était un vaste projet de société qui était en cause. Et, au sens strict, rien de moins que le sort de la République...

CINQUIÈME PARTIE

JUSQU'OÙ VONT LES DROITS DE LA SCIENCE ?

CHAPITRE XIII

L'expérimentation sur l'homme

L'expérimentation sur l'homme n'est pas une nouveauté. Mais, depuis quelques dizaines d'années, elle a pris une telle extension qu'il est à peine exagéré de parler d'une véritable « révolution ».

Derrière les « scandales », une révolution silencieuse

Révolution qui ne passe pas toujours inaperçue, comme en témoignent certaines « affaires » ou certains « scandales » dont la presse se fait l'écho. Ainsi *Le Canard enchaîné*, dans son numéro du 2 septembre 1981, consacrait trois colonnes aux « Cobayes humains de l'industrie pharmaceutique » ; il y citait parmi d'autres une déclaration de l'Ordre des médecins faisant état d'expérimentations thérapeutiques pratiquées sur *« des infirmes, des amputés et même des malades dont l'affection ne correspond pas à l'usage présumé du médicament »*.

Mais révolution qu'on peut néanmoins qualifier de « silencieuse », dans la mesure où le grand public ne semble pas avoir perçu à quel point les hôpitaux sont devenus des lieux où l'on « expérimente ». Même chez les médecins, beaucoup ne se sont pas rendu compte de la transformation progressive qui a rapproché la collectivité médicale de la collectivité scientifique ; qui a donné aux « essais » thérapeutiques un *style expérimental* toujours plus marqué ; et qui a conduit un nombre croissant de biologistes ou de médecins-chercheurs à faire des expériences sur l'homme dans une perspective de « recherche pure ». Là-dessus, des témoins aussi différents que le Britannique M.H. Pappworth et la Française Anne Fagot-Largeault sont d'accord. Le premier déclarait en

---

Sur qui expérimenter ? Et à quelles conditions ? Dans les hôpitaux, l'urgence de ces questions est de plus en plus évidente. Un cas naguère soumis au Conseil national d'éthique concernait ce qu'on appelle les sujets en « état végétatif chronique ». Il s'agit de patients très diminués qui ne survivent que grâce à des soins constants et assez complexes. Contrairement au souhait du professeur Alain Milhaud, le Comité a estimé que la généralisation des expérimentations sur les « états végétatifs chroniques » n'était pas légitime. Mais bien d'autres questions se posent, très délicates, par exemple au sujet de l'expérimentation sur des embryons humains. Dans un pays comme la France, l'expérimentation sur des sujets sains est couramment pratiquée ; elle est pourtant interdite par la loi. Sans doute une nouvelle législation viendra-t-elle prochainement régulariser la situation. Beaucoup d'expériences ou d'essais se font sur des malades à l'occasion des soins normaux. Précisément parce que ces activités expérimentales sont souvent associées de façon étroite

aux activités proprement thérapeutiques, il n'est pas toujours facile de les contrôler. À la limite, seul le spécialiste responsable sait s'il est en train de soigner ou d'expérimenter. D'où la nécessité d'une véritable formation éthique. Les règlements, à eux seuls, ne sont pas capables de garantir le respect des personnes. *(Une patiente en état végétatif chronique. Cliché Jean-Pierre Vieil.)*

1967 : « *Je dois insister sur ce fait très important : peu de médecins, surtout chez les généralistes, sont pleinement conscients de ce qui arrive aux patients, surtout dans un certain nombre d'hôpitaux où il y a une activité d'enseignements (...)*[1]. » La seconde, après avoir évoqué les nouveaux problèmes liés au développement des pratiques expérimentales, écrivait à son tour en 1985 : « *Les médecins n'ont pas toujours eu conscience de (cette) évolution*[2]. »

Dans la désignation même des institutions, il s'est produit des changements significatifs qui devraient retenir l'attention : à côté des hôpitaux traditionnels, on a vu apparaître des Centres Hospitaliers et Universitaires (C.H.U.). Ainsi est concrétisée l'association toujours plus étroite des activités thérapeutiques avec les activités d'enseignement et de recherche. Une remarque analogue pourrait être faite à propos de l'Institut national de la santé et de la recherche médicale (INSERM). Dans la culture, on observe également un net glissement : l'éthique qui fait parler d'elle n'est plus l'éthique médicale traditionnelle, mais l'éthique *biomédicale*. Un mot a fait fortune : celui de *bio-éthique*. Le préfixe « bio » est révélateur ; il signifie que la plupart des problèmes les plus délicats posés par la protection des sujets humains se situent désormais aux frontières de la recherche biologique et de la médecine. Il va de soi que, depuis longtemps, les chercheurs ont dû réfléchir aux grands dilemmes que soulèvent les expérimentations humaines. Le Français Charles Nicolle, collaborateur de Pasteur et prix Nobel, déclarait en 1934 : « *La conscience humaine, les lois, l'humanité, la conscience des médecins condamnent l'expérimentation sur l'homme, mais (...) elle s'est toujours faite, se fait et se fera, parce qu'elle est indispensable au progrès de la science médicale pour le plus grand bien de l'humanité.* » Depuis cette époque, toutefois, la situation s'est modifiée ; assez modifiée, en tout cas, pour que certains experts puissent considérer les principes éthiques de la médecine classique, imprégnés d'humanisme hippocratique, comme plus ou moins périmés.

1. M. H. Pappworth, *Human Guinea pigs : experimentation on man*, Routledge and Kegan Paul, 1967, p. 7.

2. A. Fagot-Largeault, *L'Homme bio-éthique*, Maloine, 1985, p. 105.

Les mentalités, en France, sont-elles restées « préscientifiques » ?

Je fais par exemple allusion à des propos tenus par le docteur François Régnier, directeur médical de l'Unité France au Laboratoire d'études et de recherches Synthélabo (L.E.R.S.) et coordinateur scientifique de la revue *Prospective et santé*. Lors d'un colloque tenu en 1985, il a évoqué des « écarts culturels » qui causent des dysfonctionnements de plus en plus flagrants dans une société comme la nôtre[3]. Ces écarts sont dus à une inadaptation de « la société civile » à « l'innovation biomédicale ». Les citoyens, en clair, n'ont pas su évoluer ; ils n'ont pas réellement compris les exigences du progrès scientifique. Comme le disait Marie-Hélène Parizeau lors du même colloque, *« les essais cliniques de médicaments se multiplient de l'hôpital au cabinet du généraliste*[4] ». Et cette tendance se manifeste aussi dans le domaine de la chirurgie ou des techniques diagnostiques. Tout cela a transformé les relations entretenues par les patients et les médecins. Les « vieux » principes concernaient trop exclusivement l'aspect thérapeutique de ces relations. Ce dont nous avons besoin (si l'on suit ce raisonnement), c'est d'une éthique nouvelle capable de déboucher sur des comportements adaptés à *l'esprit de recherche*. Esprit de recherche qui est assurément fort différent de l'authentique esprit médical, et qui va de pair avec la curiosité « objective », le goût de l'expérimentation, etc. Pour reprendre des expressions du docteur Régnier, le grand public vit dans « une société technologique », mais a conservé « les valeurs et les croyances d'une société préscientifique ».

Il va sans dire que l'on n'est pas forcé d'adopter la philosophie « progressiste » qui oriente cette analyse. Dans quelle mesure faut-il s'écarter de l'éthique médicale classique, très respectueuse des droits de l'homme ? C'est là une question ouverte. Et une question qui ne recevra une bonne réponse qu'avec l'appui d'un large *consensus social*. Mais le problème est certainement bien posé. Sur le fond, il s'agit de savoir comment la société doit se comporter devant des pratiques biomédicales de type nouveau.

---

3. F. Régnier, « L'opinion publique et les expérimentations sur l'homme », résumé (non paginé) d'une intervention figurant dans le dossier *Colloque « Médicaments et éthique »* (6 juin 1985). Voir aussi *Prospective et santé*, automne 1985, pp. 45-51.

4. M.H. Parizeau, même *Colloque « Médicaments et éthique »* et même revue, pp. 43-46.

Pour y parvenir, la dénonciation des « scandales » est insuffisante. Il y a, certes, des expérimentations sur l'homme absolument scandaleuses ou du moins très suspectes. Divers auteurs mentionnent par exemple le cas des Noirs syphilitiques de Tuskegee, aux États-Unis, chez qui on avait laissé la maladie évoluer en s'abstenant délibérément d'administrer le traitement qui s'imposait. Cette expérience durait depuis quarante ans ; les médecins durent y mettre fin dès que son existence fut révélée, en 1972[5]. Parmi les responsables impliqués dans cette affaire figuraient des personnalités ayant occupé des postes importants, ministériels ou internationaux. Mais, en accordant une attention trop exclusive aux « scandales », on risque de mal évaluer la situation globale. Il se pourrait même que les « gros » scandales finissent par faire oublier les « petits », ceux qui se produisent sans bruit mais de façon répétée. Les problèmes les plus difficiles, en effet, ne sont pas posés par les « expérimentations monstrueuses » (précisément parce qu'il s'agit de cas « exceptionnels » et « aberrants », l'attitude à adopter est en général évidente). Mais par le fonctionnement quotidien, si l'on peut dire, des institutions où se déroulent des expérimentations sur l'homme. C'est sur ce point qu'il faut réfléchir en priorité.

Les principes éthiques sont-ils néfastes au progrès des connaissances ?

Mais ce n'est pas facile. Les obstacles sont multiples, d'ordre psychologique, culturel, institutionnel, etc. Le corps humain n'est pas un objet comme les autres ; les médecins et autres experts biomédicaux ne sont pas des professionnels comme les autres. Nombreux, en ce domaine, sont les tabous, les comportements de crainte, sans parler des ignorances ou des difficultés soulevées par l'existence d'intérêts économiques ou corporatistes. M.H. Pappworth et d'autres auteurs ont bien mis en évidence que, du côté du corps médical et du côté des chercheurs, les résistances étaient nombreuses lorsque étaient abordées les questions relatives à l'information du public. N. Fost, dans le célèbre *New England journal of medecine*, a expliqué en 1979 que l'obligation de demander le consentement éclairé avant une expérimentation constituait un barrage à la recherche. Les mêmes réticences se

5. L'ouvrage de base est celui de J.H. Jones, *Bad blood. The scandalous story of the Tuskegee experiment, when government doctors played God and science went mad*, MacMillan, 1982.

manifestent dans les sciences humaines. Ainsi le psychologue américain Kenneth J. Gergen (comme le rappelait J.-P. Desportes dans *La Recherche* de juillet-août 1974) a fait en 1972 cette déclaration : *« L'instauration de principes éthiques serait très certainement néfaste à la psychologie et au progrès des connaissances. »*

Peut-être y a-t-il un obstacle plus profond encore, lié à la présence d'une *contradiction*. D'une part, une société comme la nôtre place beaucoup d'espoirs en la médecine et en la science en général ; d'autre part, elle semble avoir du mal à admettre que les progrès de cette même médecine exigent l'expérimentation sur l'homme (avec tout ce que cela implique). Pour supprimer les tensions et les tiraillements que cette contradiction engendre, il faudrait avoir le courage de faire des choix nets. Ou bien on accepte une « éthique du progrès médical à tout prix » ; ou bien on redoute de s'engager dans cette voie et on assume ce choix jusqu'au bout. Manière radicale de poser le problème, mais qui a le mérite d'éviter les faux-fuyants qu'on rencontre assez souvent dans la littérature officielle ou officieuse consacrée à l'expérimentation sur l'homme.

Des contradictions culturelles, mais aussi juridiques

La contradiction qui vient d'être évoquée n'est pas imaginaire. Elle se reflète par exemple dans la législation française. Depuis 1941, en effet, il est légalement obligatoire d'obtenir pour toute spécialité pharmaceutique un « visa » officiel, et, depuis une ordonnance de 1967 et des décrets d'application de 1972 et de 1975, une réglementation dite d'autorisation de mise sur le marché (A.M.M.) a été mise en place. Quatre « phases » expérimentales sont prévues, destinées à tester la « tolérance », les modalités d'administration, l'efficacité, etc. La contradiction, c'est que ces « essais » exigent qu'on expérimente sur des malades et aussi sur des *sujets sains*, alors que le droit français déclare illicite, précisément, l'expérimentation sur de tels sujets. La jurisprudence est ancienne mais « n'a jamais été démentie », déclare Jean-Marie Auby dans son livre sur *Le Droit de la santé*. Et c'est ainsi que plusieurs milliers d'essais « illicites » ont lieu chaque année en France. Les autorités responsables, en pratique, préfèrent ne se rendre compte de rien.

C'est donc peu douteux : il y a des choix que la « société civile » ne peut plus différer impunément. Pour le moment, elle s'en remet à certaines « normes » internationales et aux « avis » que formule le *Comité consultatif national d'éthique pour les sciences de la vie et de la santé* créé par décret du 23 février 1983. Mais ces normes et ces avis relatifs à l'éthique de la recherche *primo* n'ont pas force de loi, *secundo* ne peuvent résoudre tous les problèmes qui se manifestent un peu partout et à des niveaux très divers. Pour que la situation s'assainisse, pour que l'expérimentation humaine soit à la fois assumée et contrôlée, il faut « trouver autre chose » ; et, tout d'abord, multiplier les initiatives d'information, les confrontations et les consultations les plus larges possibles. L'objectif de cet article est de mettre en lumière quelques-unes des plus grosses questions soulevées par l'expérimentation biomédicale et aussi par d'autres activités où l'homme sert plus ou moins volontairement de « sujet ».

A. QUELQUES SITUATIONS EXPÉRIMENTALES : DIFFICULTÉS ET INTERROGATIONS

Pour faire sentir la signification concrète de ces problèmes éthiques, j'ai choisi de présenter quelques cas ou situations. C'est de là, certainement, que doit partir toute réflexion qui vise à un minimum de réalisme.

Les « expérimentations » nazies et le Code de Nuremberg

Voici d'abord un cas très particulier mais important dans l'histoire de l'éthique de l'expérimentation : celui des médecins allemands qui se sont livrés pendant la Seconde Guerre mondiale à des « expériences » extrêmement brutales dans les prisons ou les camps de concentration nazis. Parmi les atrocités commises, mentionnons des mutilations chirurgicales effectuées sans aucune intention thérapeutique et l'injection des bacilles typhiques à des prisonniers[6]. Après le procès de Nuremberg (1945-1946), où furent jugés de hauts responsables nazis, la World Medical Association compléta le serment d'Hippocrate en précisant qu'un médecin ne devait faire intervenir dans ses relations avec les malades aucune considération de race, de religion, de nationalité, de parti politique, etc. Dans les attendus du jugement figurait une liste de dix principes relatifs à l'expérimentation sur l'homme ; cette liste, connue sous le nom de « Code de Nuremberg » (1947),

6. Voir par exemple R.H. Goldstein and P. Breslin, « Technicians of torture », *The sciences*, mars 1986, p. 16.

constitue une référence éthique majeure. Par la suite, plusieurs recommandations internationales virent le jour : Helsinki (1964), Tokyo (1975), Manille (1981), etc. Divers pays demandèrent des enquêtes (comme le rapport Belmont, États-Unis, 1978) ou organisèrent des rencontres. Vu le développement de la médecine et de la biologie, la nécessité de ces « codes » ou « directives » se serait inéluctablement fait sentir (et il y a d'ailleurs eu des précédents dès avant la Seconde Guerre mondiale) ; les producteurs de médicaments, en particulier, ont été amenés à édicter certaines règles (comme le *Code de déontologie* élaboré par la Fédération internationale de l'industrie pharmaceutique, 1981). Le nom de Nuremberg, chargé de résonances historiques, est en tout cas étroitement associé à la naissance du mouvement actuel de réflexion sur les droits et les devoirs des expérimentateurs.

L'une des grandes leçons à tirer du cas de l'Allemagne nazie, comme nous le rappelle Anne Fagot, c'est qu'il ne suffit pas de rédiger de grandes déclarations officielles pour assurer la protection des sujets humains soumis à des expérimentations. Une ironie de l'histoire veut en effet que l'Allemagne ait été l'un des premiers pays à promulguer un code de déontologie de la recherche sur des sujets humains (1931). Ce code est resté en vigueur jusqu'en 1945, mais *« n'empêcha pas les expériences réalisées par les nazis dans les camps de concentration, (ce qui) montre que les déclarations de principe restent des vœux pieux aussi longtemps que les administrations ne les font pas appliquer et qu'il n'est pas prévu de sanctionner les contrevenants »*. Les occasions ne manquent pas, aujourd'hui même, de se remémorer cette remarque[7].

Expérimentations pratiquées sur des sujets « vulnérables »

Car l'expérimentation abusive n'a hélas pas de patrie. De nombreux cas ont été rapportés qui montrent à quels excès le système médical « normal » peut se laisser entraîner. Au Willowbrook State Hospital (New York), des enfants arriérés ont été délibérément exposés au virus de l'hépatite virale ; au Jewish Chronic Disease Hospital (Brooklyn), des tissus cancéreux furent transplantés sur des sujets à leur insu[8]. Ce qui soulève entre autres cette

7. A. Fagot-Largeault, ouvrage cité, p. 97.

8. A. Fagot-Largeault, même ouvrage, p. 31. L'auteur renvoie à J. Katz,

question : comment assurer la protection des sujets humains qui, de manière temporaire ou définitive, sont spécialement vulnérables, c'est-à-dire plus ou moins incapables de résister aux initiatives expérimentales ? Sont concernés non seulement les individus frappés d'une incapacité juridique plus ou moins complète (sujets « psychiatriques » internés, prisonniers, etc.), mais aussi diverses catégories de malades ou même de sujets sains. Il est évidemment difficile de faire des généralisations ; car les variables à considérer sont nombreuses (âge du « sujet », nature de la maladie, état d'affaiblissement, isolement social, etc.). Mais le risque de devenir « cobaye » n'est pas partout le même. Dans un service hospitalier où se pratique systématiquement l'expérimentation (pharmacologique ou autre), ce risque est à coup sûr plus grand que dans une clinique privée de haut standing. Il est significatif que les « abus expérimentaux » les mieux connus aient fréquemment lieu dans des conditions « marginales » (arriérés, malades chroniques, vieillards, etc.). Certaines sous-populations, en fait, payent un tribut expérimental beaucoup plus lourd que d'autres. La manière dont sont répartis les risques expérimentaux parmi l'ensemble de la population humaine fait donc problème. Les pays en voie de développement, on l'a souvent relevé, sont particulièrement visés. *« Il est de notoriété publique que les firmes pharmaceutiques profitent des failles de la législation dans certains pays pour y expérimenter des médicaments nouveaux. Mais on ne crie pas ces choses-là sur les toits*[9]. » Les catégories concernées sont toutefois très diverses. Si certaines classes de déshérités ou d'immigrés semblent visées de façon préférentielle, certains membres du personnel hospitalier ou certains étudiants fournissent également une contribution non négligeable. Certains chercheurs expérimentent d'ailleurs sur eux-mêmes (auto-expérimentation).

Un livre allemand a fait naguère beaucoup de bruit : *Tête de Turc*. Le titre est dû au fait que l'auteur, Günter Wallraff, a enquêté en prenant les apparences d'un Turc, c'est-à-dire d'un travailleur immigré qui, pour vivre, doit accepter pratiquement n'importe quel travail. Puis il a raconté dans quelles conditions il avait pratiqué divers métiers épuisants ou dangereux, et en particulier celui de « cobaye humain pour l'industrie pharmaceutique ». Le test, dans son déroulement normal, devait durer onze semaines.

Experimentation with human beings, Russell Sage Foundation (New York), 1972.

9. A. Fagot-Largeault, même ouvrage, p. 31.

Wallraff a abandonné bien avant la limite, mais il en a assez fait et assez vu pour que tout citoyen (d'Allemagne et d'ailleurs) puisse se poser des questions sur certaines expérimentations pharmacologiques[10]. Il est clair qu'on profite de la situation marginale de certains hommes ou de certaines femmes pour tester des produits dans des conditions qui ne sont conformes ni à la lettre ni à l'esprit de la législation et des principes déontologiques : informations incomplètes ou inexactes, contrôle scientifique insuffisant, etc. Pour diverses raisons, Wallraff estime que l'expérimentation en question était d'un intérêt médical douteux. Il rapporte l'opinion exprimée en août 1985 par Norbert Riedbrock, professeur à l'université de Francfort : *« Les deux tiers des études pharmacologiques de ce type sont inutiles. Ce sont des études que l'on détourne de leur but à des fins commerciales et il n'y a plus aucun rapport entre leur utilité réelle et les dépenses qu'elles occasionnent. »*

Hors du milieu médical, de singulières expériences sur prisonniers et délinquants

Je ferai seulement allusion à certaines expérimentations collectives assez spéciales menées en dehors des milieux médicaux traditionnels. Dans les années 1950, un psychopharmacologue américain, C.C. Pfeiffer, a par exemple reçu 25 000 dollars de la C.I.A. pour étudier les effets du L.S.D. sur l'homme. À cette époque, il était permis aux États-Unis d'utiliser les prisonniers comme sujets d'expériences (ce qui fut interdit par la suite, en 1977). Pfeiffer expérimenta donc sur les pensionnaires d'un pénitencier d'Atlanta. Anne Fagot cite d'autres initiatives analogues, destinées à tester des techniques de manipulation du comportement sur diverses populations de délinquants[11]. Des chercheurs français, eux aussi, expérimentent sur des prisonniers : *« En France, une équipe de recherche a demandé en 1982 au Comité d'éthique de l'Institut national de la santé et de la recherche médicale (INSERM) et obtenu l'autorisation de mener une étude sur l'administration de neuroleptiques en milieu carcéral*[12]. »

Renvoyant entre autres à une analyse parue dans *The bulletin of*

10. G. Wallraff, *Tête de Turc* (trad. fr.), La Découverte, 1986. Voir le chapitre intitulé « Le test », p. 181.

11. A. Fagot-Largeault, ouvrage cité, p. 72.

12. Brochure du Comité consultatif national d'éthique : *Premières Journées nationales d'éthique (6 et 7 décembre 1984, Paris)*, p. 26.

the atomic scientists (octobre 1981), Daniel Riche a décrit les expériences que les Japonais ont menées sur une grande échelle entre 1931 et 1940 pour mettre au point des armes bactériologiques[13]. Conduites surtout par des militaires, ces expériences ont causé de très nombreuses morts (plus de 3 000). Elles avaient pour centre l'hôpital de Harbin, en Mandchourie (alors occupée par les Japonais). L'histoire des armes chimiques et biologiques, si elle était entièrement connue, se révèlerait très instructive au sujet de la « méthode expérimentale ». Ce n'est pas sans raisons que les Américains ont fait passer en 1969 un amendement demandant « qu'aucun des fonds accordés ne soit utilisé pour des essais à l'air libre d'agents chimiques létaux, de micro-organismes générateurs de maladies ou de toxines biologiques, excepté si le ministère de la Défense, sous couvert du président des États-Unis, affirme que le test en question est nécessaire à la sécurité nationale et après que le médecin-major aura déclaré à l'intention de plusieurs comités du Congrès que ledit test ne présente aucun danger pour la santé publique ». Même si on juge que ces tests ne relèvent pas vraiment de la science, ils doivent être pris en compte dans toute réflexion concernant l'expérimentation sur l'homme.

De la thérapeutique à la « science » : les expérimentations sur sujets malades

Sur les sujets sains, le caractère proprement *expérimental* de certaines inventions (essai d'un nouveau médicament ou d'une nouvelle méthode de diagnostic, etc.) est tout à fait évident. Mais considérons un malade gravement atteint ; comment tracer la limite entre les ultimes tentatives thérapeutiques où l'on risque le tout pour le tout et les pures « expérimentations » scientifiques ou techniques ? De façon générale, le médecin agit dans le seul intérêt du patient ; c'est la guérison qui est l'objectif. Mais des cas « mixtes » se produisent : à l'occasion d'un acte thérapeutique (examen, intervention chirurgicale), un médecin peut par exemple décider d'essayer une nouvelle technique dont il a eu connaissance ou qu'il a contribué à inventer. Le but, alors, est de faire progresser les savoirs médicaux. Le problème, c'est que ces essais sont parfois pénibles, dangereux, etc. Ainsi apparaissent des inter-

13. D. Riche, *La Guerre chimique et bactériologique*, Belfond, 1982, pp. 229-230.

À en juger par les échos qu'elle suscite dans la presse, à la radio et à la télévision, la chirurgie cardiaque fascine le grand public. Les audaces de certains chirurgiens ne sont pourtant pas toujours parfaitement justifiées. Il s'est même trouvé des experts pour critiquer sévèrement quelques « exploits » bruyamment réalisés dans le domaine des transplantations cardiaques. Leur argumentation consistait à souligner que, du point de vue de la *technique chirurgicale* elle-même, la greffe d'un cœur n'a rien d'exceptionnel ; d'autres opérations relatives au cœur sont aussi compliquées. Le principal problème, en fait, concerne l'aspect *immunologique* (c'est-à-dire les phénomènes de « rejet »). D'où cette critique : entreprendre une greffe cardiaque alors que les connaissances immunologiques sont insuffisantes et que la question du rejet n'est pas résolue, c'est prendre des risques inutiles. À l'heure actuelle, d'ailleurs, de grands progrès ont été réalisés en ce domaine (voir l'article de J.-P. Soulillou sur « Les greffes d'organes » dans *La Recherche* de mai 1986). En 1984, l'Américain Léonard L. Bailey a effectué une greffe d'un genre spécial : il a transplanté un cœur de babouin sur une petite fille âgée de 15 jours. Le Professeur Barnard, en Afrique du Sud, avait d'ailleurs déjà greffé, en 1977, un cœur de babouin sur une femme d'origine italienne : elle était morte au bout de quatre heures. Il a été reproché au Docteur Bailey d'avoir effectué une expérimentation « gratuite » et non pas une opération à but thérapeutique. Voici ce qu'écrivait le *Times* (9-11-1984) : « Les spécialistes de l'éthique médicale sont troublés par le fait que le Docteur Bailey n'ait pas essayé de trouver un donneur humain avant de transplanter un cœur de babouin. » Keith Stewart Thomson, professeur de biologie à Yale, a fait part de ses doutes : « Est-ce un traitement ou une expérimentation ? » L'enfant mourut peu de temps après. Les protestations les plus violentes, c'est à signaler, émanèrent des « défenseurs des droits des animaux ». Ils manifestèrent pour dénoncer ce « bricolage » *(tinkering)* meurtrier. *(Cliché Sygma.)*

rogations d'ordre éthique, voire de véritables « cas de conscience ».

Si le patient est manifestement condamné, pourquoi ne pas risquer une intervention qui est sans doute dangereuse aujourd'hui mais qui, demain, sauvera peut-être de nombreuses vies ? Ces dilemmes ne sont pas rares, et il convient de les respecter. Mais, de proche en proche, de fâcheux glissements sont possibles. On commence par expérimenter sur des patients pour tester une technique thérapeutique ; puis pour accroître les connaissances relatives à une maladie donnée ; et enfin pour faire progresser *le savoir biologique en général*. Les bons arguments ne manquent pas. Assurer l'extension ou l'approfondissement des sciences biologiques, n'est-ce pas travailler indirectement à l'amélioration de la santé des hommes ? Mais des observateurs non suspects le reconnaissent en privé : avec des arguments de ce genre, les pires audaces expérimentales peuvent être justifiées (même certaines « expérimentations » nazies condamnées à Nuremberg).

Pierre Arpaillange et Sophie Dion ont cité le cas « d'une patiente décédée du fait d'un essai qui ne lui était pas nécessaire, auquel elle n'avait pas consenti et auquel son mari était totalement opposé » (*Lancet*, mai 1984) ; et ils évoquent le « niveau de scandale que peut atteindre la conduite délibérément immorale des essais dans certains pays ». Car, pour tout essai, le « consentement éclairé » est en principe obligatoire (qu'il s'agisse de malades ou de sujets sains). C'est une faute grave de ne pas le solliciter, une

---

De nombreux pays ont mis au point une panoplie d'armes chimiques et biologiques. Étant donné la sévérité du secret militaire, il n'est pas toujours simple d'avoir accès aux informations ; mais, à cause de leur ampleur ou à cause d'accidents difficiles à cacher, quelques-unes des expérimentations relatives à ces armes sont connues. Entre 1931 et 1940, par exemple, les Japonais ont mené en Chine de vastes expérimentations pour tester leurs armes bactériologiques. Plus de 3000 personnes « périrent ainsi dans des conditions atroces ». Lors du procès de Khabarovsk (1949), marqué par la condamnation à mort d'une douzaine de responsables, on apprit que « le lieutenant général Ishii et ses hommes travaillaient aussi sur des projets n'étant pas directement liés à la guerre biologique. Devant les ravages provoqués chez les soldats japonais par les maladies vénériennes, on s'était mis à étudier ce problème en inoculant la syphilis à des prisonnières chinoises pour mettre au point une méthode de prévention ». Daniel Riche, dans son livre sur *La Guerre chimique et bactériologique* (Belfond, 1982), donne aussi des détails sur les stratagèmes utilisés aux États-Unis pour réaliser au profit de la C.I.A. des études sur le L.S.D. et d'autres substances analogues.

Des sujets absorbaient à leur insu du L.S.D. ou de l'huile de cannabis ; « on eut également recours à des aérosols dans des toilettes et des pièces closes ». *(Cliché Gamma.)*

faute encore plus grave d'agir à l'encontre d'une volonté exprimée[14].

On peut rapprocher de ce dernier cas celui du professeur Alain Milhaud, que le Comité national d'éthique a examiné il y a quelque temps (rapport et avis du 24 février 1986). Ce médecin, en l'occurrence, avait lui-même saisi le Comité : d'une part pour lui soumettre une « expérience » qu'il avait réalisée à Amiens en mai 1985, d'autre part pour avoir un avis au sujet de la généralisation des *« expérimentations sur des malades en état végétatif chronique »*. C'est un état dans lequel « les malades gardent des fonctions végétatives à condition que des soins excellents leur soient prodigués » (et qu'il ne faut pas confondre avec le « coma dépassé »). L'expérience en question, nullement exigée par l'état du malade, portait sur un sujet de 29 ans, victime d'un accident de la voie publique et se trouvant en état végétatif chronique. Pour l'essentiel, elle consistait à prélever un litre de sang dans la sous-clavière droite et à transfuser ce même sang par voie intra-iliaque immédiatement après la saignée. De nombreux aspects de cette expérimentation ont été critiqués par le Comité national d'éthique[15]. Le consentement du patient, pour des raisons évidentes, ne pouvait être obtenu et le consentement des proches n'a pas été recueilli. Au début de l'expérience, de la Kétamine® a été administrée en vue de supprimer ou d'atténuer la douleur. L'intention était louable, comme le note le Comité ; mais cela signifie que le malade n'avait peut-être pas perdu toute sensibilité à la douleur. D'où la réapparition de ce problème qu'on pouvait croire presque résolu pour un « état extrême » tel que l'état végétatif chronique : est-il légitime de soumettre un être humain, même diminué, à une expérimentation de ce genre ? Question d'autant plus pertinente que les examens biologiques prévus n'ont pu être réalisés, tous les prélèvements sanguins ayant été congelés...

Le Comité national d'éthique a donc désapprouvé l'initiative du professeur Milhaud. Comme l'indique le rapport, son « manque de rigueur » est indéniable et, sur les plans éthique et juridique, cette expérimentation à « visée exclusivement cognitive » est inadmissible. Dans un texte antérieur, le Comité avait été tout à fait expli-

---

14. Voir les « Conclusions générales du comité de l'éthique, de la méthodique et de l'économie » (Service de maladies sanguines et tumorales, Hôpital Paul Brousse, Villejuif), *Objectif santé*, janvier 1986, p. 54.

15. Voir également l'avis du Comité national d'éthique (9 octobre 1984) sur les *Problèmes d'éthique posés par les nouveaux essais de traitement chez l'homme.*

cite : « *Un malade ne peut faire l'objet d'un essai thérapeutique sans rapport avec le traitement de la maladie qui l'atteint.* » De plus, une atteinte volontaire à l'intégrité physique du patient, comme c'est le cas ici, tombe sous le coup de la loi (article 309 ou article R. 40 du *Code pénal*, selon les suites). Un autre aspect a inquiété le Comité ; à savoir que le professeur Milhaud n'a saisi cette instance qu'après avoir fait l'expérience. Or, selon les principes actuellement reconnus (Déclaration d'Helsinki, 1964, révisée à Tokyo, 1975), la soumission préliminaire du protocole de recherche est un devoir. La demande concernant la généralisation des expérimentations sur les malades en état végétatif chronique a été également rejetée[16]. Selon le professeur Milhaud, ces malades sont « *des modèles humains presque parfaits, (constituant) des intermédiaires entre l'homme et l'animal* ». Cette affirmation philosophiquement audacieuse peut donner à penser.

Tous les faits de ce genre ne parviennent pas à la connaissance du grand public. Voici un témoignage concernant un cas récent, que j'ai recueilli d'abord oralement puis par écrit. J'ai seulement supprimé l'alinéa final (qui n'est pas descriptif mais soulève un problème relatif au devoir de réserve qui est imposé aux membres du personnel hospitalier).

« *Une personne âgée, d'origine étrangère, ne comprenant pas la langue française, se trouve hospitalisée dans le service de gériatrie de X... Au cours de son séjour, les examens pratiqués révèlent, à côté du mal qui a entraîné son hospitalisation, une autre maladie, laquelle, totalement ignorée du malade, ne le faisait pas souffrir. Les médecins décident cependant de l'opérer. Le chirurgien se propose d'expérimenter une nouvelle technique, avec un nouvel appareil.*

Ayant noté la très grande anxiété du patient, l'infirmière-surveillante du service estima que celui-ci avait droit à une information claire afin de pouvoir donner ou refuser son consentement. À son avis, compte tenu du grand âge du malade, cette intervention comportait plus de risques que d'avantages pour lui. Le malade, qui n'éprouvait aucune douleur, allait en effet supporter des souffrances postopératoires considérables. La surveillante tenait à ce qu'il en soit informé et elle chercha immédiatement un interprète.

Le chirurgien n'en voyait pas l'intérêt. Il considérait le consentement du malade acquis, puisque ce dernier savait dire poliment

16. Le professeur Milhaud a donné son point de vue dans le *Quotidien du médecin* du 14 mars 1986.

et avec le sourire : "Oui, oui", ce qu'il avait l'habitude de faire avec tous ses interlocuteurs français, sans les comprendre pour autant.

Trouver d'urgence un interprète pour une langue rare dans une ville française s'avéra difficile et le chirurgien "court-circuita" la démarche entreprise par la surveillante en pratiquant l'opération dès le lendemain sans que le patient ait été vraiment éclairé sur ce qui allait lui arriver. »

L'opération s'est bien passée. Mais le problème fondamental du consentement demeure posé.

Médicaments : le cas de l'interféron

Les recherches entreprises pour découvrir et mettre au point de nouveaux médicaments ou de nouvelles techniques de traitement sont à la fois nécessaires et légitimes si l'on désire une médecine toujours plus performante. Soulignons-le : des textes divers, à la fois techniques et déontologiques, définissent les conditions qu'il faut respecter (recherches préliminaires sérieuses, bilan acceptable des risques et des avantages, progressivité des essais, etc.). Mais certains accidents sont inévitables. Le cas de l'interféron illustre les incertitudes inhérentes à ce type de situation.

Afin d'évaluer les propriétés anticancéreuses ou antivirales de cette substance, plusieurs équipes ont tenté (à partir des années 1960 et surtout à partir de 1980) de soigner des malades avec différents types d'interféron, aux États-Unis en particulier. En 1981, une équipe de l'université du Texas dirigée par J. Gutterman annonça des expérimentations portant sur huit malades volontaires. Il s'agissait de déterminer les doses efficaces et d'observer les effets secondaires entraînés par l'administration répétée d'interféron. Apparemment, nous sommes en présence d'une situation simple. Des critiques furent toutefois formulées et Albert Sasson, dans une analyse qu'il a publiée, nous fait mesurer l'importance des difficultés[17]. Les malades étant volontaires, le problème majeur du *consentement* était donc résolu (du moins si les informations données étaient complètes). Mais comment s'assurer que le lancement de tels essais est justifié ? Et comment le faire admettre à tous les experts ? Tel est l'un des points noirs et incontournables : *l'évaluation des risques*. Un excès de prudence paralyserait la recherche ; un excès de confiance conduit

17. A. Sasson, *Les Biotechnologies*, UNESCO, 1983, pp. 57 et suivantes, pp. 312 et suivantes.

rapidement à des comportements expérimentaux irresponsables. Et l'idée de « juste milieu », en de semblables circonstances, n'a pas grand sens, même quand on s'efforce de procéder à un *calcul rationnel* des « coûts » et des « bénéfices », des risques et des avantages. Car les *« coûts »*, ce sont des dommages parfois très graves causés à des malades qui sont là, en train de subir physiquement et psychologiquement les effets d'un cancer. Et les *« bénéfices »*, ce sont les guérisons qui seront peut-être obtenues dans un avenir plus ou moins éloigné.

Quand les risques prévisibles sont *extrêmes*, la décision éthique est en général assez facile à prendre. Ou bien ces risques sont très importants et l'expérimentation doit être rejetée. Ou bien les risques sont très faibles et l'expérimentation, surtout si elle est prometteuse, est envisageable. Mais les dilemmes sérieux surgissent entre ces situations extrêmes, sous mille formes. L'analyse « rationnelle » des coûts et des bénéfices, au mieux, peut aider à analyser la situation, à manipuler des données parfois nombreuses et complexes. Mais elle ne permet absolument pas de se dérober devant cette responsabilité : évaluer des risques qui (par définition) ne peuvent pas être scientifiquement connus[18]. Le cas de l'interféron constitue donc un exemple significatif : comme c'est fréquent, la démarche a été « discutable », s'effectuant dans une sorte de zone intermédiaire que limitent d'un côté les risques tolérables et de l'autre les profits thérapeutiques espérés. Un autre type de risques (« par abstention ») doit toutefois être considéré.

Car, pour observer dans de bonnes conditions les effets d'un nouveau médicament, il est naturellement souhaitable d'utiliser ce médicament *seul* ; ce qui veut dire que l'expérimentateur est conduit à écarter les autres substances thérapeutiques ayant des effets bénéfiques. D'où un nouveau risque créé par le fait même qu'on s'abstient de soigner les patients avec des produits efficaces déjà connus. L'avis du Comité national d'éthique concernant l'essai des nouveaux traitements, entre autres textes, a prévu les problèmes de ce genre. En principe, il faut que soit réalisée ce qu'on appelle la *« situation d'équivalence »* : l'expérimentateur, en toute conscience, doit estimer que le nouveau produit aura la même efficacité (et peut-être une efficacité plus grande) que les produits déjà existants ayant la même finalité. Mais la « situation d'équivalence », dans la pratique, est difficile à réaliser. Comment

18. Voir A. Fagot-Largeault, ouvrage cité, pp. 210-211, et A. Fagot (sous la dir. de), *Médecine et probabilités*, Université Paris-Val de Marne et Didier-Érudition, 1982.

être raisonnablement sûr que le nouveau traitement est *équivalent* à tel ou tel autre traitement utilisé depuis plusieurs années ?

Des difficultés semblables se présentent lorsqu'on recourt à des *placebos*. C'est-à-dire à des médicaments ou même à des techniques qui sont susceptibles d'avoir des effets thérapeutiques indépendamment de toute considération concernant leur nature physique. On peut par exemple faire boire à un malade le contenu d'une ampoule d'eau distillée en lui cachant la véritable nature du liquide et en lui disant : « Dans deux jours, vos malaises vont disparaître. » Très souvent, les résultats sont bons ; on dit alors qu'il y a eu un « effet placebo ». Scientifiquement, il est très opportun de comparer les effets d'un nouveau médicament avec les effets d'un placebo correspondant. Mais, là encore, la « situation d'équivalence » risque d'être compromise ; car il est possible que le médicament « réel » soit excellent et que l'effet placebo, en revanche, soit nul... D'autres variantes sont possibles ; par exemple, on n'avertit ni le patient *ni le médecin traitant* de la véritable nature de la médication administrée (expérimentation « en double aveugle »).

Dans le cas de l'interféron, il faut remarquer avec Albert Sasson que le produit à tester était assez particulier. Car le mot *interféron* désigne « un groupe de substances dont quelques-unes seulement

---

Les recherches et expérimentations concernant le cerveau semblent avoir un statut assez particulier dans notre culture. Le fait que cet organe ait souvent été considéré comme le *« siège de l'âme »* y est certainement pour quelque chose ; et il se pourrait que ce vocabulaire périmé désigne toujours un problème réel. En deux mots, toute expérimentation relative à cet organe risque d'avoir d'importantes conséquences pour l'homme ; et tout spécialement dans le domaine du *contrôle* des comportements humains. En règle générale, l'objectif pratique est strictement thérapeutique : soigner les « maladies » mentales ou comportementales. Mais certaines interventions vont plus loin que ne l'exigerait la thérapeutique ; et cette dernière, parfois, revêt elle-même des formes suspectes. En Allemagne, naguère, des opérations neurochirurgicales ont été pratiquées en vue de « guérir » des violeurs. Et c'est pour « guérir » également des épileptiques ou des toxicomanes que certains médecins ont détruit diverses connexions ou régions du cerveau. Comme chacun sait, la pratique parfois désordonnée des lobotomies ou des cingulectomies a suscité des critiques et des contestations. Le docteur Merianne a même évoqué la possibilité que « nous nous trouvions en présence d'un phénomène de sublimation du sadisme chez les neurochirurgiens ». Il serait regrettable que la violence de ces propos nuise à la neurologie. Mais il est exact que cette science est exposée à de redou-

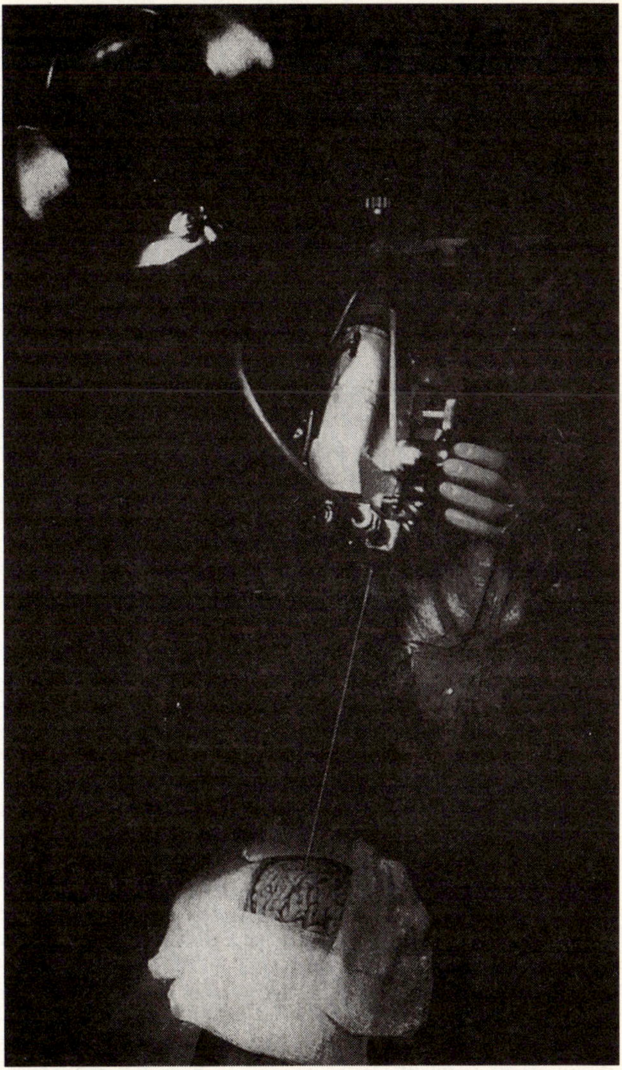

tables tentations, entre autres dans le domaine de la lutte contre les conduites réputées « antisociales ». *(Une opération au laser sur le cerveau. Cliché A. Tsiaras/Cosmos.)*

ont été complètement caractérisées ». D'autres difficultés surgissent donc, liées par exemple à la diversité des types d'interféron. On voit à quel point l'étude théorique et thérapeutique d'un médicament nouveau peut s'avérer délicate. Au mois de novembre 1982, les essais thérapeutiques menés avec de l'interféron leucocytaire produit par l'Institut Pasteur Production furent interrompus. « Une telle décision (...) faisait suite au décès de quatre malades cancéreux auxquels de l'interféron leucocytaire avait été administré par voie intraveineuse[19]. » Il n'est pas sûr que l'administration d'interféron ait été la cause de ces décès. Car les essais avaient eu lieu sur des malades très affaiblis : « Dans de telles conditions, les accidents ne sont pas exceptionnels. » En revanche, il devenait urgent de vérifier la pureté du produit utilisé. Dans *La Recherche* de février 1983, Marcel Blanc écrivait ceci : *« On peut se demander pourquoi il a fallu attendre d'avoir quatre morts pour suspendre les essais. Un autre problème est que d'autres essais cliniques ont lieu en ce moment (ou ont eu lieu) avec d'autres interférons que celui produit par I.P.P. Comme ces essais ne sont pas suivis par une commission du ministère de la Santé, nul ne sait s'ils n'ont pas aussi été impliqués dans des accidents graves. »*

Biopsies cérébrales, angiographies coronaires et autres examens

Le plus souvent, lorsqu'on parle d'expérimentation médicale, on pense aux essais les plus spectaculaires : médicaments « miraculeux », greffes du cœur, fécondation *in vitro*, etc. Mais d'autres activités expérimentales, quoique moins « visibles », sont couramment pratiquées dans les hôpitaux. Les cas que voici concernent ce qu'on pourrait appeler l'éthique des examens médicaux (examens du sang, du cœur et des vaisseaux, des intestins, des reins, etc.). Avec l'évolution de la médecine, ces derniers se multiplient (radiographies, scannographies, analyses diverses) ; à tel point qu'on a parfois l'impression qu'ils constituent une vulgaire routine. Mais une distinction s'impose. Dans la majorité des cas, la finalité est strictement thérapeutique : confirmation d'un diagnostic, « suivi » d'un traitement, etc. Il n'est cependant pas rare que des examens soient entrepris pour des raisons purement scientifiques ou essentiellement scientifiques. Bien entendu, finalité thérapeutique et finalité scientifique se conjuguent assez souvent

19. A. Sasson, ouvrage cité, p. 313.

de façon étroite jusqu'à devenir presque indiscernables l'une de l'autre. Mais une question de fond est soulevée : dans la mesure où les examens s'identifient à des activités de « recherche pure », ne sont-ils pas contraires à la loi et à la déontologie ?

De façon générale, les activités expérimentales conduites sur des hommes dans un but purement scientifique sont illicites dans le cadre juridique français ; et ce, *même si le sujet a donné son*

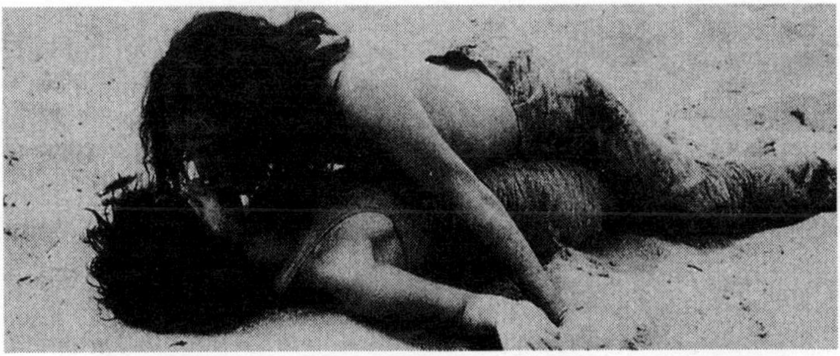

Nombreux sont les chercheurs en sciences humaines qui s'efforcent d'appliquer la « méthode expérimentale » de façon aussi stricte que possible. La recherche de l'« objectivité » les conduit assez souvent à des initiatives hardies : pour ne pas fausser les résultats, ils observent des hommes ou des femmes à leur insu (par exemple grâce à des périscopes placés dans des urinoirs publics) ; ou encore ils recourent à des supercheries afin de déclencher à volonté des réactions d'un certain type. L'inconvénient, sur le plan éthique, c'est que la curiosité scientifique aboutit parfois à des indiscrétions caractérisées, voire au viol pur et simple de la vie privée. Filmer en cachette deux amoureux qui s'embrassent ou se caressent afin d'étudier minutieusement l'enchaînement de leurs comportements et de leurs réactions, cela ressemble déjà à un manquement au respect d'autrui, si véniel qu'on puisse le juger. D'autres recherches (indépendamment de toute considération sur les intentions de leurs auteurs) se transforment en véritables enquêtes policières. En 1969, un pasteur épiscopalien des États-Unis s'est livré à une singulière étude sur les homosexuels. Ayant réussi, grâce à une ruse, à les observer dans des situations très « privées », il put relever les numéros d'immatriculation de leurs voitures et obtenir illégalement leurs noms en donnant de fausses raisons au *Bureau of motor vehicules*. Puis il reprit son costume de chercheur et alla interviewer ces homosexuels en se faisant passer pour un enquêteur de la Santé publique. Par la suite, il publia ses résultats dans un livre. Faut-il accepter ces sortes de recherches ? Ce n'est pas évident du tout. *(Cliché Magnum Photos.)*

consentement. La jurisprudence là-dessus semble bien établie. Une décision du tribunal correctionnel de Lyon datant de 1859 est souvent citée à ce propos ; et il y en a plusieurs autres[20]. Le *Code de déontologie médicale* de 1979 interdit aux médecins les initiatives qui n'auraient pas pour le patient « un intérêt direct ». En 1955, lors du Premier congrès international de morale médicale, les rapporteurs (Gaudart d'Allaines, R. de Vernejoul, etc.) ont formulé une condamnation ferme : *« En aucun cas le malade ne peut servir de moyen destiné à faire progresser la science ; un acte dangereux mais de nature à sauver le malade ne doit pas être confondu avec un acte qui n'aurait d'autre but que de vérifier si une hypothèse est vraie*[21]. » On peut estimer cette conception trop rigide. D'autres pays sont moins rigoureux et l'opinion se répand de plus en plus selon laquelle certains pays « retardaires » (dont la France) devraient assouplir leur position officielle. L'intérêt des malades exige toutefois que des barrières solides les protègent contre certaines « aberrations » (pour reprendre un mot d'Anne Fagot). Le cas des examens mérite d'autant plus de retenir l'attention que ces derniers apparaissent souvent comme « naturels » et inévitables : ne va-t-il pas de soi que le médecin doit s'informer sérieusement sur l'état de son patient ? Tout le problème est de savoir jusqu'où peut conduire le désir d'en savoir plus. Ainsi, en 1983, « quatre médecins belges furent condamnés [à une amende de 1 200 FF] par le tribunal correctionnel de Charleroi pour avoir pratiqué des biopsies cérébrales sur au moins quatre personnes âgées au centre hospitalier "Le Rayon de Soleil" à Montignies-le-Tilleul. Les biopsies étaient faites dans le seul but de faire avancer la recherche, et sans que le consentement des vieillards ou de leurs familles ait été sollicité[22]. »

À noter que le Conseil de l'ordre du Hainaut avait pris la défense des médecins accusés ; selon lui, les biopsies mises en cause étaient « suffisamment sorties du domaine expérimental pour être considérées comme méthodes de diagnostic ». Les biopsies cérébrales, précisons-le, consistent à prélever de petites quantités de tissus du cerveau afin de les analyser. Il ne s'agit pas d'une pratique bénigne ; le tribunal s'est donc estimé en droit de demander des justifications thérapeutiques et les a jugées insuffi-

20. Voir exemple J.-M. Auby, *Le Droit de la santé*, P.U.F., 1981, pp. 454-455.

21. Cité par L. Kornprobst, *Responsabilités du médecin devant la loi et la jurisprudence françaises*, Flammarion, 1957, p. 516.

22. A. Fagot-Largeault, ouvrage cité, p. 88.

santes. Le problème des examens abusifs, en la circonstance, a été exposé en plein jour. Mais M.H. Pappworth, au terme d'une enquête très informée, a formulée des conclusions plutôt pessimistes[23]. Il semble que certains médecins, surtout en milieu hospitalier, prennent l'habitude d'effectuer des examens dont la finalité thérapeutique est fort incertaine.

L'ouvrage de Pappworth date de 1967. Il est vraisemblable que, du point de vue technique, la situation s'est modifiée. Mais des problèmes tout à fait analogues se posent aujourd'hui encore. Selon certains médecins hospitaliers par exemple, des tomographies de l'hypophyse seraient pratiquées sans discernement et au prix de risques certains dans des cas où il n'y a pas d'indications thérapeutiques sérieuses (troubles des règles chez des femmes traitées par des neuroleptiques). Les analyses de Pappworth, sur le plan « éthique », ont donc un intérêt toujours actuel et elles donnent des informations chiffrées. S'appuyant sur les données publiées dans les revues spécialisées, il montrait par exemple comment des accidents graves entraînés par les angiographies coronaires étaient fréquemment considérés par les experts comme des incidents mineurs. Ce type d'examen, en résumé, consiste à introduire un cathéter dans une grosse artère de la cuisse ou du bras et à le conduire jusqu'à l'aorte puis dans les artères coronaires gauche et droite (ces artères irriguent la paroi du cœur) ; un produit spécial est alors directement injecté et permet de prendre des séries de clichés grâce aux rayons X. Malgré des accidents aussi sérieux que la fibrillation ventriculaire (pas loin de 2 cas sur 100), malgré de fréquentes occlusions de l'artère d'entrée (6 ou 7 %), un expert souhaitait en 1964 que les chefs de gouvernement, les chefs d'entreprises et les pilotes d'avions soient régulièrement soumis à des angiographies coronaires. Des médecins ont eux-mêmes signalé (au moins dans des ouvrages savants) quelques faits peu rassurants. Le professeur Sherlock, par exemple, écrivait ceci en 1965 : « *Les décès directement dus aux procédures de diagnostic, souvent, ne sont pas mentionnés dans les publications*[24]. »

Des médecins ont fait des enquêtes personnelles pour recenser certains types d'accidents survenus à l'occasion de pyélographies (examens radiographiques du rein) ou de biopsies du foie ; ils ont découvert que les décès étaient plus nombreux en réalité que ne l'indiquaient les publications médicales. Dans le cas de la pyélo-

23. M.H. Pappworth, ouvrage cité, pp. 14 et suivantes.

24. Même ouvrage, p. 22.

graphie intraveineuse, vingt-six morts accidentelles dont onze seulement étaient publiquement signalées. Il y a une trentaine d'années, un radiologue américain, J.G. McAfee, a fait une enquête à propos de l'aortographie translombaire. Cette technique consiste à enfoncer une grosse aiguille à une profondeur de 15 cm près de la colonne vertébrale de façon à ce qu'elle perce la paroi de l'aorte abdominale ; après l'injection d'un liquide *ad hoc*, des clichés sont pris aux rayons X. Bien que 194 radiologistes seulement aient répondu sur 450 interrogés, il apparaissait que 37 décès avaient été directement causés par cet examen. En outre, 98 cas de complications sérieuses étaient révélés (dont 24 cas de paralysie des deux jambes). Trois ans plus tard, en 1960, deux autres radiologues américains montrèrent que les chiffres publiés entre-temps à propos de cette méthode d'aortographie étaient inexacts (*au moins* 47 cas de paralysie des jambes au lieu des 29 habituellement cités[25]). Bien qu'il soit en principe obligatoire de publier les résultats négatifs et les accidents, l'enthousiasme « expérimental » que décrit Pappworth entraîne des « omissions ». On serait heureux de savoir que les instances responsables ont réellement réussi à contrôler toutes les pratiques concernées, qu'elles soient cliniques, scientifiques, relatives à l'enseignement ou aux publications.

Cerveau et comportements : des tâtonnements parfois téméraires

La neurologie et le domaine des « *maladies mentales* », au sens large de cette expression, constituent un ensemble particulièrement complexe, puisque s'y rencontrent (et parfois s'y opposent) des théories et des techniques extrêmement variées : psychiatrie, psychanalyse, neurochirurgie, chimiothérapie, etc. Pour diverses raisons, les problèmes « expérimentaux » revêtent dans ce secteur un caractère très aigu.

Tout d'abord, le fonctionnement exact du cerveau est mal connu ; on est loin d'avoir cerné de façon sûre les « causes » de tous les comportements considérés comme pathologiques à un titre ou à un autre (névroses, psychoses, comportements « antisociaux », etc.). L'ampleur même de ces incertitudes ou ignorances contribue à transformer en « expérimentations » plus ou moins hasardeuses certaines interventions dont le but avoué est thérapeu-

25. Même ouvrage, p. 23.

tique. Lors des premières *Journées annuelles d'éthique* organisées en 1984 par le Comité national d'éthique, il est apparu que certaines thérapies ou certaines recherches impliquent en effet des examens ou des interventions parfois difficiles à légitimer sur le plan éthique. Ainsi, il y a une dizaine d'années, des équipes américaines ont soigné des épileptiques en pratiquant chirurgicalement ce qu'on appelle le « dédoublement du cerveau » : les fibres nerveuses reliant les deux hémisphères cérébraux sont sectionnées. *« Selon certaines informations, il semblerait que des équipes ont fait subir des opérations de dédoublement du cerveau à des épileptiques dont le cas ne justifiait pas absolument cette intervention*[26]*.* » Des interrogations semblables sont suscitées par des explorations effectuées à l'aide d'électrodes enfoncées dans le cerveau d'un sujet éveillé et conscient ; ou encore par des opérations aussi « violentes » que les lobotomies.

Et d'ailleurs, qu'est-ce qu'un comportement « anormal » ? Où commence exactement la « pathologie » ? La réponse, du point de vue même de la science, n'est pas toujours évidente. Mais une fois qu'on a déclaré que la toxicomanie, par exemple, est une maladie, des « soins » deviennent souhaitables. C'est ainsi qu'au Pérou, dans les années 1960, on a pratiqué sur des toxicomanes des cingulectomies (qui consistent à « neutraliser » le cingulus, une zone cérébrale où certains voient la « cause » de la toxicomanie). Le docteur Nahas, directeur de recherches à l'INSERM, est allé filmer cette opération pour le compte de la Fondation Cousteau. Mais « la quasi-totalité des psychochirurgiens admet actuellement que la toxicomanie ne peut être soignée par lobotomie » (la cingulectomie se présentant comme une variante de cette dernière[27]). Le docteur Claude Olievenstein a violemment critiqué ces pratiques, qu'il compare à celles de l'Inquisition ou aux « expériences » d'Auschwitz[28]. Et le docteur Merianne rappelait en 1983 que, en Allemagne, *« un neurochirurgien pratique ces interventions sur des violeurs, auxquels on propose de se faire opérer ou de purger leur peine de prison*[29] ». Comme l'ont montré les *Premières journées d'éthique* de 1984, la « recherche » a ici des implications sociales considérables. Ce qui est au bout de certaines « expérimentations » implicites ou explicites, c'est une uti-

26. *Premières journées nationales d'éthique (1984, Paris),* déjà cité, p. 23.

27. *Ibid.*, p. 25.

28. Interview de C. Olievenstein, *Drogues*, octobre 1983, pp. 19-20.

29. *Ibid.*, p. 20.

lisation éventuellement « sauvage » des thérapies comportementales (coercition de groupe, « punitions » variées, etc.). Le cinéma a contribué à montrer l'importance de ce sujet, par exemple à travers *Orange mécanique* (Kubrick), *L'Œuf du serpent* (Bergman) et *Vol au-dessus d'un nid de coucou* (Forman).

Les psychologues et les sociologues, eux aussi...

Les sciences humaines ne sont pas à l'abri des difficultés. En psychologie et en sociologie, de multiples expérimentations ont été par exemple critiquées comme impliquant des tromperies ou des indiscrétions qui vont jusqu'au viol de la vie privée. Ainsi que le notait Marcel Blanc dans *La Recherche* de juin 1979 (« Psychologie du vice et vice de la psychologie »), il est courant que des sujets humains, volontaires ou non volontaires, soient délibérément « manipulés ». Du point de vue méthodologique, les bonnes raisons abondent : si les sujets étaient avertis, leurs réactions seraient faussées, etc. C'est pourquoi maints expérimentateurs utilisent diverses ruses. En 1976, des chercheurs de l'université du Wisconsin ont installé un périscope dans un urinoir public afin d'observer à leur insu des sujets en train d'uriner. Objectif : étudier l'effet de la proximité des personnes sur la miction. D'autres experts du comportement, comme I. Eibl-Eibsfeldt, ont eu recours à des caméras spéciales permettant de filmer les gens sans éveiller leur méfiance et parfois dans des moments d'intimité. P.G. Zimbardo (Standford University) a enrôlé en 1973 des étudiants volontaires pour une expérience. Puis, sans qu'ils sachent pourquoi, ces mêmes étudiants furent arrêtés par la police et jetés en prison. Cela faisait partie du protocole expérimental ; il s'agissait de voir comment des individus réagissent à une inculpation et une incarcération injustifiées. Pour certains sujets, cette expérience fut traumatisante : réactions de détresse, dépressions, etc.[30] Marcel Blanc posait la question : *« Le "droit à la connaissance" justifie-t-il que des scientifiques mettent en danger l'intégrité psychologique des personnes ou le caractère privé de leurs actes ? »*

Dans le domaine des recherches sur les comportements sexuels, de nombreux expérimentateurs semblent ne pas s'embarrasser de questions. Aux frontières de la psychologie et de la neurologie, citons un article de 1985 concernant les variations de « l'électroencéphalogramme (E.E.G.) pendant la masturbation et l'éjaculation ». Quatre sujets masculins avaient été payés pour se masturber

30. Voir la brochure sur les *Premières journées d'éthique (1984)*, p. 24.

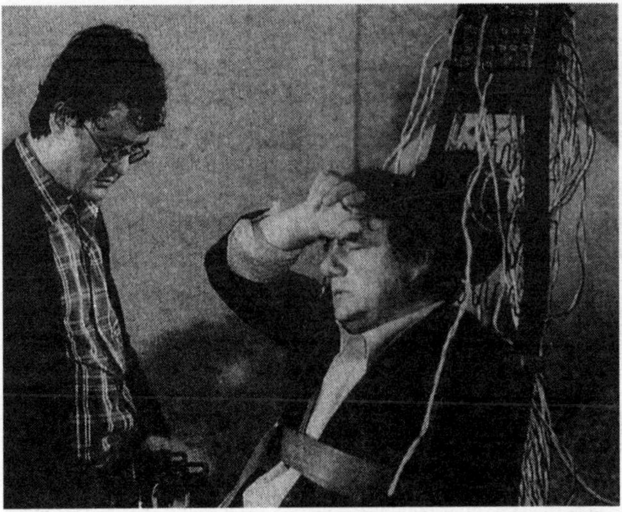

Comment définir les droits et les devoirs des expérimentateurs en psychologie et en sociologie ? Est-il toujours bénin de se livrer à des mises en scène trompeuses, de mentir carrément aux sujets ou de leur cacher certains aspects de la situation ? Sur le plan de la méthodologie, ces stratagèmes sont en général très utiles. Mais ils ont parfois des conséquences regrettables. La présente photo, tirée du film d'Henri Verneuil *I comme Icare*, fait directement référence à une série d'expériences réalisées par l'Américain Stanley Milgram à la fin des années 1960. Certains sujets, croyant obéir à des scientifiques, devaient envoyer des décharges électriques de plus en plus fortes (jusqu'à 450 volts) à d'autres individus ; ces derniers étaient en fait des comédiens qui faisaient semblant de souffrir. Beaucoup de sujets ont accepté d'aller assez loin dans le « sadisme scientifique » auquel on les invitait. Croyant qu'il s'agissait d'une expérimentation purement destinée à accroître les connaissances, ils n'hésitaient pas à faire souffrir les « victimes ». Par là même, ils devenaient des « bourreaux » ; et certains découvrirent donc qu'ils étaient capables de comportements indiscutablement cruels. Révélation qui n'est pas toujours facile à supporter. Aux États-Unis, des débats ont lieu sur ces questions. Les expériences de Milgram, au début, n'ont guère suscité de réprobation. Aujourd'hui, de nombreux auteurs estiment qu'elles outrepassent les droits du chercheur ; et qu'il n'est pas éthiquement acceptable de faire au nom de la science des expérimentations susceptibles de traumatiser gravement des « sujets » humains. *(Cliché V. Rossell, collection* Cahiers du cinéma.*)*

en laboratoire. On leur avait fixé plus d'une douzaine d'électrodes, etc. Une caméra vidéo permettait d'observer leur visage pendant l'expérimentation. Les experts sont ainsi parvenus à la conclusion que ces activités sexuelles n'entraînaient (du moins dans de telles conditions) aucune variation significative de l'E.E.G.[31] D'après les indications mêmes de l'article, aucun objectif « thérapeutique » n'était visé. La « banalisation » de ces expériences teintées de voyeurisme est-elle vraiment conforme à l'éthique ? On peut s'interroger.

Une autre forme de « violence » se manifeste à travers les expériences que le psychosociologue Stanley Milgram (université de New York) a racontées en 1974 dans un livre qui a aussitôt été traduit en français[32]. Grâce au film *I comme Icare* (Verneuil), le grand public a d'ailleurs pu se faire une idée de leur contenu. Le schéma fondamental est le suivant : en faisant croire aux sujets qu'ils participent à une expérience scientifique, on les amène à « torturer » de plus en plus sévèrement d'autres sujets. En fait, les rôles de « victimes » étaient tenus par des comédiens. Mais les « bourreaux », eux, étaient persuadés qu'il s'agissait de véritables expériences. De cette façon, Stanley Milgram montra que beaucoup de gens réputés « normaux » pouvaient aller très loin dans l'obéissance à des ordres donnés par des « savants ». Est-il légitime d'utiliser de tels stratégèmes ? Est-il admissible de prendre le risque de traumatiser des sujets en leur révélant leur propre « lâcheté » ou leur propre « cruauté » ? Stanley Milgram, quant à lui, manifeste une tranquille assurance. Dans l'appendice qu'il a consacré à « l'éthique de l'investigation », il fait état des opinions favorables émises par plusieurs experts. Sans fausse modestie, il termine son analyse en citant ce témoignage : « Milgram me semble avoir réalisé l'investigation la plus riche d'enseignement de toute la psychologie moderne. » Même si c'est vrai, cela ne résout aucunement les problèmes éthiques (usage « scientifique » de la supercherie, respect des personnes).

Bien que les chercheurs en sciences humaines soient conscients de l'importance de ce sujet, il ne semble pas qu'ils aient un cadre déontologique toujours bien défini (en particulier en France). Et le public, sans doute, ne perçoit guère l'urgence d'un « code de conduite » en ce domaine. Dans certains pays et dans certaines

31. B. Graber, J.W. Rohrbaug *et al.*, « E.E.G. during masturbation and ejaculation », *Archives of sexual behavior*, vol. 14, n° 6, 1985, pp. 491-503.

32. S. Milgram, *Soumission à l'autorité. Un point de vue expérimental*, Calmann-Lévy, 1974.

disciplines, des comités d'éthique spéciaux fonctionnent aujourd'hui avec une certaine efficacité. C'est par exemple le cas aux États-Unis en psychologie. L'American Psychological Association (A.P.A.) a publié à plusieurs reprises des *Ethical standards of psychologists* et possède un *Committee on scientific and professional ethics and conduct*[33]. Il devrait en tout cas être très évident que l'éthique ne concerne pas seulement les médecins et les biologistes. On ne voit pas pourquoi les sciences dites « humaines » pourraient expérimenter sans frein.

B. COMMENT « CONTRÔLER » LES EXPÉRIMENTATIONS SUR L'HOMME ?

Les problèmes généraux et les « cas particuliers » sont si nombreux qu'il est impossible de les passer systématiquement en revue. Voici du moins quelques remarques sur certaines difficultés qui me paraissent exemplaires ou spécialement importantes.

Est-il possible de formuler des « normes » à la fois précises et concrètement applicables ?

Les « déclarations internationales » se sont efforcées de définir les modalités idéales d'une recherche biomédicale respectueuse des droits de l'homme. Ainsi l'article 1 du Code de Nuremberg affirme que « le consentement volontaire » du sujet est absolument essentiel. Cette notion a ensuite été affinée : le consentement doit également être « éclairé ». L'esprit de cette directive est clair : dès qu'on pratique un « essai » ou une « expérimentation » sur un sujet, qu'il soit malade ou bien portant, on doit *faire de son mieux* pour l'informer de la nature et de la signification de cet acte ainsi que des risques encourus. Il faut en outre éviter que des pressions suspectes ne soient exercées, garantir au sujet le droit de se soustraire à l'expérimentation dès qu'il le souhaite, etc.

Mais on se rend vite compte que l'application des normes de ce genre est délicate. Jusqu'où l'information donnée à un grand malade peut-elle et doit-elle aller ? Soit le problème de la « randomisation » (distribution aléatoire de médicaments divers lors d'un essai) : faut-il vraiment dire à un sujet qu'il risque de recevoir un

---

33. Voir par exemple J.R. Sanders, « Complaints against psychologists adjudicated informally by A.P.A.'s committee », *American psychologist*, december 1979, pp. 1139-1144.

placebo et non pas un médicament « normal » ? Si un examen très peu dangereux est pratiqué à des fins scientifiques à l'occasion d'un acte thérapeutique, ne risque-t-on pas de susciter des inquiétudes inutiles en sollicitant une autorisation explicite ? Bref, informer « le mieux possible » ne consiste pas à toujours tout dire ; du moins si l'on en croit de nombreux praticiens qui mettent en

Les questions que soulève la recherche biomédicale sont si importantes que, depuis de nombreuses années, divers pays ont ressenti le besoin de créer des comités spécialement chargés de les examiner. En France, un décret du 23 février 1983 a institué un *Comité consultatif national d'éthique pour les sciences de la vie et de la santé.* Soulignons-le, ce Comité n'a pas à s'occuper de la pratique médicale proprement dite, mais seulement des problèmes concernant les *recherches* (médicales ou biologiques). La création de comités d'éthique nationaux, régionaux ou locaux était recommandée par la Déclaration d'Helsinki (1964). La grande question est celle-ci : comment concilier la recherche, activité *cognitive*, avec les exigences de la médecine, activité *thérapeutique* ? Pour désigner ce champ de réflexion, on utilise couramment le mot « bio-éthique ». François Isambert a pu parler de la « naissance de la bio-éthique aux États-Unis ». Ce pays possède depuis vingt ans des Comités institutionnels d'examen *(Institutional review boards)* ; et d'importants centres de recherche, tels que le *Hastings Center* et le *Kennedy Institute for Bioethics*, organisent des réunions, publient des revues et des études, etc. Ce qui est frappant, c'est l'ouverture dont témoignent ces institutions : beaucoup de chercheurs viennent de la philosophie, de la religion, des sciences sociales. En France, il semble que la tendance à l'élargissement soit moins forte ; le Comité national d'éthique est nettement dominé par des représentants de la médecine et des sciences biologiques (chercheurs, ingénieurs). On peut regretter que la collectivité ne soit pas mieux représentée. Les expérimentateurs ont assurément droit à la parole ; mais il serait normal que les sujets expérimentaux d'aujourd'hui ou de demain puissent eux aussi s'exprimer avec force. *(Cliché C. Vioujard/Gamma.)*

avant de très bonnes raisons pour justifier leur attitude. Cette difficulté est bien connue mais ne doit pas être sous-estimée. D'une part, la porte est ouverte à diverses « déviations » ; d'autre part, c'est l'idée même de *réglementation* qui est mise en cause. Ou bien les prescriptions sont trop générales et trop vagues pour avoir un sens précis dans la pratique, ou bien elles sont trop détaillées et trop strictes pour pouvoir être respectées. Tous les codes de déontologie, de même que les dispositions légales, se heurtent à ce problème. À la limite, cela justifierait l'attentisme qu'on reproche au législateur, en particulier en France. Certains intéressés disent nettement qu'ils préfèrent « pas de législation du tout » à une législation généreuse mais irréaliste et donc inapplicable.

Des critiques ont même contesté la validité de quelques notions utilisées dans certaines « grandes directives ». Anne Fagot ne craint pas d'écrire, par exemple, que la déclaration d'Helsinki revue à Tokyo est un texte « confus et même incohérent[34] ». La notion de « recherche thérapeutique », entre autres, a suscité des critiques :

– Ou bien la prétendue « recherche » est véritablement *thérapeutique* ; elle vise alors à soigner le malade concerné et relève de l'éthique médicale traditionnelle (« contrat de soins » excluant toute initiative ne présentant aucun intérêt pour le patient) ;

– Ou bien il s'agit d'une *recherche* au sens strict, ayant pour but l'extension des connaissances, la mise au point d'une nouvelle technique ou d'un nouveau médicament, et dès lors l'épithète « thérapeutique » perd sa signification. Ce n'est plus la guérison qui est visée, mais un objectif *qui, pour le malade concerné, est « non thérapeutique »*. Tout se passe comme si on utilisait une étiquette rassurante pour dissimuler la nature exacte de certaines activités expérimentales. En fait, déclare Anne Fagot, la distinction essentielle est celle qui existe entre les situations de *recherche* et les situations de *non-recherche*. Il n'y a donc pas à opposer les patients et les sujets sains de façon radicale. Dans les deux cas, un être humain subit des expérimentations et donc, dans les deux cas, les droits et les devoirs sont de même nature.

Ces sortes d'analyses peuvent paraître inutiles. Mais elles ont de notables implications. Sur le plan de l'information et sur celui de l'éthique, elles aident à mettre au point un langage plus clair, à mieux analyser les situations et donc à faciliter les choix ou les décisions. Et divers problèmes concrets, peut-être, trouveront là leur solution (tel celui de l'éventuelle rémunération des malades

34. A. Fagot-Largeault, ouvrage cité, p. 155.

soumis à une expérimentation). Il faut souligner que, sur plusieurs points, les « déclarations internationales » ont été constructives, par exemple en demandant que tous les protocoles de recherche soient soumis à des comités d'éthique.

Comment concilier le bien individuel, le bien collectif et le progrès scientifique ?

Venons-en à une difficulté qui se manifeste dans une foule de textes : comment concilier, au niveau des principes, les exigences relatives à l'*individu* avec les exigences relatives au *bien collectif* ? Interrogation cruciale et qui engendre des réponses non exemptes de contradictions... D'autant plus que le *progrès scientifique*, lui aussi, doit être pris en compte. Dans les sociétés industrielles, en effet, « la science » jouit d'une grande estime et la recherche fondamentale constitue une activité privilégiée. Mais comment formuler une règle du jeu qui satisfasse tout le monde ? Les intérêts des malades et des « sujets expérimentaux », en général, ne sont pas les mêmes que ceux des chercheurs. Même si l'on admet que la collectivité veut une médecine de plus en plus scientifique, les recherches sur l'homme doivent respecter certaines limitations. Dans quelle mesure peut-on demander aux patients et aux sujets sains de subir des dommages ou des désagréments en vue de perfectionner les savoirs et les techniques ?

Nous retrouvons le problème d'*adaptation* signalé dans l'introduction. D'un côté, une longue tradition (Droits de l'homme, éthique médicale) met l'accent sur la protection des personnes ; de l'autre, le dynamisme des sciences et des techniques a fait apparaître des « demandes expérimentales » qui s'accommodent mal d'un strict respect des droits individuels. Des compromis doivent être trouvés et le sont. Mais, à l'heure actuelle, ils sont souvent obtenus de façon ambiguë (par exemple au prix d'une mauvaise information de certains intéressés). Et, souvent aussi, on bute sur des contradictions, sur des conflits auxquels les « grandes directives » ne fournissent pas de vraie solution. L'amendement de Tokyo (1975) pose catégoriquement le primat de l'individu : *« Dans la recherche sur l'homme, les intérêts de la science et de la société ne doivent jamais prévaloir sur le bien-être du sujet. »* Mais il reconnaît également la valeur de ces deux idéaux : *« faire progresser la science »* et *« aider l'humanité souffrante*[35] *»*.

35. Même ouvrage, p. 156.

Comment trouver un équilibre ? Adopter une attitude vaguement conciliatrice, cela revient à esquiver la question. Trop souvent, les « points chauds » sont contournés ou abordés de biais. Ces stratégies de prudence ont leurs vertus. Mais quand les problèmes se multiplient et quand le flou juridique ou éthique favorise les « dérapages », mieux vaut regarder la situation en face et avoir le courage de faire de véritables choix. Il faut espérer que le public percevra de mieux en mieux les enjeux et réussira à définir la voie qu'il préfère.

Les étranges « oublis » de la législation française

Certaines décisions peuvent et doivent être longuement mûries. Mais, sur quelques points particuliers, la non-intervention ressemble à une démission. Prenons le cas de l'expérimentation sur sujets sains. On l'a vu, cette pratique est illicite en France. Mais elle est très répandue et même exigée indirectement par la législation sur les médicaments. Il est donc certainement urgent de clarifier la situation d'une manière ou d'une autre. Maintenir le caractère « clandestin » de ces expérimentations devenues tout à fait courantes, c'est créer toutes sortes de difficultés superflues. Les industriels de la pharmacie eux-mêmes souhaitent une nouvelle loi. Plusieurs pays ont déjà officialisé les « essais » sur des volontaires et prévu des garanties. *« Faute d'une législation similaire, 60 % des études cliniques sont actuellement réalisées à l'étranger, aux États-Unis, aux Pays-Bas, en Grande-Bretagne ou en Allemagne fédérale*[36]. » La motivation est largement économique ; comme le dit le docteur Yves Champey, directeur du développement médical et scientifique chez Rhône-Poulenc Santé, il ne s'agit pas seulement du *« rayonnement scientifique de notre pays »*, mais aussi d'*« une importante économie de devises »*. Chacun, des chercheurs aux sujets expérimentaux, a en tout cas intérêt à ce que le droit, ici, rattrape son retard sur des faits auparavant irréversibles.

Il importe d'insister : en tolérant des expérimentations en principe interdites, on se prive de tout « contrôle éthique » efficace. J'ai pour ma part rencontré deux « sujets sains », jeunes, qui se sont soumis à des expériences en 1986 afin de gagner un peu d'argent ; les traces physiques laissées par les tests étaient d'ailleurs parfaitement visibles. Les opérations se sont déroulées

---

36. « Médicaments : l'union sacrée », *Présence*, Rhône-Poulenc, mars 1986, p. 18.

dans une grand hôpital de la région parisienne, pour le compte d'une firme pharmaceutique qui possède un « laboratoire indépendant » dans ce même hôpital (d'après ce qui a été dit à ces « sujets » au cours des essais). Les normes déontologiques les plus élémentaires n'ont pas été respectées. Alors que les sujets doivent être dûment informés, aucune information préliminaire n'a été donnée ni à l'un ni à l'autre ; c'est en bavardant avec le personnel responsable, pendant les essais, qu'ils ont appris de façon approximative la nature de ces derniers. Leur consentement n'a pas été demandé de façon explicite, alors qu'il est recommandé instamment de le solliciter, de préférence *par écrit.* Aucun médecin ne les a examinés ; il n'y a même pas eu un interrogatoire sommaire (l'un de ces deux sujets souffre d'une allergie). Autant qu'ils aient pu comprendre, l'un des tests portait sur un médicament, l'autre sur un produit utilisé dans des compositions parapharmaceutiques (« produits de beauté », etc.). Pour trois séances, dont l'une très longue, un sujet a reçu 1 000 F ; l'autre, pour une seule séance très longue, 600 F. Il n'y a eu aucun examen ultérieur.

Dans les deux cas, on peut penser que les risques étaient minimes. Mais de nombreuses questions mériteraient d'être posées sur l'existence de tels « laboratoires indépendants » situés dans l'enceinte d'un hôpital, sur l'absence de contrôle éthique, etc. Je citerai une fois de plus le docteur Anne Fagot : *« Le caractère malsain de la présente situation (rémunérations semi-clandestines, qui ont la réputation et l'attrait d'échapper aux contraintes fiscales) est lié à ce que les essais eux-mêmes sont semi-clandestins et nécessitent des compromis avec la loi ou la déontologie*[37]. » Le même auteur suggère à plusieurs reprises qu'il vaudrait mieux officialiser la situation de sujet volontaire rétribué, au lieu de se cacher hypocritement derrière les notions de « service altruiste » et d'« indemnisation ». Beaucoup reste à faire, au moins à long terme. Dans un premier temps, en tout cas, des mesures devraient sûrement être prises pour éliminer les incohérences les plus énormes. Il sera sans doute difficile de rédiger un texte tout à fait satisfaisant ; mais l'attente, raisonnablement, ne devrait pas se prolonger[38].

37. A. Fagot-Largeault, ouvrage cité, p. 145.
38. Même ouvrage, p. 147.

Donner la parole aux « sujets expérimentaux »

Un vrai débat de fond devrait être ouvert, débat qui dépasserait les limites des grandes réunions d'experts. Cela exigerait que les efforts d'information déjà entrepris soient accrus : *« Mais les mentalités sont-elles prêtes ? Et peut-on éviter la démagogie et l'incompétence si tous les citoyens sont mis en position de donner leur avis ? »* Ces objections, qui reviennent assez souvent, sont loin de convaincre. Certes, l'examen « éthique » d'un certain nombre de cas difficiles nécessite des expertises spécialisées ; il est exact que beaucoup de fautes dites « éthiques » sont en fait des fautes « scientifiques » (expérimentations mal conçues, mauvaise évaluation des risques techniques, etc.). Mais *il ne suffit pas* qu'un protocole de recherche soit scientifiquement correct pour qu'il devienne légitime sur le plan éthique. Et trop de discours sur l'éthique de l'expérimentation ont tendance à enterrer sous une avalanche de considérations savantes des questions à la fois simples et fondamentales. Dire que *« les mentalités ne sont pas prêtes »* ou que la France en est restée au stade *« préscientifique »*, cela revient en fait à réserver les décisions à une élite d'experts et de spécialistes. Eux seuls, situés à la pointe du progrès, posséderaient la bonne doctrine. Comme par hasard, il se trouve que beaucoup de ces experts ont un intérêt précis (professionnel, en général) *qui les pousse à étendre ou à faciliter les expérimentations*. Nous avons eu l'occasion d'expliciter leur raisonnement : le progrès des sciences biologiques et médicales doit être considéré comme une priorité dans toute société vraiment moderne ; donc il faut considérer comme inadaptés ou rétrogrades tous ceux qui font obstacle à l'expérimentation humaine en insistant trop sur les droits des sujets. Ainsi s'expliquent les allusions à la « tyrannie de l'incompétence ». Le sous-entendu est limpide : mieux vaut que les experts restent entre eux et ne demandent pas trop leur avis aux « citoyens moyens ».

Dans quelques milieux, il n'est pas rare d'entendre ce type de commentaire : *« Dieu merci, l'Ordre des médecins n'est plus l'unique autorité en matière d'éthique biomédicale ; grâce aux divers comités d'éthique, c'est une ère nouvelle qui s'ouvre. »* Afin d'écarter certains contresens, il faut préciser d'une part que les médecins sont fortement représentés dans les comités d'éthique ; d'autre part que les compétences de ces comités sont en principe *limitées aux « problèmes moraux soulevés par la recherche »*. Mais les problèmes de la recherche sont intimement liés aux problèmes médicaux proprement dits. Il est donc très exact qu'un certain glissement s'est opéré dans le monde de la médecine, au sens large ; glissement qui est nettement en faveur des scientifiques et des techniciens.

Certains profanes pourraient même être tentés de croire que les nouveaux comités d'éthique se substituent purement et simplement aux instances éthiques traditionnelles de la médecine. En principe, il n'en est rien. Mais, concrètement, il est indéniable qu'une mutation « éthique » remarquable est en train de se produire. Si on procédait à un bilan, on constaterait non seulement que les experts scientifiques (et donc portés à expérimenter) sont de plus en plus présents, mais que la tendance à démocratiser ces comités en y introduisant des « citoyens de base » est peu marquée. Une annexe relative à la création de nouveaux comités locaux a été rédigée par un groupe de travail du Comité national. Il est intéressant de noter que l'introduction des « utilisateurs du système de santé » y est présentée comme une simple éventualité, tout à fait facultative[39]. Il faut qu'il y ait des médecins, des chercheurs, des juristes, etc. Mais on peut fort bien se passer des malades et des sujets sains ! Ces lignes parues dans le premier numéro de la *Lettre d'information* du Comité national d'éthique devraient être lues et relues par tous les « utilisateurs du système de santé » : *« On ne cache pas qu'on redoute une ouverture des comités d'éthique à des représentants d'associations de consommateurs ou de malades, à des avocats, à des syndicalistes, qui risqueraient d'introduire une dissonance dans le chœur, jusqu'ici prudemment favorable à la recherche, des jeunes comités d'éthique[40]. »*

Le refus d'un dialogue réel entre experts et citoyens est conforme à une longue tradition : le « savant » respecte les non-savants, mais il ne les consulte pas pour décider de ce qui peut et doit être fait. La caution du grand Claude Bernard est ici très opportune. Il écrivait en 1865 *(De la vivisection) : « Le savant ne doit avoir souci que de l'opinion des savants qui le comprennent, et ne tirer de règle de conduite que de sa propre conscience. »* Mais enfin, les questions de fond soulevées par de semblables affirmations ne peuvent-elles pas et ne doivent-elles pas être discutées publiquement ? Faut-il être docteur en médecine ou en bio-

39. *Reflexions et propositions sur les problèmes d'éthique posés par les essais*, Groupe de travail du Comité national d'éthique, 9 octobre 1984. Voir l'annexe 3.

40. A. Fagot-Largeault, « Révision scientifique et révision éthique », *Lettre d'information du C.C.N.E.*, juillet 1985, p. 4.

logie pour saisir les enjeux et donner un avis ? Jugerait-on démocratique de confier à l'Armée le soin de prendre toutes les décisions éthiques et politiques relatives au domaine militaire ? Et que penserait-on de comités qui se passeraient des consommateurs pour définir l'éthique de la consommation ? Dans le domaine de l'expérimentation biomédicale, qui intéresse tout le monde, la question se pose aussi : pourquoi faudrait-il se fier prioritairement aux décisions éthiques des spécialistes ?

Elie Wollman, ancien sous-directeur de l'Institut Pasteur, a émis cette opinion où certains verront une provocation : *« C'est une erreur de croire que le progrès scientifique est bénéfique pour l'humanité, car l'accroissement des connaissances crée autant de problèmes qu'il en résout*[41]*.* » De tels propos, c'est bien évident, soulèvent des problèmes chauds et même explosifs. Mais c'est en mettant ces problèmes « sur la table », et non pas en les enkystant, qu'on avancera. S'agissant de la pratique sociale des expérimentations, les « sujets » devraient avoir l'occasion de dire leurs choix, de définir les compromis qui leur semblent acceptables. Il y a assez de bons arguments en faveur de l'expérimentation pour qu'il soit inutile de bloquer ou de freiner les débats. Un certain désir d'« ouverture » existe d'ailleurs dans les comités d'éthique et autour d'eux ; mais les résistances, du haut en bas de la pyramide, sont multiples.

Pas de véritable éthique sans éducation et sans conviction

À force de parler de lois, de règlements et d'avis officiels, on risque d'oublier que l'éthique ne mérite vraiment ce nom *que si elle s'incarne dans les conduites quotidiennes les plus usuelles et correspond à un certain style d'action.* Si les médecins font l'objet d'un respect certain sur le plan de l'éthique, c'est parce que le public a le sentiment qu'ils ont reçu une formation morale et non seulement technique. Les « principes », si l'on peut dire, se sont transformés en convictions profondes. Avec ce que l'on appelle « l'éthique » de l'expérimentation sur l'homme, il en va tout autrement. Presque jamais il n'est question d'une *éducation* qui inculquerait des principes fondamentaux à ceux qui expérimenteront. Sous cet angle, les « comités d'éthique » ont une fonction très ambiguë : ils constituent des instances « extérieures » *qui se*

41. E. Wollman, *Médecine et expérimentation*, Cahiers de bioéthique, 4, Presses de l'université Laval (Québec), 1969.

contentent de tracer des limites que les chercheurs ne devront pas transgresser. Est-ce ainsi qu'on parviendra à rendre vraiment crédible l'éthique de l'expérimentation humaine ? Grâce aux comités d'éthique, on « dédouane » les chercheurs. En revanche, on fait supporter d'énormes responsabilités à ces mêmes comités et on se préoccupe trop peu de « moraliser » en profondeur la recherche biomédicale.

Cette situation est aisément explicable. Car les chercheurs, en tant que tels, ont comme objectif le progrès des connaissances ; la morale médicale n'est pas vraiment leur affaire. Et les « principes éthiques » dont ils prennent connaissance par les circulaires peuvent à bon droit leur paraître assez incertains. Le fait a été noté : c'est une éthique qui n'a plus de fondements « absolus ». Mais certaines conséquences, par là même, sont à redouter. Sous la pression de la « demande expérimentale », par exemple, les comités d'éthique risquent d'être conduits à multiplier les concessions[42]. Il semble d'ailleurs que les refus d'expérimentations sur l'homme soient assez peu nombreux. Fait sans doute plus important, la soumission des projets d'expérimentation humaine aux comités n'est « obligatoire » que dans un sens finalement assez lâche : il n'y a ni contrôles ni sanctions. Pour le moment, une tricherie budgétaire constitue une faute légale plus lourde que tel ou tel manquement grave à « l'éthique »...

Bien qu'il faille s'abstenir de toute dramatisation excessive, revenons enfin sur l'écart parfois énorme qui sépare les « grandes directives » éthiques et la réalité. Même les mesures les plus simples et les plus « évidentes » ont du mal à s'imposer dans la pratique. Nous avons vu par exemple que l'obligation faite aux chercheurs et aux médecins-chercheurs de publier les échecs et les accidents n'était pas toujours respectée. D'autres faits que j'ai cités donnent à réfléchir sur les « bavures » qui sont autorisées par le système actuel ; et on pourrait aisément en allonger la liste. Quand on discute d'éthique et de recherche, il est donc bon de ne pas survoler le sujet de trop haut. Les « recommandations » ont un rôle essentiel à jouer. Mais l'éthique de l'expérimentation doit descendre sur terre. Elle ne devrait jamais apparaître comme un luxe facultatif, comme un ensemble de dispositions quasi administratives et mal intégrées à la pratique. Sinon, les directives les mieux rédigées ne seraient plus que des alibis. Dans l'intérêt des sujets expérimentaux, on aurait aimé que l'éthique médicale

---

42. K.S. Thomson, « Research on human embryos : where to draw the line ? », *Americain scientist*, march-april 1985, p. 187.

déteigne sur celle des chercheurs ; mais il semble bien que ce soit l'inverse qui se produise. Si tout n'est pas mis en œuvre pour donner tout leur poids aux projets « éthiques » déjà lancés, c'est la réputation même de la recherche biomédicale qui pourrait en souffrir un jour ou l'autre. Tout le monde y perdrait. Et, dans tous les domaines où d'autres expérimentations plus ou moins légitimes sont pratiquées sur l'homme, les progrès « éthiques » seraient à coup sûr retardés.

Bibliographie :

A. Fagot-Largeault, *L'Homme bio-éthique*, Maloine, 1985. (Certaines conclusions peuvent être discutées ; mais les analyses vont à l'essentiel. Lecture vivement conseillée.)

J. Dangoumau, *Expérimentation clinique*, rapport au ministre de la Santé, 1982.

O. Diamant-Berger *et al.* (sous la dir. de), *Expérimentation sur l'homme du nouveau médicament*, Masson, 1986.

L. Kornprobst, *Responsabilités du médecin devant la loi et la jurisprudence française*, Flammarion, 1957.

J.M. Rouzioux, *Les Essais de nouveaux médicaments chez l'homme. Problèmes juridiques et éthiques*, Masson, 1978.

En langue anglaise :

M.H. Pappworth, *Human Guinea pigs : experimentation on man*, Routledge and Kegan Paul, 1967.

J. Katz, *Experimentation with human beings*, Russell Sage Foundation (New York), 1972.

De nombreuses revues ont abordé le sujet dans des numéros spéciaux : *Après-demain* (juillet-septembre 1984), *Prospective et santé* (automne 1984 ; automne 1985), *Actes* (juin 1985), etc. Le Comité national d'éthique a un centre de documentation et d'information. Voir tout spécialement les rapports et les avis de ce Comité. En langue anglaise, voir la collection de la revue *The Hastings Center Report* (Institute of society, ethics and the life sciences, Hastings-on-Hudson, N.Y. 10706).

Sur l'expérimentation et les sciences humaines :

S. Milgram, *Soumission à l'autorité*, Calmann-Lévy, 1974.

C. Holden, « Ethics in social science research », *Science*, 2nd november 1979, p. 537.

CHAPITRE XIV

Les origines de l'antiscience

Parmi tous les problèmes qu'on regroupe couramment sous l'étiquette « science et société », celui que pose l'*antiscience* est sans doute l'un des plus aigus ; et aussi l'un de ceux qui sont le plus rarement évoqués dans les discours et textes publics des scientifiques. Le fait s'explique assez bien. Car le mot même d'*antiscience* est très brutal : non seulement il évoque une doctrine obscurantiste, mais il exprime une sorte d'agressivité à l'égard des hommes de science et de leurs institutions, voire une menace. Compte tenu de la valeur généralement reconnue à la « science », il est donc peu surprenant que la pensée dite antiscientifique soit jugée, selon les cas, incongrue, inepte ou scandaleuse.

Mais indiquons-le immédiatement : la désignation d'*antiscience* n'a vraisemblablement pas été forgée par des adversaires conscients et organisés de l'entreprise scientifique. Elle semble plutôt avoir été utilisée par des partisans de « la science » afin de stigmatiser tous ceux qui critiquaient cette institution. Ce point n'est pas sans importance ; car il en découlerait que l'antiscience n'est pas une doctrine bien datée, formulée une fois pour toutes de façon cohérente et systématique. Cette précaution étant prise, il faut reconnaître que divers auteurs, depuis longtemps, ont attaqué d'une manière ou d'une autre « la science ». Même si la dénomination d'*antiscience* n'est venue qu'après coup, l'existence d'un mouvement critique correspondant est évidente ; mouvement sur l'origine duquel certains experts ont enquêté.

Ainsi Richard Olson a naguère attiré l'attention sur une source très reculée de l'antiscience. Son étude, publiée en 1984 dans un ouvrage collectif suggestivement intitulé *Transformation and tradition in the sciences*, modifie considérablement l'échelle chronologique à laquelle on s'était habitué[1]. Il est en effet devenu courant, déclare R. Olson, de faire naître la tradition « antiscientifique » aux XVIIIe et XIXe siècles ; mais, en fait, il faut remonter au moins jusqu'à la Grèce de l'époque classique. Dans l'Athènes du Ve siècle avant Jésus-Christ, déjà, le poète comique Aristophane avait entrepris de dénoncer la néfaste influence exercée par les savants de son temps. Grâce à deux comédies intitulées *Les Nuées* et *Les Grenouilles*, où la poésie fait bon ménage avec de grosses plaisanteries scatologiques, il a vigoureusement attaqué tous ceux

1. R. Olson, « Aristophanes and the antiscientific tradition », dans *Transformation and tradition in the sciences. Essays in honor of I. Bernard Cohen* (E. Mendelsohn ed.), Cambridge University Press, 1984, pp. 441-454.

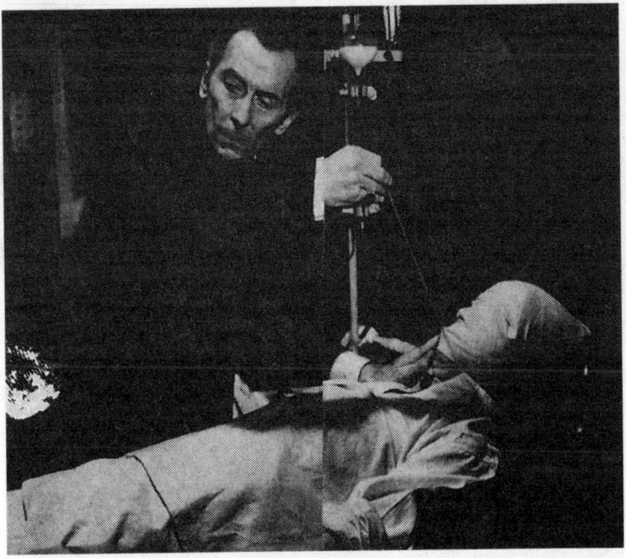

La critique « romantique » de l'entreprise scientifique s'est exprimée à travers un remarquable récit de Mary Shelley : *Frankenstein ou le Prométhée moderne* (1817). Fabriquer un être humain en assemblant des organes prélevés sur des cadavres, telle était l'ambition de Frankenstein, incarnation de l'esprit scientifique. Et il y parvient, engendrant un monstre effrayant pour les autres et pour lui-même. Car ce chef-d'œuvre de l'ingénierie biologique, dans le roman de Mary Shelley, est incapable d'aimer. Souffrant de sa solitude, il entreprend de tuer les proches de Frankenstein et Frankenstein lui-même. La signification de cette aventure a été considérablement déformée lorsqu'elle s'est intégrée au folklore des histoires terrifiantes. Mais le thème essentiel qu'a voulu concrétiser Mary Shelley est clair : le projet de domination qui est au cœur de la science moderne (devenir « comme maîtres et possesseurs de la Nature », disait Descartes) peut avoir, sur le plan humain, des conséquences redoutables. Hommes de science et techniciens sont capables de transformer la Nature, de modifier les hommes eux-mêmes. Mary Shelley pose la question : cela mènera-t-il à plus de bonheur, à plus d'humanité ? Si l'on admet avec certains historiens que « la science » est une institution où se déploient les valeurs réputées « masculines » dans notre culture (rationalité, objectivité, force, etc.), il est intéressant de noter que c'est une femme qui a conçu cette sorte de mythe « antiscientifique ». *(P. Cushing dans* Le Retour de Frankenstein. *Cliché* Cahiers du Cinéma.*)*

Aristophane

Socrate

C'est seulement depuis quelques années, semble-t-il, que le mot « antiscience » s'est répandu ; il désigne (en général de façon péjorative) les écrivains et penseurs qui émettent des réserves ou des critiques à propos du rôle joué dans la société par les méthodes, les savoirs et les institutions scientifiques. Mais il y a longtemps que des thèmes « antiscientifiques » ont été développés dans la culture occidentale. Certains ont reproché à l'éducation scientifique de ruiner les traditions religieuses et morales ; d'autres ont cru constater que la pratique assidue de ce qu'on appelle la méthode scientifique appauvrissait la sensibilité. Et non seulement la sensibilité artistique, mais la sensibilité éthique et politique. Dans la vie sociale, cela se traduirait par une influence croissante des experts se réclamant des savoirs scientifiques ; et par une tendance à aborder tous les problèmes comme si la solution à trouver était d'ordre scientifique et technique. Dès l'Antiquité, ce conflit entre les intérêts de la Connaissance et d'autres intérêts humains s'est manifesté ; et Aristophane, un poète comique du ve siècle av. J.-C., peut passer pour l'un des tout premiers représentants de « l'antiscience ». Il visait spécialement Socrate, qu'il considérait comme un esprit « moderne », c'est-à-dire comme un « rationaliste » passionné par l'analyse objective de la réalité et par les sciences en général. D'après Aristophane, ce besoin de tout disséquer était impie et dangereux ; il annonçait la décadence d'Athènes. *(Clichés Roger Viollet).*

qui voulaient expliquer les phénomènes naturels selon des schémas « scientifiques » et qui corrompaient la jeunesse par un enseignement de style « rationaliste ». Cette référence à Aristophane n'est pas seulement intéressante pour l'historien, mais permet de s'interroger sur la notion même d'« antiscience ». Puisque les dictionnaires usuels semblent ignorer ce mot, essayons tout d'abord de répondre avec un peu plus de précision à cette question : qu'est-ce donc que l'antiscience ?

Qu'est-ce que l'antiscience ?

Du fait même que ce vocable est relativement récent et souvent utilisé dans un contexte polémique, il est difficile de lui donner un sens unique et absolument précis. Il y eut naguère des appels à « la lutte contre l'antiscience », par exemple, qui amalgamaient des réalités très diverses. Étaient visés non seulement ceux qui attaquaient l'entreprise scientifique de façon radicale, mais ceux qui osaient se permettre des analyses ou des remarques critiques sur tel ou tel aspect de « la science ». À la limite, on pouvait en arriver à croire que cette institution était l'objet d'un tabou : interdiction d'en parler autrement qu'en termes de louange et d'admiration... Cette idée fournit d'ailleurs un bon point de départ pour une définition simple de l'antiscience : c'est la philosophie qui, sur le plan social, s'oppose directement à cette autre philosophie qu'on appelle le scientisme et qui attribue toutes les qualités et toutes les vertus aux savoirs dits « scientifiques ».

Bien que les convictions scientistes s'expriment souvent sous des formes moins absolues et moins provocantes, on peut en expliciter ainsi les deux axiomes fondamentaux : un axiome de *supériorité théorique*, selon lequel les savoirs scientifiques sont les seuls savoirs authentiques (ou du moins les meilleurs de tous les savoirs) ; et un axiome de *supériorité pratique*, selon lequel tous les problèmes humains (qu'ils soient techniques ou éthiques) peuvent en principe être résolus grâce aux sciences. L'antiscience consisterait essentiellement à refuser ce second axiome : loin d'être la panacée universelle, loin d'être la source de tous les progrès dans tous les domaines, « la science » est une instance qui doit être contrôlée par d'autres instances culturelles (politiques, philosophiques, juridiques, etc.). Non seulement les théories scientifiques ne peuvent pas résoudre toutes les questions que se posent les hommes (et en particulier les questions relatives à la morale), mais le culte de la science peut être dangereux. Cette façon de définir l'antiscience en l'opposant au scientisme semble conforme à ce qui s'est passé historiquement : si un mouvement susceptible d'être ainsi nommé est apparu, c'est parce que certains citoyens croyaient discerner une sorte d'impérialisme scientifique (c'est-à-dire une influence sans cesse croissante des méthodes et des savoirs scientifiques dans tous les domaines de la vie sociale et culturelle). Même si le mot d'*antiscience* a été inventé par ceux qui voulaient précisément dénoncer cette entreprise, il exprime bien (grâce au préfixe *anti*) l'idée d'un mouvement de réaction, d'un réflexe de défense. Il se pourrait cependant que ce terme soit mal choisi et suggère des interprétations inexactes.

Le principal contresens possible tient à la structure du mot, qui semble indiquer que « la science » elle-même est visée en tant que productrice de connaissances positives. Or cette manière de comprendre l'antiscience passe certainement à côté de l'essentiel. De façon générale, la tradition dite antiscientifique ne s'en prend pas *directement* à la valeur des méthodes et des résultats de la science ; elle ne conteste pas davantage l'utilité de certaines découvertes ou inventions pour résoudre des problèmes particuliers. Ce qui lui importe au premier chef, c'est de lutter contre ce qu'elle estime être des « abus de pouvoir » dans le domaine de la culture, de l'éthique et de la politique. Mieux vaudrait parler d'*anti-scientisme*, afin de bien mettre en évidence que le problème est d'abord socioculturel et non pas épistémologique. L'objectif n'est pas de proscrire l'étude de la gravitation, des particules élémentaires, des galaxies ou des acides nucléiques ; mais de s'interroger sur les limites des « utilisations » sociales de la science. Chez Jean-Jacques Rousseau, l'un des ancêtres de la pensée « anti-scientifique », c'est bien de cette façon que le problème est posé. Dans son *Discours sur les sciences et les arts* (1750), il écrivait : *« Nos âmes se sont corrompues à mesure que nos Sciences et nos Arts se sont avancés à la perfection. »*

Rousseau et les « effets de la science »

Dans les déclarations de ce genre, il peut arriver que les sciences soient critiquées au passage pour leurs erreurs ou leurs excessives ambitions. Cette phrase de Rousseau, par exemple, est quelque peu ambiguë : *« Si nos sciences sont vaines dans l'objet qu'elles se proposent, elles sont encore plus dangereuses par les effets qu'elles produisent*[2]. » Mais il est hors de doute que ce phi-

2. J.-J. Rousseau, *Œuvres complètes*, tome III, Gallimard, 1964, p. 9, p. 18.

losophe ne cherchait pas à critiquer les sciences en tant que disciplines destinées à accroître nos connaissances ; il a même explicitement affirmé que *« la Science est très bonne en soi*[3] ». Il convient donc de bien distinguer critique épistémologique et critique sociale ou politique. C'est la seconde qui caractérise essentiellement l'antiscience ; et si celle-ci est amenée à s'intéresser à l'épistémologie, c'est parce que les questions relatives à la « valeur de la science » ont des implications pratiques. Soulignons en particulier que l'antiscience (ou ce qu'on appelle ainsi) n'implique aucunement un irrationalisme militant. (Le cas des sciences dites parallèles est très différent : il s'agit le plus souvent de pseudo-sciences présentant de grosses faiblesses méthodologiques, mais qui revendiquent le statut de *sciences* authentiques, considéré comme valorisant !)

Une fois ce point éclairci, il est facile d'éliminer un autre contresens fréquemment commis à propos de la cible visée par l'antiscience. À proprement parler, ce ne sont pas les hommes de science qui sont mis en cause. En tant que chercheurs spécialisés, ils font leur travail, tout simplement ; et, si seul se posait le problème de la « recherche pure », il n'y aurait rien à ajouter. Les difficultés surgissent lorsque « la science » sort du laboratoire et entre en concurrence (ou en conflit) avec certaines valeurs correspondant à d'autres intérêts socioculturels que ceux de la « connaissance pure ». Ces situations ne sont pas rares. Mentionnons parmi bien d'autres les discussions déontologiques relatives à l'expérimentation sur l'homme (voir le chapitre précédent). Que ce soit en biologie, en sociologie ou en psychologie, les citoyens en général et les scientifiques en particulier sont amenés à fixer des limites à la méthode expérimentale. Concrètement, cela revient à admettre que le « droit à l'expérimentation » n'est pas absolu ; en certains cas, il est incompatible avec les Droits de l'homme tels qu'ils sont définis dans la culture (et même dans la loi, au sens le plus strict). L'antiscience s'efforce de poser dans toute leur ampleur les questions de ce genre ; questions dont l'existence est bien avérée, mais dont la signification est fréquemment minimisée.

L'antiscience ouvre donc un débat d'ordre historique, éthique et politique. Elle part de ce constat : l'entreprise scientifique est devenue une *institution* puissante, qui joue un grand rôle aussi bien dans la vie pratique (industrie, armée, médecine, etc.) que

---

3. Il s'agit d'une réponse à un critique ; voir *Œuvres complètes*, t. III, p. 36.

Descartes

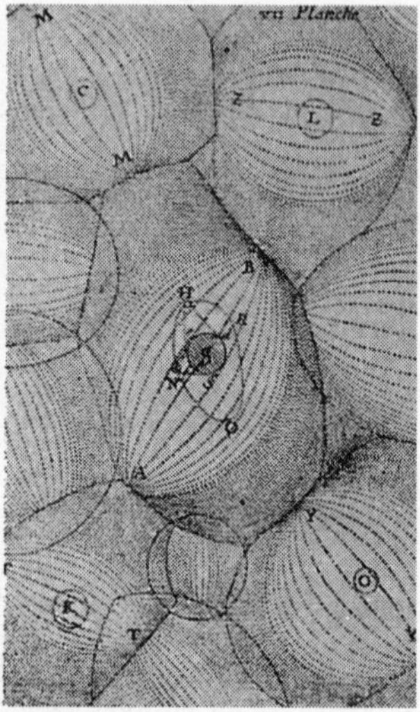

L'une des critiques formulées par « l'antiscience », c'est que la science moderne a opéré une sorte de refoulement de la sensibilité ; et, pour commencer, une dévaluation du monde des *sensations*, c'est-à-dire des couleurs, des sons, des odeurs, etc. Tel était en effet l'un des grands principes formulés par Galilée et Descartes : pour connaître la nature telle qu'elle est indépendamment de nous, il faut la concevoir comme composée de petites parties de matière dont seuls comptent vraiment la forme, la position et le mouvement. Comme le dit Descartes dans ses *Principes de la philosophie*, « nous quitterons (...) tous les préjugés qui ne sont fondés que sur nos sens, et ne nous servirons que de notre entendement ». Cette conception rendait possible la constitution d'une physique mathématique ; mais d'un seul coup les hommes ordinaires étaient pratiquement dépossédés de toute véritable connaissance. Les sensations sont tout au plus des indices – indices que seuls peuvent interpréter les hommes de science.

Pour Descartes, la nature est d'abord un ensemble de « tourbillons » de particules (voir illustration de droite). Ces particules, nous ne les voyons pas, mais elles sont plus « réelles » que ce que nous voyons... Une situation culturellement frustrante, allant de pair avec une spécialisation bien marquée : les sensations, en tant que telles, sont laissées aux artistes, tandis que les hommes de science sont seuls détenteurs des connaissances « sérieuses » *(Cliché J.-L. Charmet et X, T.D.R.)*

dans des domaines apparemment plus « abstraits » (formation de la sensibilité, convictions philosophiques, etc.). Réfléchir à la « vision du monde » et aux schémas culturels que diffuse cette institution, volà la tâche principale que s'assigne ce courant critique. Dénoncer les « mauvais savants » comme si la responsabilité de cette situation leur incombait, en revanche, relèverait d'un moralisme étroit et myope. Il ne s'agit aucunement de démasquer les auteurs d'un prétendu complot. L'étude de cas particuliers est souvent instructive ; mais parce qu'ils aident à mieux comprendre le fonctionnement de l'institution, et non pas parce qu'il faut à tout prix trouver des boucs émissaires.

Défendre les traditions

Les auteurs qu'on peut qualifier d'antiscientifiques n'ont pas tous les mêmes motivations et les mêmes présupposés. Richard Olson distingue deux courants principaux, qui tous les deux seraient repérables chez Aristophane et auraient ensuite été prolongés de manière plus ou moins systématique par des auteurs postérieurs[4]. L'un de ces courants, à vrai dire, paraît dominer chez le poète grec, à savoir celui de l'antiscience *traditionaliste*. C'est donc de lui que je partirai. On peut définir cette variété de pensée antiscientifique en disant qu'elle tend avant tout à protéger les valeurs et les idéaux légués par les ancêtres. Les religions sont concernées au premier chef, mais aussi les systèmes éthiques qui ont servi à structurer un certain mode de vie, une certaine « sagesse » pratique, une certaine conception de la famille, etc. « La science » apparaît alors comme une instance culturelle dont le prestige et les succès risquent d'anéantir les anciennes croyances et même de bouleverser l'ordre social. Dans les comédies d'Aristophane, cette préoccupation traditionaliste est très visible et s'appuie sur un motif politique : pour sauver Athènes, pour maintenir sa culture et assurer sa survie en tant que Cité indépendante, il fallait lutter contre l'influence croissante du « rationalisme » et de l'esprit « scientifique ». Mais est-ce bien d'*antiscience* qu'il s'agit ? Pour qu'une pensée soit « antiscientifique », en effet, il faut qu'il y ait une *science* à attaquer... Or est-il légitime d'admettre qu'il existait dans l'Athènes du ve siècle avant Jésus-Christ une véritable science ?

Si l'on définit très étroitement « la science », si l'on réserve

4. R. Olson se réfère à un travail de R. Bendix, « Science and the purposes of knowledge », *Social research*, 1975.

cette étiquette aux méthodes et aux recherches développées par Galilée, Newton et leurs descendants, la réponse ne peut qu'être négative. Mais l'on peut aussi caractériser « la science » par une

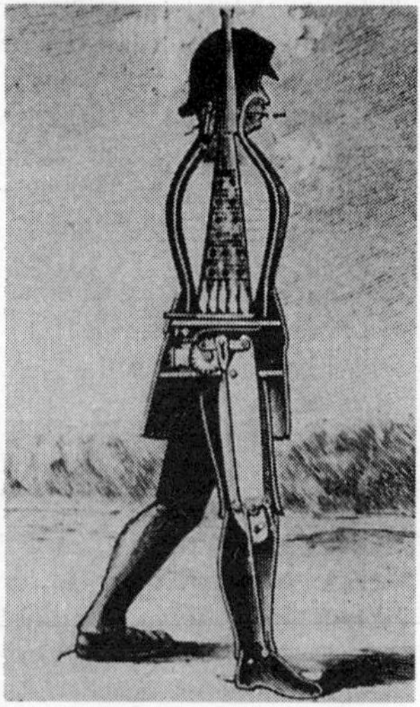

Qu'est-ce que l'homme ? Descartes répondait : une créature composée d'une âme et d'un corps. Et le corps, comment le concevoir ? Toujours selon Descartes, c'était une *machine*. Dans son *Traité de l'homme* (publié après sa mort, en 1664), il a longuement expliqué qu'un homme fonctionne comme un *automate* : ses mouvements (et même sa mémoire et son imagination) dépendent « de la disposition des organes ». Les matérialistes du XVIIIe siècle et du XIXe pousseront jusqu'au bout cette analogie mécanique, éliminant l'âme et ne gardant que la machine. Du point de vue scientifique, cette conception s'est avérée utile : et elle est devenue un thème culturel à succès.

Émile Zola, en 1866, a évoqué la puissance de cette métaphore réductionniste, parlant de « cette folie de notre siècle » qui mène à « tout réduire en équations », à « tout soumettre aux puissants agents mécaniques ». Selon Taine, écrivait-il, « nous ne sommes que des rouages obéissant à des impulsions venues du dehors ». En 1864 (c'est-à-dire deux cents ans exactement après la publication du *Traité de l'homme* de Descartes...) étaient parus les *Mémoires écrits dans un souterrain*, un texte où Dostoïevski protestait énergiquement contre cette tendance à expliquer les comportements humains uniquement grâce à des mécanismes, des logarithmes et des statistiques. Le projet d'un être humain authentique, suggérait-il, c'est « de se prouver à lui-même qu'il est un homme et non un rouage ». *(Clichés Roger Violler et Jac Remise/Taillandier.)*

certaine philosophie, la définir comme une attitude générale devant les choses et les êtres. Historiquement, d'ailleurs, l'apparition d'activités proprement scientifiques a été précédée par ce qu'on peut appeler une longue *préparation philosophique* : progressivement, grâce à un travail critique dirigé contre les mythes et les croyances de type religieux, il est devenu possible de prendre au sérieux le projet d'une étude « positive » de la nature. Cette étape, pour la genèse de la science, a été essentielle. Dans la Grèce de l'époque classique, précisément, les conditions semblent avoir été très favorables à un important mouvement de *rationalisation* et de *laïcisation* des savoirs. Sans doute n'était-ce pas encore la science efficace et triomphante du monde moderne. Mais déjà se dessinait l'idéal d'une connaissance analytique, méthodique, collant aux faits et génératrice d'explications parfaitement intelligibles. Aristophane était assez cultivé et perspicace pour apprécier la portée aussi bien intellectuelle que sociale de cette nouvelle orientation. Mentionnons quelques points importants pour fixer les idées.

Depuis le VIe siècle av. J.-C. s'étaient manifestés des penseurs tels que Thalès, Anaximandre, Anaximène, Empédocle, etc. Il ne reste que quelques fragments de leurs écrits ; et l'interprétation de leurs conceptions a suscité de nombreux débats chez les experts. Mais ces « présocratiques » (ainsi qu'on les nomme habituellement) apparaissent comme les initiateurs d'un nouveau style de réflexion[5]. Bien qu'ils soient encore tributaires des traditions religieuses de leur temps, ils mettent en effet au point un nouveau langage, plus rationnel, et s'efforcent d'expliquer réalistement les mouvements célestes, l'origine des formes vivantes, la diversité des objets matériels, etc. Pour faire comprendre comment les forces naturelles peuvent engendrer certains phénomènes, ils recourent, entre autres, à des analogies inspirées par les techniques des artisans ; et ils formulent des questions décisives sur la nature du mouvement, sur le continu et le discontinu, sur ce qui fait l'unité de la nature par-delà la multiplicité des phénomènes. Il faut reconnaître que ces premiers « physiologues » (mot à mot : ceux qui tiennent un discours sur la nature) désarçonnent plus d'une fois le lecteur moderne par leurs fantaisies et leurs obscurités. La présence d'une inspiration « scientifique » est toutefois indéniable.

---

5. Voir par exemple *Les Penseurs grecs avant Socrate*, traduits et annontés par Jean Voilquin, Garnier Flammarion, 1974 ; et G.S. Kirk et J.E. Raven, *The presocratic philosophers. A critical history with a selection of texts*, Cambridge University Press, 1969.

Matérialistes et sophistes

Plusieurs théoriciens allaient développer et radicaliser ces premières intuitions. Ainsi Leucippe et Démocrite, vers la fin du ve siècle av. J.-C., fondent la doctrine matérialiste de l'*atomisme* : tout peut et doit s'expliquer à partir de l'idée que seuls existent des atomes se déplaçant dans le vide. Ce n'est donc pas la théologie ou la mythologie qui mène à la connaissance, mais la physique (dont le nom est directement dérivé du mot grec qui désigne la nature). À partir du ve siècle également, certains médecins sont bien décidés à marcher dans la même direction : la maladie est un phénomène naturel et non pas une manifestation « sacrée ». Mais si l'on veut repérer la cible principale d'Aristophane, il est encore plus important de parler des *sophistes*. En général, on les présente comme des rhéteurs qui aimaient jouer avec les mots et maniaient dextrement les paradoxes. Pour gagner leur vie, ils enseignaient l'art de défendre successivement des thèses contradictoires... Ainsi s'explique leur fâcheuse réputation. Mais plusieurs historiens l'ont noté : ces jeux verbaux permettaient d'affûter l'esprit critique et de progresser dans l'art du raisonnement logique. Les sophistes (tels Hippias, Protagoras, Gorgias ou Antiphon) incarnaient donc eux aussi une certaine forme de rationalisme. Ils s'intéressaient d'ailleurs aux sciences de leur temps et enseignaient en particulier la géométrie, le calcul, l'astronomie et la théorie de la musique. Platon lui-même en a témoigné ; et on peut à bon droit les rattacher au courant novateur qui risquait de submerger les anciennes croyances[6].

Aristophane affrontait donc ce problème : comment faire pour éviter que ne se propage dans toute la Cité cette épidémie de « rationalisme » ? À cette époque, on ne badinait pas avec la religion, véritable fondement de la vie sociale. Quand l'impiété d'un penseur était trop manifeste, un procès lui était intenté. Toujours au ve siècle, c'est ce qui était arrivé à Anaxagore, un philosophe dont Périclès suivit les leçons et qui semble avoir été le premier à fournir une explication exacte des éclipses de Soleil. Il n'était pas un matérialiste radical, puisqu'il mettait à l'origine des choses un principe rationnel, une sorte d'Intelligence ordonnatrice. Mais il développait ensuite une conception de la nature de type mécaniste ; et il n'en fallait pas plus pour qu'on l'accusât de mépriser les dieux. Il dut s'exiler pour échapper à la condamnation à mort

6. Platon, *Protagoras*, 318e. Voir par exemple le tome II des *Œuvres complètes* éditées chez Garnier, p. 25.

prononcée contre lui. Plus tard, comme on sait, Socrate devait être victime d'une accusation analogue (399 av. J.-C.). Jugé *« coupable de rejeter les dieux reconnus par la Cité et d'introduire de nouvelles divinités, coupable aussi de corrompre la jeunesse »*, il dut boire la ciguë[7].

D'une certaine façon, Aristophane avait déjà entamé ce procès en écrivant *Les Nuées* (423 av. J.-C.). Car c'est Socrate qui est l'objet immédiat des critiques « antiscientifiques » formulées dans cette comédie. Un choix qui peut surprendre, étant donné que ce philosophe avait des exigences spirituelles très différentes de celles des sophistes et qu'il a même critiqué ces derniers. Il avait toutefois plusieurs points communs avec eux. Non seulement il aimait raisonner, discuter et même « discutailler », mais il s'intéressait à la géométrie, à l'arithmétique et à l'astronomie[8]. Sans doute n'avait-il pas des compétences très poussées en ces domaines ; ce qu'il souhaitait, c'était seulement que ses élèves aient des connaissances suffisantes pour la pratique (arpentage, mesure du temps, etc.) Mais Aristophane n'avait que faire des nuances. Puisqu'il voulait dénoncer les méfaits de l'éducation « moderne », Socrate pouvait passer pour un personnage parfaitement représentatif. La pièce va donc opposer Strepsiade (un Athénien moyen...) à Socrate, qui incarne à la fois l'immoralité du sophiste et la curiosité impie de l'homme de science.

Par la trompe ou par le croupion ?

Aristophane, dès le début de sa comédie, présente à sa façon les méthodes de la « science » de son temps. Notons-le, il ne tente pas de *réfuter* les savants, mais de les tourner en dérision. Soit ce problème crucial : comment mesurer la longueur du saut d'une puce par rapport à la longueur de ses pattes ? C'est la méthode expérimentale qui donne la réponse : on trempe les pattes de la puce dans de la cire fondue, de façon à obtenir de petites « bottes » matérialisant leur longueur ; puis on mesure avec cette unité la distance franchie par l'animal. Autre sujet de recherche fondamentale : *« Les insectes dénommés cousins bourdonnent-ils par la trompe ou par le croupion ? »* Socrate se montre favorable à la seconde hypothèse : l'air passe avec force à travers l'intestin res-

---

7. Xénophon, *Les Mémorables*, I, I. Pas de traduction française disponible ; voir la « Loeb classical library » : Xenophon, *Memorabilia and Oeconomicus*, Havard University Press, William Heinemann, 1979.

8. Xénophon, même ouvrage, IV, VII.

seré du cousin et résonne violemment à la sortie. Tout heureux de s'instruire, Strepsiade s'exclame : *« C'est donc une trompette que les cousins ont dans l'arrière-train ! O trois fois heureux (...) le chercheur qui connaît à fond le fondement du cousin*[9] *! »* Et Aristophane enchaîne aussitôt pour expliquer comment Socrate a été frustré d'une grande découverte en astronomie : il observait la Lune afin d'en étudier les révolutions, la tête levée, la bouche ouverte, lorsqu'un lézard insolent, profitant de l'obscurité nocturne, a lâché sa fiente du haut du toit.

Tous ces détails, Strepsiade les a appris d'un disciple de Socrate. Mais enfin il découvre le Maître lui-même, qui est suspendu à bonne hauteur dans une corbeille. « Que fais-tu là-haut ? » demande Strepsiade. De l'astronomie, évidemment. Plus près des cieux, on perçoit mieux les astres : *« Si j'étais resté à terre pour observer d'en bas les régions supérieures, je n'aurais jamais rien découvert ; car la terre attire forcément à elle la sève de la pensée, exactement comme dans le cas du cresson*[10]*. »* Simple badinage préliminaire ; voici maintenant que s'ouvre le débat central.

Car Strepsiade, dans la conversation, fait allusion aux dieux, ce qui provoque aussitôt une réaction de Socrate : de quels dieux s'agit-il ? Et pourquoi les prendre à témoin lors d'un serment ? *« Cette monnaie-là*, déclare-t-il, *n'a point cours chez nous. »* Les vraies divinités, pour Socrate, ce sont les nuées (ces nuées qui donnent à la pièce son titre). Voguant dans « l'air infini », les nuées portent le tonnerre et la foudre ; elles sont les « maîtresses » du savant, puisqu'elles lui dispensent « savoir, dialectique, entendement », ainsi que l'art de tromper les autres par de belles paroles. Strepsiade, naïf, prenait les nuées pour « du brouillard, de la rosée, de la vapeur ». Mais elles sont bien plus que cela. Elles dominent les hommes et peuvent prendre mille formes ; bref, elles sont des réalités supérieures, alors que Zeus, ce dieu tellement honoré, « n'existe même pas[11] ».

Grâce à son savoir, Socrate peut le prouver. D'où vient la pluie, par exemple ? Strepsiade croyait que c'était tout simplement *« Zeus qui pissait à travers un crible »*. Socrate fournit alors une explication scientifique : les nuées sont chargées d'eau et, lorsqu'elles se rencontrent, crèvent avec fracas. Strepsiade, du

---

9. Aristophane, *Les Acharniens. Les Cavaliers. Les Nuées*, Les Belles Lettres, 1980. Vers 144 sqq. et 156 sqq. des *Nuées*.

10. Vers 231 sqq.

11. Vers 246-247, 317-318, 367.

coup, retrouve le sens de la critique philosophique : mais enfin, demande-t-il, n'est-ce pas Zeus qui met les nuées en mouvement ? On reconnaît là un argument métaphyque classique : ne faut-il pas un *premier moteur* (un dieu...) pour animer la nature ? Une telle question ne gêne aucunement Socrate. Avec assurance, il répond que Zeus ne sert à rien et que c'est un « tourbillon éthérien » qui meut les nuées. Strepsiade, à l'intention du public, souligne la portée de ce matérialisme militant : *« Voilà ce que j'ignorais : que Zeus n'existe point et qu'à sa place Tourbillon règne aujourd'hui*[12]. » L'athéisme, en tout cas, a des vertus explicatives. Le tonnerre, pour prendre un autre exemple, est dû aux chocs des nuées les unes contre les autres. Au fond, dit Socrate, c'est comparable à ce qui se passe *« quand un homme s'est gorgé de sauce et fait entendre des crépitements prolongés. (...) Songe donc à la pétarade que tu fais avec un ventre minuscule ! Et l'air que voici, qui est sans limites, n'est-il pas naturel qu'il tonne grandement ? »*

C'est la loi du genre : il faut déclencher le rire. Mais l'affaire est grave et Aristophane lance un avertissement à ses concitoyens. Avec la science nouvelle, une nouvelle éducation est en train de remplacer l'ancienne. Il est facile de se moquer : *« C'est pourtant avec ces vieilleries-là que furent formés les guerriers de Marathon. »* Et les cours des sophistes empoisonnent les esprits. Strepsiade va d'ailleurs s'en rendre compte rapidement. Car son fils Phidippide entreprend de le battre... Pourquoi ne battrait-on pas son père ? Avec de l'instruction, il est aisé de justifier « le mépris des lois établies ». Les arguments ne manquent pas. Une raison de symétrie, tout d'abord : puisque les pères châtient les enfants, la réciproque doit être acceptée. Les lois et coutumes, d'autre part, ont été établies par des hommes ; pourquoi d'autres hommes ne les modifieraient-ils pas ? Enfin surgit une problématique « scientifique » qui annonce clairement certaines spéculations sociobiologisantes d'aujourd'hui : étudions les animaux et voyons s'il n'y a pas des conclusions à en tirer pour l'humanité. *« Observe les coqs et les autres bestioles de ce genre, et tu verras comment les rejetons rendent les coups à leurs géniteurs. »* D'où il résulte que les bipèdes humains peuvent en faire autant. Phidippide se fonde sur une analogie qu'il juge valide : la seule différence entre les hommes et les bêtes, « c'est que ces dernières sont incapables de mettre leurs lois par écrit »... Sur sa lancée, le brillant disciple des

12. Vers 380-382.

sophistes se propose même de *« prouver qu'il faut battre sa mère*[13] » !

Strepsiade est abasourdi. Comment peut-on en arriver à une telle subversion ? *« C'est à cause de vous, ô Nuées, que j'en suis réduit là, moi qui comptais sur vous pour arranger mes affaires. »* Le chœur lui répond qu'il l'a bien cherché. Afin de se venger, Strepsiade demande une torche et met le feu à l'école de Socrate. Ce dernier et ses disciples sont en train de suffoquer dans les flammes quand la comédie prend fin. Une comédie dont les bouffonneries cachent mal la violence profonde. Dans sa dernière réplique, Strepsiade tire la morale de l'histoire : cela vous apprendra *« à mépriser les Dieux et à fourrer votre nez dans le fondement de la Lune »*. La science, en deux mots, est incapable de former de bons citoyens athéniens ; pis encore, elle sape les fondements de la religion et amorce donc la décadence de la Cité. Vingt-deux siècles plus tard, ce thème éminemment traditionaliste sera repris par Joseph de Maistre (1753-1821). Entre-temps, bien des changements étaient survenus : la « science » n'était plus la même, et la religion non plus. Mais Joseph de Maistre, pour

13. Vers 1427 sqq.

A-t-on le droit d'expérimenter sur l'homme ? Et, dans l'affirmative, à quelles conditions ? Ce problème de déontologie est pris au sérieux par les scientifiques, non seulement en biologie et en médecine mais en sociologie et en psychologie. Il n'est pas toujours facile à résoudre, en particulier lorsqu'il s'agit de tester des techniques thérapeutiques ou des médicaments susceptibles d'être dangereux mais dont on peut légitimement attendre de bons résultats. Les représentants de « l'antiscience », en ce domaine, se sont souvent manifestés (et il leur est également arrivé de mettre en cause le principe même de certaines thérapies chirurgicales ou chimiques utilisées en psychiatrie). Il semble toutefois qu'il y ait un très large consensus sur l'obligation de respecter les droits des « sujets » soumis à expériences. En ce qui concerne l'expérimentation animale, les attitudes sont beaucoup plus divergentes. Certains se montrent très souples, demandant seulement que les tests aient un intérêt réel et ne soient pas inutilement cruels. Quelques « antivivisectionistes » intransigeants, en revanche, demandent non seulement un plus grand respect de la vie animale mais une très sévère limitation (et même l'interdiction) de la vivisection. En Suisse, naguère un projet antivivisectionniste a été soumis à référendum et rejeté (1er décembre 1985 ; taux de participation : 37,5 % ; non : 70,5 % ; oui : 29,5 %). Il est vrai que les propositions formulées étaient extrêmement rigoureuses et allaient beaucoup plus loin que ne le souhaitaient certains

A

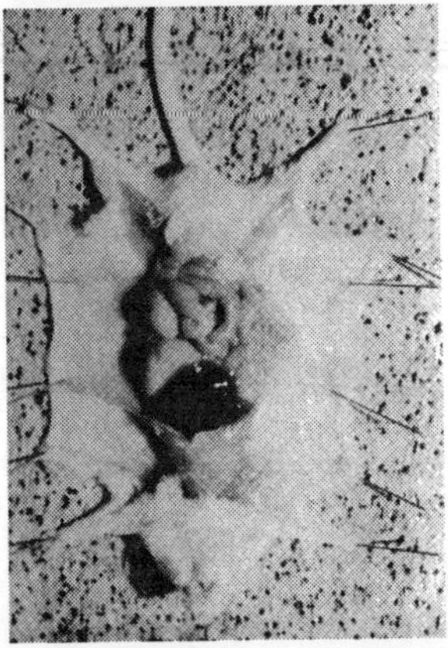

B

« défenseurs des animaux ». Mettant sur le même plan souris, chiens, singes et humains, les auteurs du projet voulaient que cinq ans de prison soient infligés à tout chercheur ayant causé la mort d'un animal... *(Cliché A : CNRI ; cliché B, manifestation antivivisectionniste à Zürich, 1985, « Arrêtez les expériences sur les animaux, changez de méthode au lieu de torturer ! », Keystone.)*

l'essentiel, raisonne comme l'Aristophane des *Nuées*. Face à l'exprit scientifique, le catholique et le païen ont les mêmes réflexes. Quelques citations suffiront à le mettre en évidence.

« La science empêche de prier »...

Partisan résolu de la monarchie et de la papauté, Joseph de Maistre se méfiait beaucoup de l'influence exercée par une science dont les succès étaient déjà spectaculaires. Dans *Les Soirées de Saint-Pétersbourg* (1821), il parle de « cette espèce de despotisme qui est le caractère distinctif des savants modernes » et résume ainsi la situation : *« Leurs théories sont devenues une espèce de religion ; le moindre doute est un sacrilège*[14]*. »* De façon non moins remarquable, il définit *« la tentation la plus perfide qui puisse se présenter à l'esprit humain : c'est celle de croire aux lois invariables de la nature »*. Au premier abord, on pourrait croire que Joseph de Maistre veut surtout critiquer les ambitions démesurées des hommes de science, qui s'imaginent pouvoir tout expliquer. Mais le vrai motif est bien différent ; c'est que *« ce système (...) mène droit à ne plus prier*[15] *»*. Telle est la conviction massive de ce défenseur du catholicisme : puisque la science perturbe le dialogue de Dieu et de l'homme, la science doit être rabaissée. Il n'hésite pas à formuler cette audacieuse considération stratégique : *« Je crois que la superstition est un ouvrage avancé de la religion qu'il ne faut pas détruire*[16]*... »*

Cela peut paraître étrange, mais cet auteur accorde du prix à la science. Les conceptions mécanistes, selon lui, ne peuvent fournir aucune explication véritable ; il se garde pourtant de disqualifier systématiquement les recherches (et se montre prêt à accorder que la religion est « la mère de la science »...). Ainsi est confirmée une remarque formulée précédemment : l'attaque se déploie d'abord sur le plan de la morale et de la religion, les critiques de type épistémologique sont secondaires. Comme chez l'Aristophane des *Nuées*, le thème majeur est celui de la défense des traditions. Ce qui appelle cette question : l'antiscience est-elle toujours d'inspiration aussi réactionnaire ? Si on répond par l'affirmative, les débats qu'elle suscite se réduisent quasiment à des affrontements

---

14. J. de Maistre, *Les Soirées de Saint-Pétersbourg, ou Entretiens sur le gouvernement temporel de la Providence*, réédité par les éditions de la Maisnie, 1980, tome II, p. 271 (première édition : 1821).
15. Même ouvrage, tome I, p. 214.
16. Même ouvrage, tome II, p. 195.

entre science et religion. Par là même, le courant de pensée antiscientifique devient suspect aux yeux de tous ceux qui associent spontanément traditionalisme religieux et obscurantisme. Et, de fait, il y a quelque chose d'assez étriqué dans cette manière de protéger avec obstination une tradition donnée une fois pour toutes, qu'elle soit religieuse ou non. Un Joseph de Maistre semble marcher à reculons et nourrir sa philosophie presque uniquement de refus, de négations. Est-ce là le dernier mot de toute « antiscience » ?

Un idéal critiqué : l'objectivité

Pour essayer de répondre, tournons-nous vers le second courant que signale Richard Olson et qu'il définit comme visant à préserver la « raison imaginative ». Peut-être serait-il plus commode de parler d'une antiscience *romantique*. Car cet adjectif évoque assez bien son projet central : s'il faut se méfier de la science, c'est parce qu'elle introduit une séparation trop nette « entre la connaissance et la sensibilité ». La notion d'*objectivité* est directement mise en cause, notion qui est presque toujours employée lorsqu'il faut définir l'idéal de la recherche scientifique. Elle signifie que les bonnes théories doivent nous révéler les « objets » étudiés tels qu'ils existent indépendamment de nous. Dans la pratique, il n'est pas toujours facile d'y parvenir, c'est-à-dire d'être sûr que l'on a mis au jour les vraies structures et les vraies lois de « la réalité ». Car les hommes de science sont bien forcés de se servir de leur imagination, de s'appuyer sur des présupposés philosophiques, etc. Mais, idéalement, c'est le but : éliminer tout ce qui porte la marque de la subjectivité des chercheurs, de leur culture ; et décrire fidèlement le fonctionnement de la nature. La question soulevée par les critiques est la suivante : est-ce que cette recherche permanente de l'objectivité n'entraîne pas un appauvrissement de la sensibilité ?

Car être « objectif » implique qu'on s'abstienne de réagir affectivement, de formuler des jugements de valeur, etc. Tout se passe donc comme si l'homme de science parfait était celui qui ne ressentait rien ! En pratique, il peut évidemment arriver qu'un astronome admire les cieux ou qu'un naturaliste éprouve une sorte de sympathie pour les animaux qu'il étudie. Mais tout cela, en principe, est extérieur à la recherche proprement dite et ne doit pas la perturber. Ce refus de la subjectivité se comprend bien sur le plan de la méthode, de l'épistémologie ; mais, disent les représentants de l'antiscience « romantique », il peut en résulter de fâcheux effets *sur le plan humain.*

Toujours selon Richard Olson, ce courant de pensée est déjà visible chez Aristophane, tout spécialement dans la comédie intitulée *Les Grenouilles*[17]. Ce titre est dû au fait qu'elle décrit un voyage aux Enfers : pour les atteindre, il faut traverser un marais occupé par des grenouilles qui font à plusieurs reprises entendre leurs coassements : *« Brékékék coax coax. »* La partie qui nous intéresse est consacrée à un débat qui oppose deux poètes tragiques, Eschyle et Euripide. Le premier passe à juste titre pour le véritable fondateur de la tragédie grecque et incarne les idéaux classiques. Capable de lyrisme, exaltant le droit et la justice, il est aux yeux d'Aristophane un grand éducateur. À l'époque où Aristophane a écrit sa comédie, Eschyle était mort depuis une cinquantaine d'années. Le second auteur, Euripide, venait tout juste de disparaître. Aristophane le dépeint comme l'auteur « moderne » par excellence. C'est-à-dire comme un dramaturge qui a perdu le sens de la grandeur et de la poésie authentique – et qui a le grand tort d'avoir été l'ami de Socrate et le disciple des sophistes...

Avec lui, les situations de la tragédie se sont banalisées et laïcisées. Comme le déclare Euripide lui-même, il a introduit sur la scène « les affaires domestiques ». Au nom du réalisme et de l'objectivité, les spectateurs sont conviés à contempler des scènes de ménage, des disputes familiales, sans parler des entremetteuses et des incestes. En transposant dans le contexte de la recherche actuelle, disons qu'Aristophane fait ici le procès des « sciences humaines » ; et plus spécialement de la psychologie. Eschyle, lui, était un authentique poète, qui mettait son imagination au service de la Cité. Désormais, l'analyse « scientifique » des comportements s'est substituée à la métaphysique et à la méditation ; non seulement Euripide a renoncé à détourner ses concitoyens de la bassesse morale, mais il étale complaisamment les faiblesses et les vices qu'il a pu observer autour de lui. En deux mots, il y a la même différence entre Eschyle et Euripide qu'entre une cantate de Bach et un drame bourgeois narrant des cocuages et des détournements d'héritages. La joute organisée aux Enfers par Aristophane tourne donc évidemment à l'avantage d'Eschyle. Euripide n'est qu'un « rationaliste », un psychologue dont les talents sont socialement nuisibles.

17. Aristophane, *Les Thesmophories. Les Grenouilles*, Les Belles Lettres, 1973.

Le grand choix : la Connaissance ou la Vie ?

Résumées de cette façon, *Les Grenouilles* risquent d'apparaître comme une œuvre très « traditionaliste » ; mais Richard Olson a sans doute raison d'y discerner une autre composante, une inspiration plus « romantique » à laquelle Nietzsche, au XIXe siècle, sera très sensible[18]. Par-delà la défense des valeurs traditionnelles, en effet, Aristophane nous invite à discerner un problème plus général qui concerne l'attitude des hommes devant la vie. Sous sa forme la plus brute, l'interrogation de fond est celle-ci : sommes-nous sur terre pour *connaître* ? Ou pour *vivre*, c'est-à-dire pour éprouver des sensations et des sentiments, pour inventer des styles de vie, pour déployer notre imagination dans la vie sociale et culturelle ? Comme il va de soi, une réponse conciliatrice est possible : rien n'empêche de se consacrer à la recherche d'un savoir authentique sur la réalité et, en même temps, de vivre en s'intéressant à l'art, à l'aventure, à l'amour, etc. En principe, ce point de vue est tout à fait défendable. Mais les « romantiques » dont nous parlons estiment que, *dans la pratique*, l'attitude scientifique fait obstacle au développement d'un certain nombre de facultés humaines. À force de cultiver les idéaux de rigueur, de méthode et d'objectivité, les individus qui privilégient la conquête du Savoir courent le risque de devenir moins sensibles, moins aptes à explorer les diverses ressources de leur subjectivité.

En mettant en scène deux poètes, Aristophane avait dans l'esprit cette préoccupation. C'est du moins ce que soutient Olson ; il cite, par exemple, des vers où le comique athénien explique que la curiosité scientifique de Socrate l'a conduit à mépriser la musique et la poésie[19]. Plus profondément encore, cette attitude finirait par entraîner une sorte de régression de la sensibilité morale ; par rapport à la recherche de *ce qui est*, l'effort pour inventer *ce qui doit être* serait dévalorisé. S'il en est ainsi, le « traditionalisme » d'Aristophane est moins étroit qu'on ne pourrait le croire de prime abord ; et on peut à bon droit lui attribuer le mérite d'avoir été le premier (ou l'un des tout premiers) à mettre en évidence ce conflit entre science et sensibilité. Mais qu'en est-il sur le fond ? Est-il vrai que la pratique assidue du travail scientifique tend à « dessécher » l'âme... ? Richard Olson, pour le confirmer, appelle à la barre un témoin inattendu : Charles Darwin.

18. Nietzsche, *La Naissance de la tragédie*, Gonthier, 1964.
19. *Les Grenouilles*, vers 1491 sqq.

Dans son *Autobiographie*, ce naturaliste a noté que son intense activité d'homme de science avait atrophié ses goûts esthétiques, spécialement dans le domaine de la poésie. « *Mon esprit*, écrivait-il, *semble être devenu une sorte de machine à moudre des lois générales à partir de vastes séries de faits.* » Et, corrélativement, Shakespeare, Byron et Shelley avaient cessé de le toucher. Non seulement cela constituait « *une perte de bonheur* », mais cet affaiblissement du sens esthétique allait de pair avec « *un affaiblissement de l'aptitude à ressentir des émotions* ». Ce qui, toujours selon Darwin, était peut-être préjudiciable à l'intellect aussi bien qu'au « caractère moral[20] ». À lui seul, ce témoignage ne fournit pas une « preuve ». Mais divers indices font penser que les remarques de l'*Autobiographie* pourraient bien avoir une portée générale (quitte à admettre que les situations peuvent varier à l'infini en fonction des individus, des disciplines et de la quantité de travail fourni...).

De l'objectivité au sadisme ?

Si l'on veut percevoir concrètement ce que signifie l'opposition entre science et sensibilité, il n'y a qu'à se tourner vers l'Américain Theodore Roszak, un représentant moderne du courant « antiscientifique ». Dans un ouvrage où il attaque vigoureusement les us et coutumes de la technocratie, cet auteur a critiqué ce qu'il appelle « le mythe de la conscience objective ». L'exemple que voici est très éloquent.

En 1874, raconte Roszak, un spécialiste de la recherche neurologique fit une expérience spectaculaire sur une femme qui faisait un séjour en prison et qui était « plutôt faible d'esprit », Mary Rafferty[21]. Le principe était simple : il s'agissait de stimuler électriquement le cerveau de ce « cobaye » humain et d'observer ses réactions. L'expert en question, Robert Bartholow, nous a laissé un récit tout à fait « objectif » des faits qu'il a observés. Au fur et à mesure qu'était augmentée la stimulation électrique, Mary Rafferty est passée par divers stades : elle a émis des plaintes ; puis a manifesté de la peur et s'est mise à pleurer ; puis elle a tendu sa

20. N. Barlow (ed.), *The autobiography of Charles Darwin*, The Norton Library, 1969, pp. 138-139. Traduction française : Darwin, *Autobiographie*, Belin, 1984, pp. 122-133.

21. T. Roszak, *The making of a counter-culture. Reflections on the technocratic society and its youthful opposition*, Faber and Faber, 1971, pp. 275-276.

main gauche, a agité spasmodiquement les bras ; puis ses yeux sont devenus fixes, « avec les pupilles largement dilatées » ; et ses lèvres prirent une couleur bleue tandis que « sa bouche écumait ». Rapport froid et méthodique, soigneusement débarrassé de toute manifestation affective susceptible de déformer la réalité. Mais cette impassibilité devant des souffrances délibérément provoquées montre, selon Roszak, que la logique de l'objectivité peut induire des comportements difficiles à accepter sur le plan de la morale commune. Trois jours plus tard, Mary Rafferty mourut ; mais il faut croire qu'elle avait bien servi la cause de la Connaissance, puisque des spécialistes, en plein XXe siècle, ont pu citer le Dr Bartholow comme un pionnier de l'expérimentation neurologique[22].

De tels faits, d'après Roszak, sont plus fréquents qu'on ne pourrait le penser[23]. Pour défendre « la science », il est possible de dire que ces cas extrêmes ne constituent que de regrettables exceptions, des « bavures ». Dans une perspective critique, en revanche, ils apparaissent comme l'aboutissement logique de toute une philosophie : à force de promouvoir les démarches scientifiques et de vanter l'objectivité, il est normal qu'on en arrive à des situations de ce genre. Même si elles sont relativement rares, elles expriment une tendance profonde de « la science » telle que nous la concevons et la pratiquons. Tendance qui n'épargne pas les sciences dites humaines. Il serait facile de citer des recherches sociologiques et psychologiques au cours desquelles des sujets humains ont été manipulés et observés comme de simples *objets* (voir le chapitre précédent). La manière même dont certains experts en économie considèrent la réalité sociale peut faire réfléchir. C'est à travers des statistiques et des modèles « objectifs » qu'ils analysent et orientent les affaires humaines ; il n'est pas sûr que cette science (en admettant que l'économie en soit véritablement une) soit à l'abri de toutes les critiques de type « romantique ».

D'Aristophane à Max Born, une même interrogation

Sur le plan historique, il est assurément difficile d'établir catégoriquement qu'Aristophane a été le premier militant de l'anti-

22. Le texte visé, dû à D. Krech, a été publié dans L. Postman (ed.), *Psychology in the making*, A.A. Knopf, 1962.

23. T. Roszak renvoie à M.H. Pappworth, *Human Guinea pigs : experimentation on man*, Routledge and Kegan Paul, 1967.

science... Le fait même qu'il ait pu faire jouer *Les Nuées* et *Les Grenouilles* devant ses concitoyens indique que de telles idées étaient dans l'air du temps. On peut toutefois voir en lui un ancêtre très représentatif, qui a lancé l'antiscience (pour ainsi dire) comme genre littéraire. De nombreux auteurs (parmi lesquels Swift, Goethe et Dostoïevski) suivront son exemple, développant à leur manière tel ou tel thème critique.

Quant aux questions qu'il a soulevées, elles sont tellement importantes et brûlantes qu'il est pratiquement impossible d'amorcer ici une discussion digne de ce nom. L'existence même de divers « progrès », répétons-le, n'est pas niée par les représentants de « l'antiscience ». La science et la technique peuvent apporter (et ont apporté) beaucoup à l'humanité. Mais faut-il faire confiance à la science pour régler tous les problèmes ? Faut-il la considérer comme une instance privilégiée ? Dès qu'on aborde ces questions et quelques autres, mille arguments et contre-arguments surgissent, fondés sur des options philosophiques variées ; ce n'est pas en quelques lignes qu'on peut en faire le tour[24]. Il semble clair, en tout cas, qu'Aristophane a mis le doigt sur des problèmes réels et qu'il peut nous aider, aujourd'hui encore, à mieux discerner sous quelle forme ils se posent autour de nous. Ceux-là mêmes qui refusent de façon absolue ses opinions pourront se consoler en constatant qu'il a paradoxalement apporté une contribution non négligeable à la « sociologie de la connaissance » ; car, en analysant les effets produits par l'enseignement de Socrate, il a mis en évidence qu'il existe des relations entre les divers types de savoirs et certains intérêts culturels. Façon de dire que l'antiscience elle-même, pour établir ses fondements, peut être amenée à faire de la science... Ou du moins à rationaliser ses intuitions, si « romantiques » qu'elles soient.

Mais l'itinéraire inverse est également possible. À savoir celui qui conduit certains scientifiques à évaluer sévèrement les « effets » de la science. Max Born, prix Nobel de physique, a fait par exemple cette déclaration en 1965 : *« Bien que j'aime la science, j'ai le sentiment qu'elle s'oppose tellement à l'histoire et à la tradition qu'elle ne peut être absorbée par notre civilisation. Il se pourrait que les horreurs politiques et militaires et le complet effondrement de l'éthique dont j'ai été le témoin durant ma vie ne soient pas le symptôme d'une faiblesse sociale passagère, mais une conséquence nécessaire de l'essor de la science – laquelle est,*

24. Voir P. Thuillier, *Le Petit Savant illustré*, Seuil, 1980 (et plus spécialement la postface : « Contre le sientisme »).

en elle-même, l'une des plus hautes réussites intellectuelles de l'homme[25]. » Jugement très brutal et qui pousse à l'extrême la critique « antiscientifique ». Mais, si injuste qu'il soit, il peut déclencher un utile travail de réflexion.

25. M. Born, *Bulletin of atomic scientists*, 1965, cité par M. Gorran, *Science and anti-science*, Ann Arbor Science, 1974, p. 54.

SOURCES

Les mathématiques mènent-elles à Dieu ?, *La Recherche*, n° 184, janvier 1987.

L'Islam et la science : le problème de la « qibla », *La Recherche*, n° 185, février 1987.

Platon et la géométrie, *La Recherche*, n° 166, mai 1985.

Darwin chez les samouraï, *La Recherche*, n° 181, octobre 1986.

L'écologie et la cause des femmes, *La Recherche*, n° 151, janvier 1984.

La sociobiologie au service du féminisme, *La Recherche*, n° 163, février 1985.

Science et pouvoir social : la formation des « élites » en France, *La Recherche*, n° 173, janvier 1986.

Psychologie et politique : le déclin de l'Occident selon Skinner, *La Recherche*, n° 183, décembre 1986.

La tentation de l'eugénisme, *La Recherche*, n° 155, mai 1984.

Le nazisme et la « science juive », *La Recherche*, n° 186, mars 1987.

Les expérimentations nazies sur l'hypothermie, *La Recherche*, n° 227, décembre 1990.

Un débat fin de siècle : la « faillite de la science », *La Recherche*, n° 234, juillet-août 1991.

L'expérimentation sur l'homme, *La Recherche*, n° 179, juillet-août 1986.

Les origines de l'antiscience, *La Recherche*, n° 174, février 1986.

Table

Du même auteur :

Socrate fonctionnaire. Essai sur (et contre) la philosophie universitaire, Laffont, 1969 ; Complexe, 1982.

Jeux et enjeux de la science, Laffont, 1972.

Le Petit Savant illustré, Seuil, 1980.

Les biologistes vont-ils prendre le pouvoir ? La sociologie en question, Complexe, 1981.

Darwin and C°, Complexe, 1981.

L'Aventure industrielle et ses mythes. Savoirs, techniques et mentalités, Complexe, 1982.

Les Savoirs ventriloques. Ou comment la culture parle à travers la science, Seuil, 1983.

D'Archimède à Einstein. Les faces cachées de l'invention scientifique, Fayard, 1988.

La Grande Implosion. Rapport sur l'effondrement de l'Occident, 1999-2002, Fayard, 1995 ; Hachette, « Pluriel », 1996.

La Revanche des sorcières. L'irrationnel et la pensée scientifique, Belin, 1997.

Composition réalisée par COMPOFAC - PARIS

IMPRIMÉ EN FRANCE PAR BRODARD ET TAUPIN
Usine de La Flèche (Sarthe)
LIBRAIRIE GÉNÉRALE FRANÇAISE - 43, quai de Grenelle - 75015 Paris.

ISBN : 2 - 253 - 94252 - 9 Ⓗ 42/4252/5